《中华百年货币》编委会名单

编　　著：池振南

参编人员：谭　鹏　叶漫天　曾丽秋　罗红艳
张新民　周健良　方晓华　李拥进
李作春　张晓华　李京亮　邹洁茹
黄华海　李小诗　王　悦　钱敏丽

中华百年货币

ZHONGHUA BAINIAN HUOBI

透 过 货 币 看 历 史

池振南　编著

暨南大学出版社
JINAN UNIVERSITY PRESS
中国·广州

Foreword

自1840年鸦片战争以来，我国经历了近代、现代和当代三个历史时段。中国的近代史是在半封建半殖民地中度过的。中国是世界上最早发明和使用货币的国家之一，但在近代史上，由中国人自己开办银行发行钞票却比外国人在中国开办银行发行钞票从时间上整整落后了五十年。1847年，上海开埠后的第五年，英国丽如银行就捷足先登进驻了上海，成为中国历史上的第一家外资银行。此后，帝国主义列强又以各种借口在中国广设银行，把各种外国银元和花花绿绿的钞票带进了中国，从经济上不断掠夺着中国。那时的中国仍处在钱庄银铺（楼）时代，百姓所使用的仍是老祖宗留下来的制钱、元宝（银锭）和银票之类的“货币”。直至光绪二十三年（1897年）才由当时的铁路大臣盛宣怀向清政府奏准，创办了中国第一家商业银行——“中国通商银行”，并发行了中国历史上民办商业银行的首张钞票。

孙中山先生领导的辛亥革命，推翻了清王朝，结束了中国延续两千多年的封建统治，创立了资产阶级共和国。但革命果实却被袁世凯窃取，并由此引发了全国性的军阀混战……

抗日战争爆发后，蒋介石采取“攘外必先安内”的政策，集中军力、物力进行“剿共”，致使大片河山沦落日寇之手……在长达半个世纪的外患内乱中，中国百姓经历了前所未有的苦难。

货币混乱，物价不稳定在中国历史上是前所未有的。“中央银行”、“中国银行”、“交通银行”、“中国农民银行”（俗称“四大行”）所发行的纸币就多达近千种。“中央银行”自1935年实行法币改革以来的十几年间，就先后发行过法币券、关金券、金元券、银元券、东北九省流通券等，不下四五百种。加上各地军阀混战所发行的军票、省票、地方票，可谓林林总总、五花八门。在一个地区拿到的钞票，到了另一个地区就分文不值；今天可以买一头牛的钱，明天可能仅够买一只鸡。物价暴涨导致钞票面额越印越大，由十万、百万、千万到最大面额达六十亿元。这在世界货币史上都是罕见的。

1921年，中国共产党成立后所建立的苏维埃政权和抗日根据地，大多设立了自己的金融机构并发行货币、债券。这些货币都是在极其艰苦的环境中因陋就简印就的，是中国革命的历史见证。1949年10月1日，中华人民共和国成立了，一个新的时代开始了。在全国解放的前夕，1948年12月1日，“中国人民银行”先行在河北省石家庄成立，并在战争中发行了具有历史意义的第一套人民币。至今为止中国人民银行已发行了五套人民币和多种特种票券。

前言

货币是国家历史的一部分，是人类经济活动的轨迹表。国家的兴衰、民族的强弱、百姓的温饱，无不与货币息息相关。

鸦片战争以来的一百年里，是中国发行货币最多、最滥、最乱的时期。由众多让百姓无所适从的货币到全国实行统一的货币，其路漫漫，历尽艰辛。透过货币看历史是《中华百年货币》一书的宗旨。以货币印证历史、诉说历史是收藏者的一个尝试，希望透过对这一百多年来所能搜集到的各种货币的展示，引导人们穿越中华货币文化这一特殊的时间隧道，重温丰富多彩的中国近现代史。

以货币链接和印证历史是收藏者的一个心愿，主观上希望做到真实性与历史性相一致，知识性与趣味性相结合。由于编著者受自身历史知识、货币知识所限，差错疏漏之处在所难免，恳请海内外专家、学者、钱币收藏家和爱好者批评指正。

池振南
2011 年 1 月

2006 年 3 月 17 日本书作者接受凤凰卫视采访

THE TA-CHING GOVERNMENT
ONE DOLLAR
BANQUE DE L'INDOCHINE
中央银行

Contents

SHEA HONG BANK
BANK OF CHINA
MACAU
DEZ PATACAS
VINTE
PATACAS

目录

Contents

目录

稀缺度评级和品相分类说明

《中华百年货币》一书的纸币稀缺度评级和品相分类，是根据编著者在收藏过程中的体会，依照纸币本身的历史价值，以及其观赏性、独特性、稀缺度进行综合评级的，由一星级至六星级，六星级为珍罕级，属最高评级。此评级均为个人见解，仅供参考。

1．稀缺度评级

☆————————少

☆☆———————缺

☆☆☆——————稀

☆☆☆☆—————罕

☆☆☆☆☆————珍

☆☆☆☆☆☆———珍罕

2．品相分类

全品（全新）

上品（80%以上）

中品（60%以上）

下品（60%以下）

3．特别说明

在本书中凡只有正面图案的钞票，其背面皆为白板。

第一章　纸币的由来与中国钱庄票

一、"钱庄票"—— 具有中国特色的早期货币

世界上最早使用纸币的国家是中国。北宋时期出现的"交子"是世界上最早的纸币或纸币模式。

距今九百余年的北宋时期，在四川市面所使用的乃为铁钱。铁钱大的每千文重约 25 斤，小的也有十几斤。其时，一匹布要卖两万钱。铁钱要用人挑车拉，交易十分不便。为此一些商人就尝试发行一种收据式的代钱券，在白纸上临时填上金额、名号，可随时兑现。由于注重信用，代钱券在市场流通后逐渐被人接受，并被称为"交子"（后人也有称会子、关子的），发行交子的商人则被称为"交子铺"（户），这是我国最早出现的具有初级承兑功能的"金融机构"。而"交子"则被史学家确认为是世界上最早的纸币。

宋仁宗天圣元年（1023 年），官府禁止私人发行交子，发行交子的权力被官府所成立的各地"交子务"收回。由于官府的"交子务"不重视信用，滥发交子，使交子逐渐失去信用。到了宋代后期，纸币（交子）开始贬值，南宋淳祐年间，交子（其时已改称会子）200 贯还买不到一双草鞋。

清代末期爆发了太平天国农民起义和鸦片战争，清朝的财政常常处于"银钱两荒"的状态，原有的中央集权的财政体制已出现严重危机，地方货币体制开始兴起。徽商和晋商为了开拓商界，提出"汇通天下"的口号，并为此四处开设银铺（楼）（后称为钱庄、银庄）。他们吸取了先人的教训，除十分注重自身的信用外，还建立了一套严谨的汇兑制度（一直沿用至民国时期）。这些银楼、钱庄发行的汇票（券）不但可随时兑现，还可以在异地承兑，为商人外出经商带来了许多便利，至近代银行业兴起之前，为当时的社会和经济发展发挥了重要的作用。

"钱庄票"在特定的范围和时间内具有流通手段和价值符号职能，它的发行、流通大都未经各级官府批准，完全凭其自身的信用，既可在某一区域内流通使用，同时还起着代替小额货币的作用。这种多在县或县以下的乡镇流通的货币名称颇多，诸如钱票、银票、私票、花票、兑票、铺票、私帖、街帖、代价券、流通券……现在人们习惯将它统称为"钱庄票"。中国钱庄票兴盛于清代中期，1949 年以后就已不在市场上流通。"钱庄票"在通信落后、交通不便的年代，为民生、社会和经济的发展发挥过不可或缺的积极作用。

钱庄票

☆☆☆　236 × 116

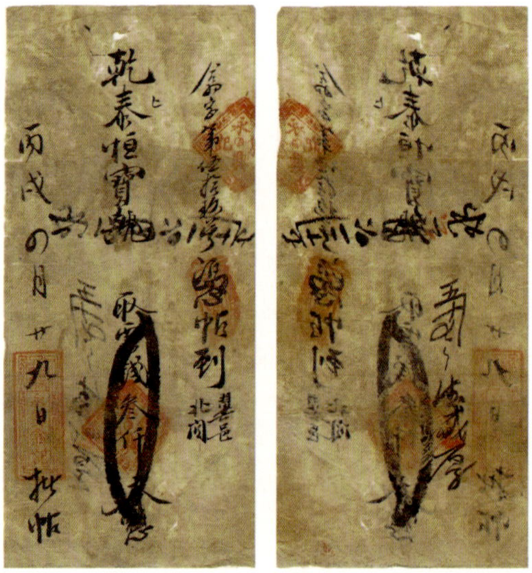

☆☆　195 × 93

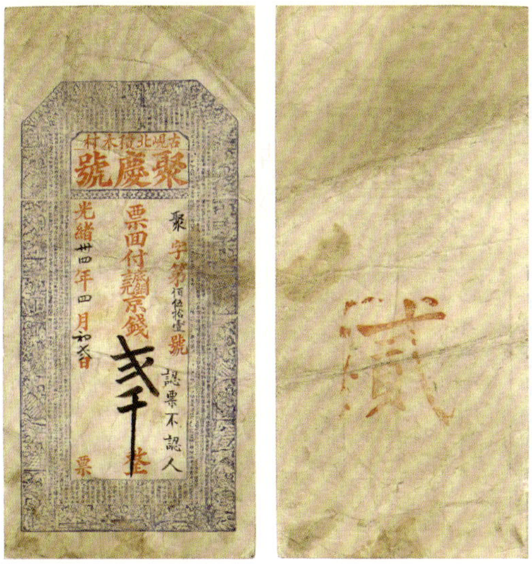

☆☆☆ 228 × 108

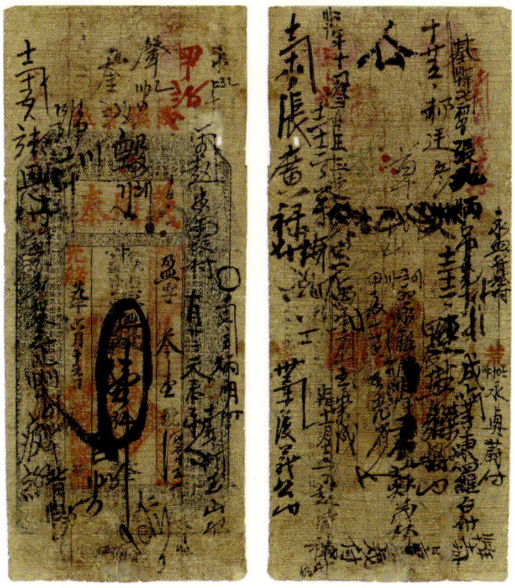

☆☆☆☆ 241 × 107

☆☆☆ 208 × 117

☆☆☆ 173 × 87

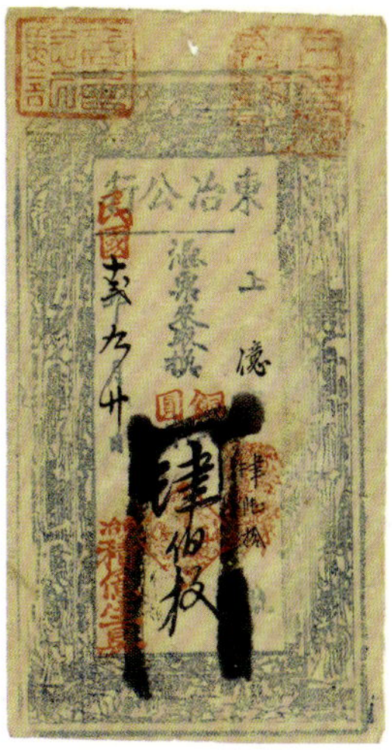

☆☆☆ 196 × 105

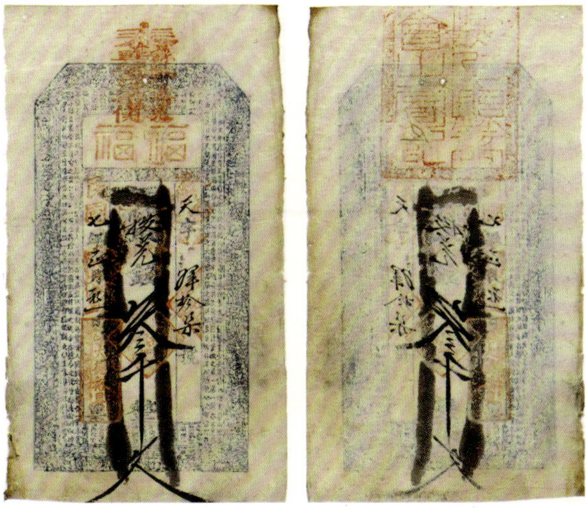

☆☆ 217 × 121

☆☆☆ 176 × 86

☆☆☆ 146×74

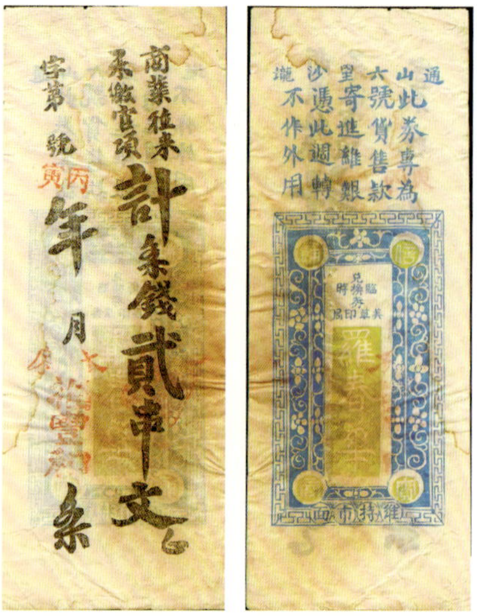

☆ 244×91

☆☆☆ 183×111

☆☆☆ 174×81

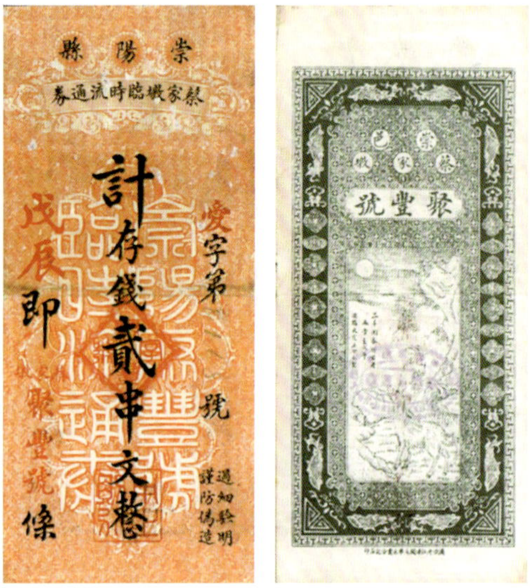

☆☆ 189×86

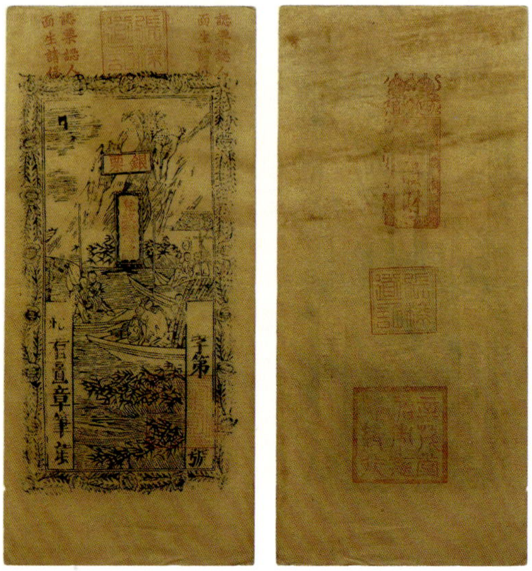

☆☆ 196×90

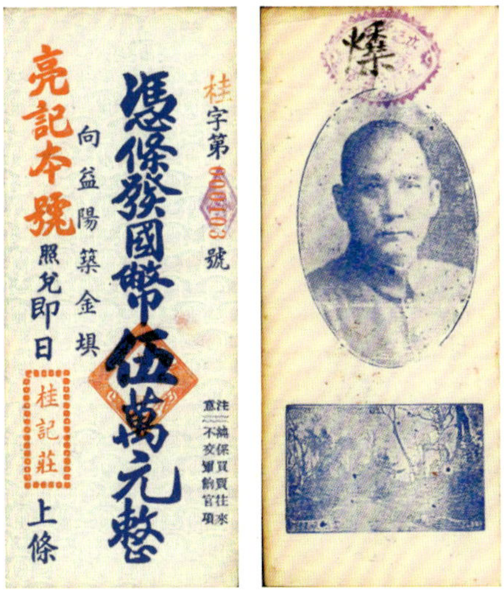

☆☆ 155 × 66

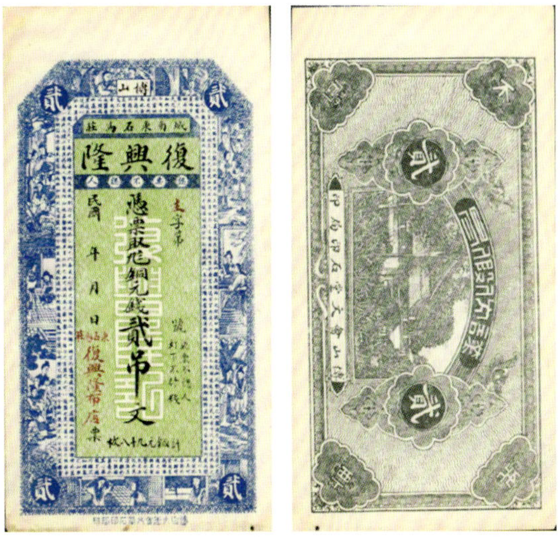

☆☆ 178 × 93

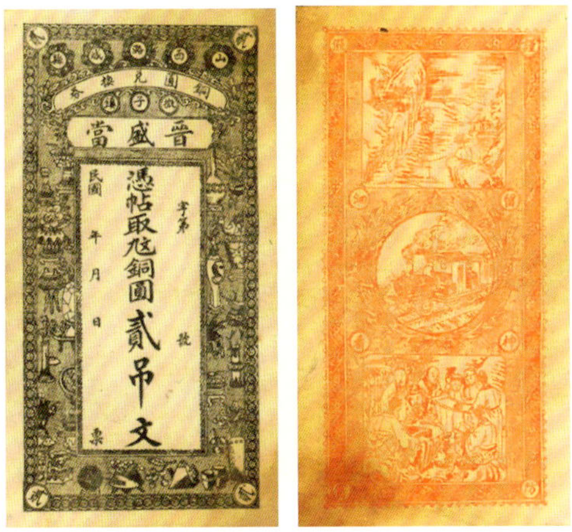

☆☆ 183 × 99

☆ 156 × 110

☆☆ 189 × 89

☆☆ 186 × 103

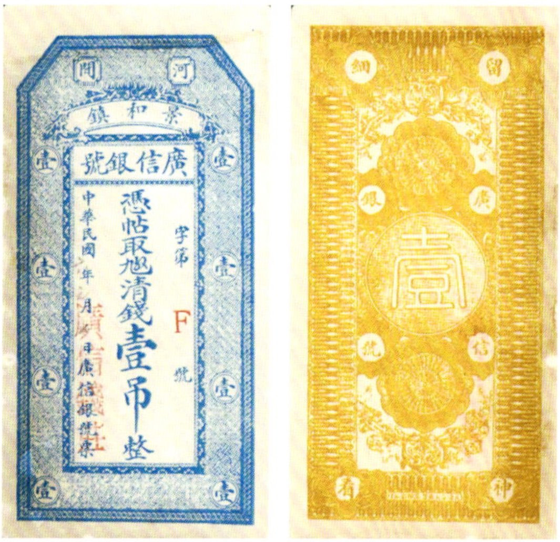

☆☆ 170×90

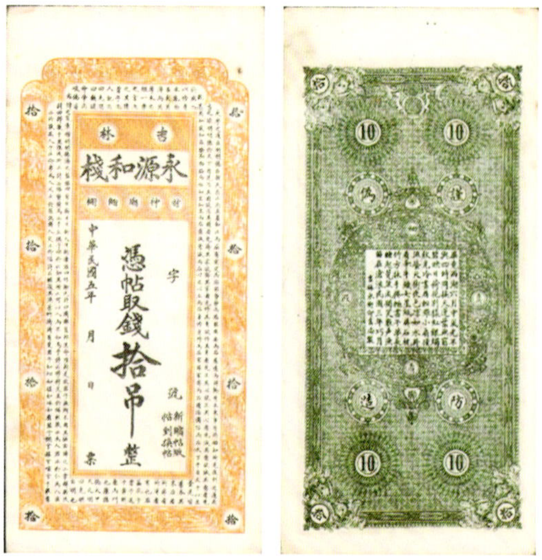

☆☆ 216×105

☆☆ 163×89

☆☆ 179×96

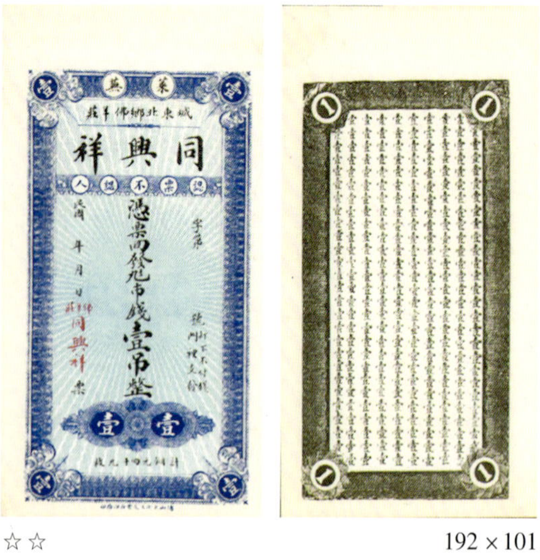

☆☆ 192×101

☆☆ 198×105

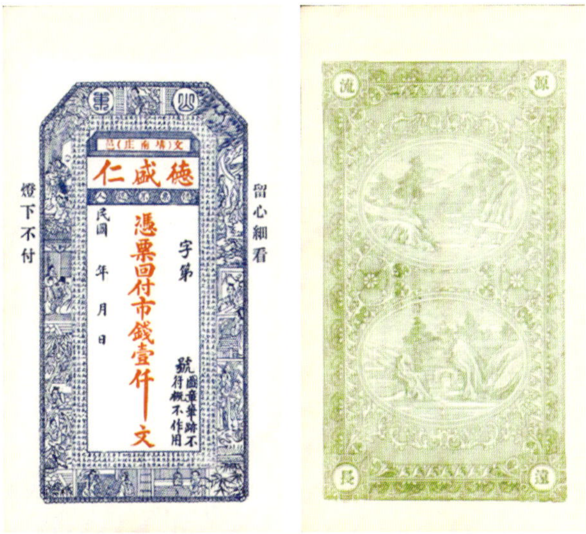

☆☆ 181×101

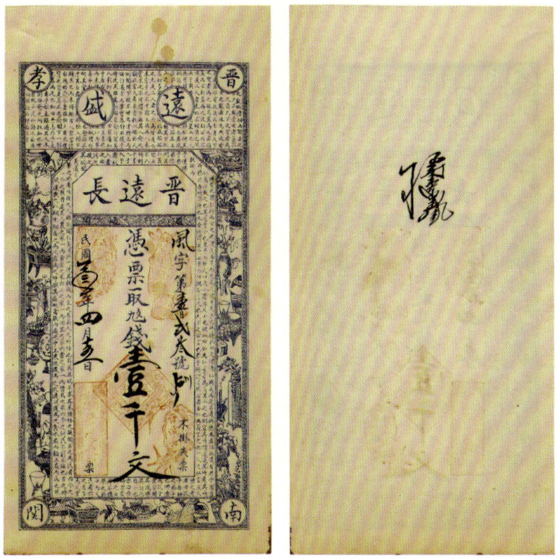

☆☆☆ 218×106

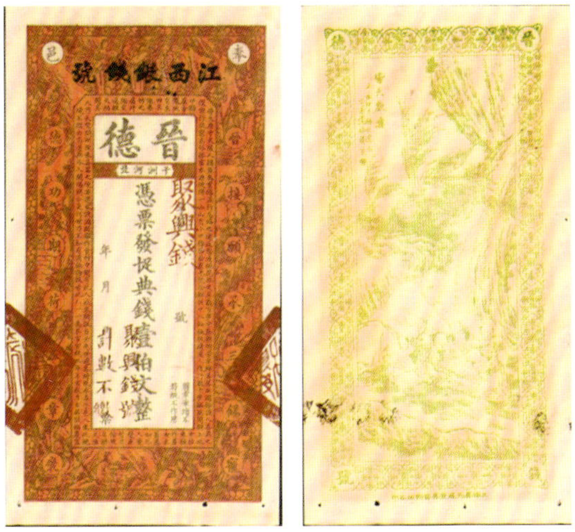

☆☆ 162×88

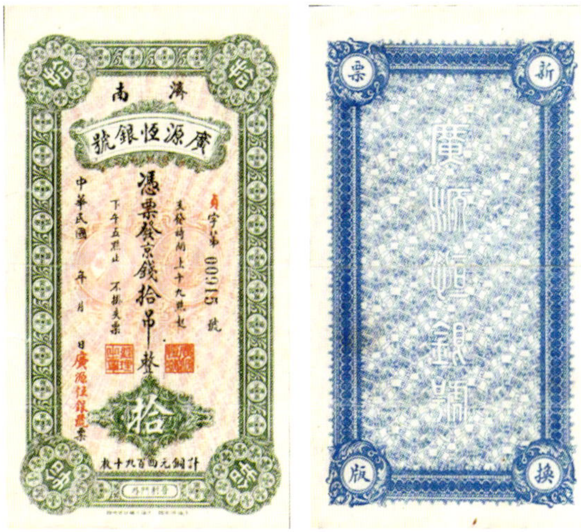

☆☆ 176×100

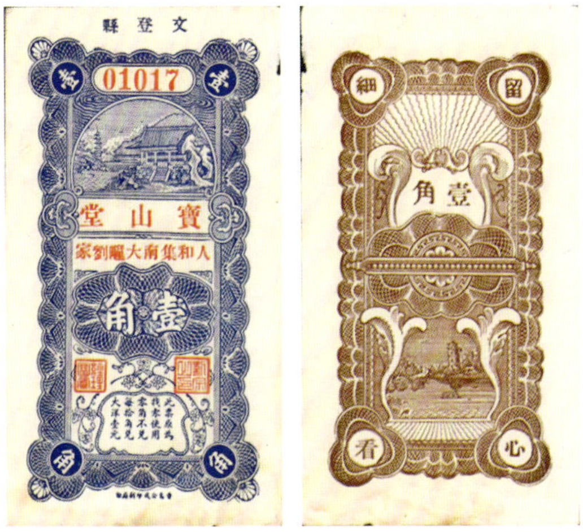

☆ 108×60

☆ 104×59

☆ 108×63

☆ 107×62

☆ 104×59

☆ 103×58

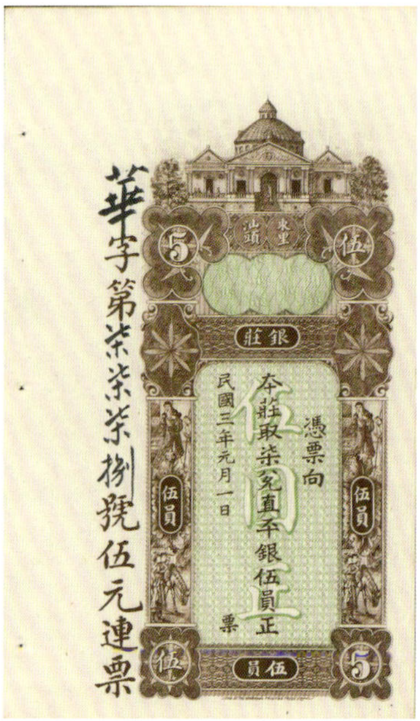

☆☆☆ 215×128

☆☆ 117×77

☆☆ 129×89

☆☆ 127×90

☆ 137×95

☆ 137×95

☆☆☆ 133×104

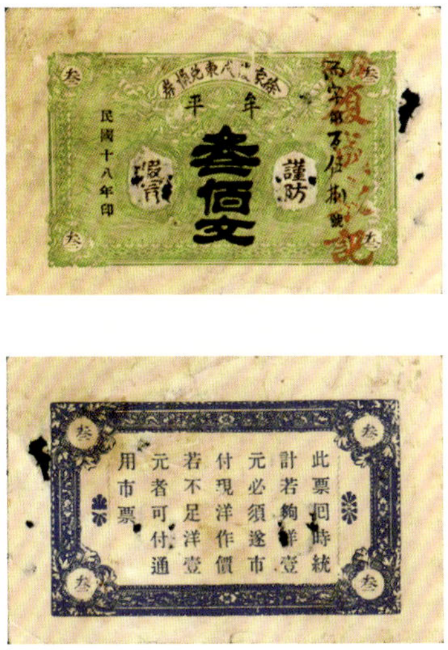

☆☆ 112×71

☆ 107×60

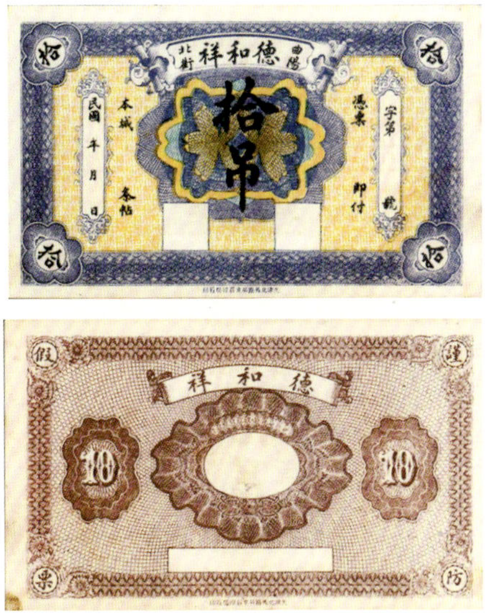

☆☆ 149×88

☆☆ 152×91

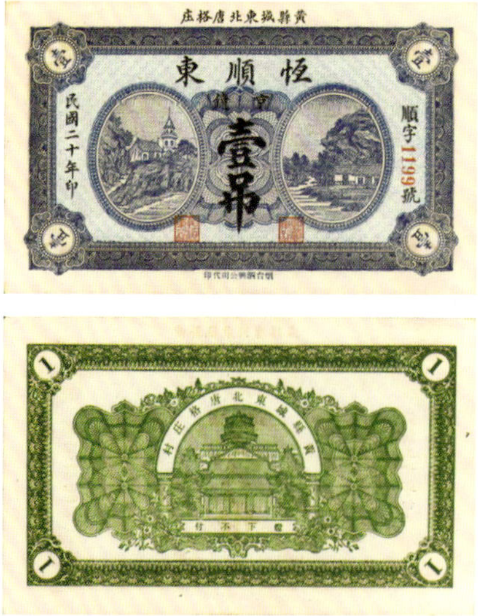

☆☆ 152×92

☆☆ 130×79

☆ 108×65

☆ 113×66

☆ 118×68

☆ 103×60

☆ 103×59

☆ 102×58

☆ 105×61

☆ 105×61

☆ 105×61

☆ 108×65

☆ 108×65

☆ 108×65

☆ 108×65

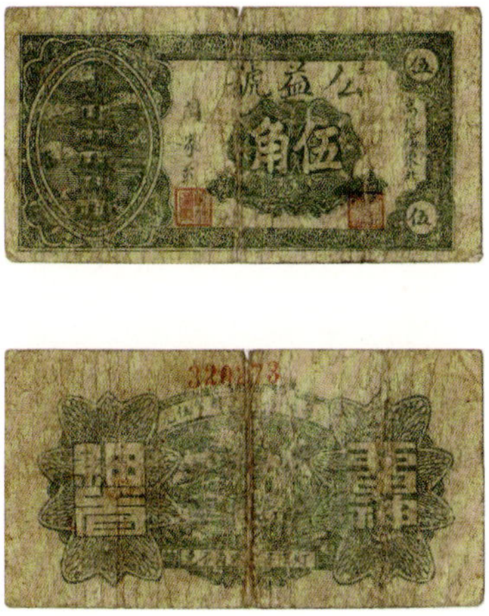

☆ 99×52

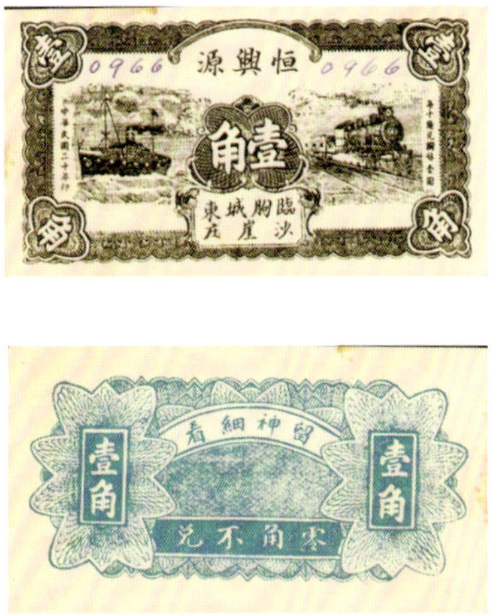

☆ 107×59

☆ 106×65

☆ 107 × 63

☆ 107 × 63

☆ 109 × 59

☆ 109 × 59

☆ 103 × 61

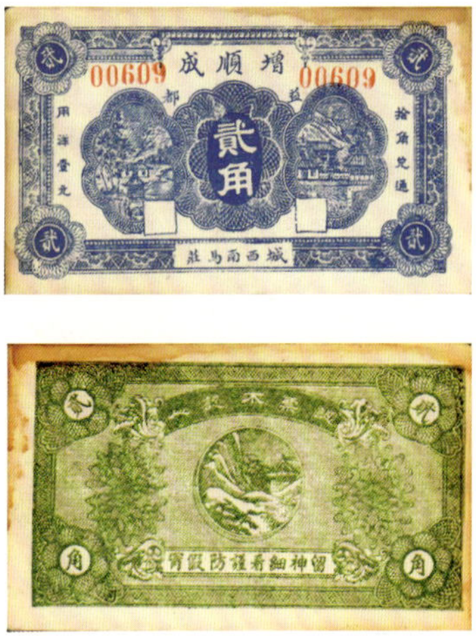

☆ 103 × 61

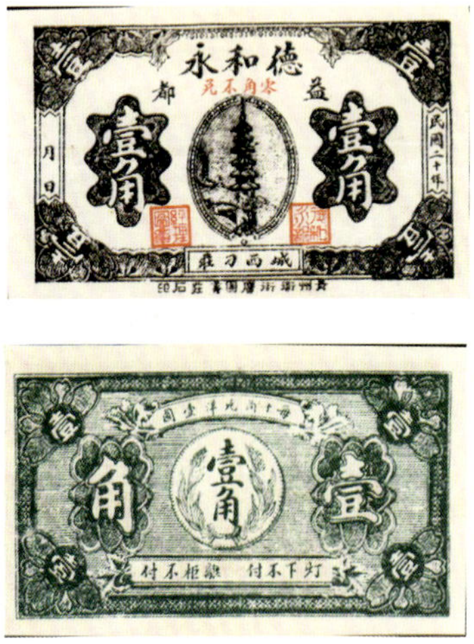

☆ 105 × 64

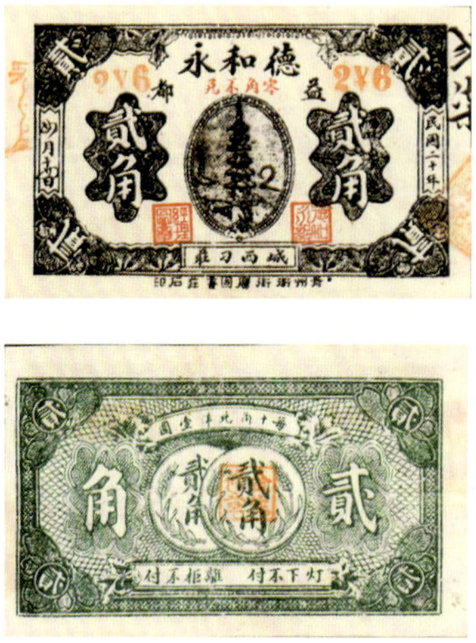

☆ 105 × 64

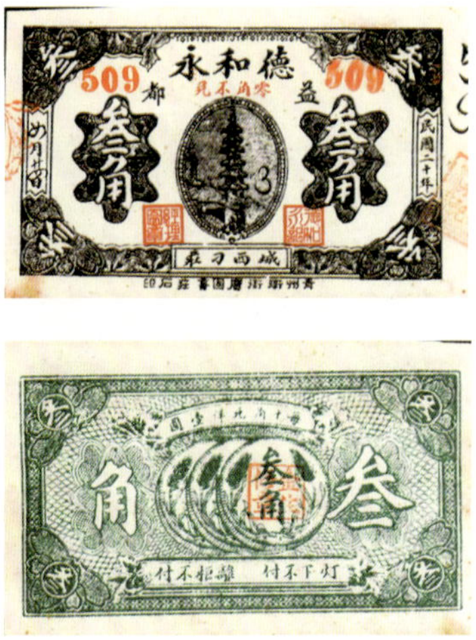

☆ 105 × 64

☆ 103×62

☆ 98×62

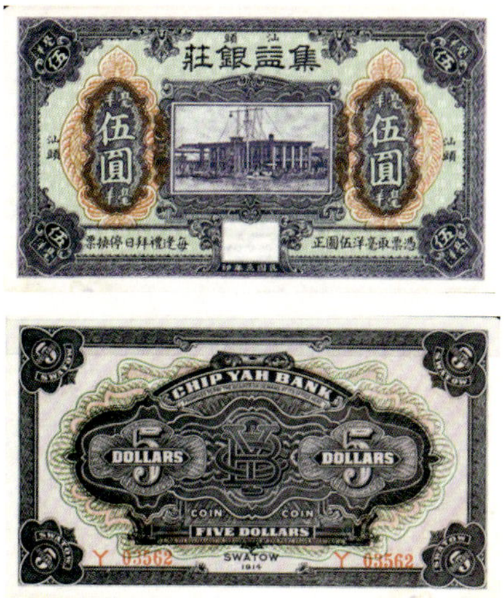

☆☆☆ 159×88

☆ 114×60

☆ 114×60

☆ 140×80

☆ 97×56

☆ 123×61

☆ 94×53

☆☆ 89×50

☆☆ 96×53

☆☆ 105×59

☆☆ 113×66

☆ 112×61

☆☆ 111×64

☆ 107×55

☆ 107×55

☆ 107×55

☆☆ 167×103

☆ 106×57

☆ 109×60

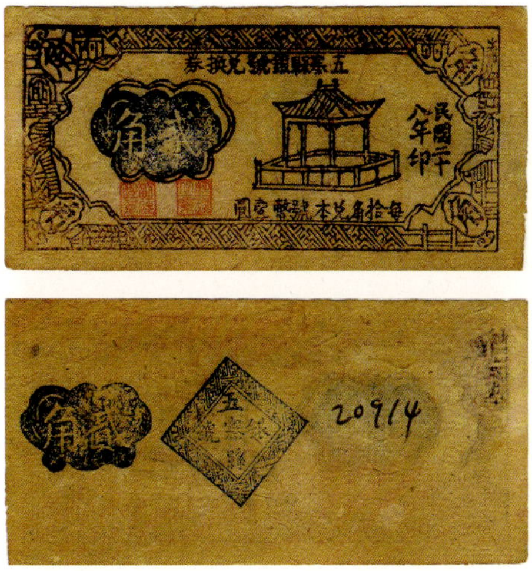

☆ 122×60

☆☆ 115×57

☆☆☆ 118×79

☆☆ 141×82

☆☆ 145×83

☆☆☆ 158×79

☆☆☆ 158×78

☆☆☆ 151×83

☆☆☆☆ 117×67

☆☆☆☆ 133×76

☆☆☆ 118×74

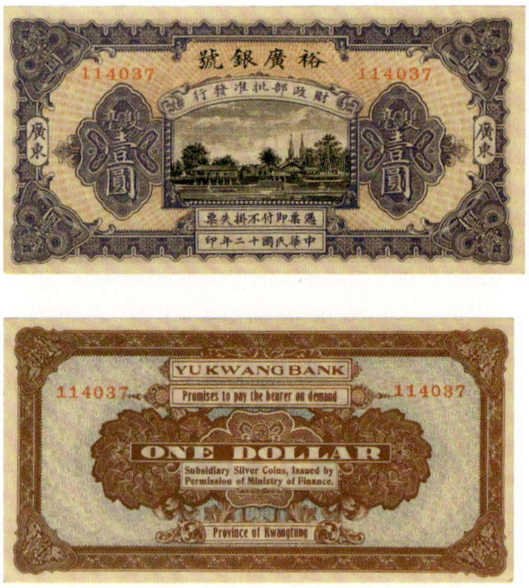

☆☆☆☆☆ 140×70.5

☆☆☆☆ 150×109

☆☆☆☆ 153×97

☆☆☆☆ 161×106

☆☆☆☆ 152×91 ☆☆☆☆ 172×103

二、“钱帖”的传说

钱帖的由来，最早见于唐代的《唐逸史·尉迟敬德》一书。据该书记载，隋朝末年，太原有一书生，家境贫穷，其家居所与官库相邻，即挖穴而入，见库内有钱数万贯，遂欲拿些回家应用，却忽见一身穿金甲的卫士对他说：“此乃尉迟公的钱，你需要钱，可有尉迟公的钱帖?”此后，书生多方寻访叫尉迟敬德的人，某日书生终于找到了打铁匠尉迟敬德，即上前拜曰：“我贫穷你富贵，可否赠我五百贯钱?”打铁匠听后怒曰：“我乃打铁之人，何来富贵？你分明是在取笑我。”书生请铁匠息怒，一再求铁匠赐其钱帖，只说日后便知分晓，尉迟公不得已，嘱书生代为执笔写上：钱付某某五百贯，某月某日。铁匠随后又亲书“尉迟敬德”于钱帖之上。书生得钱帖后即拜谢而去，铁匠及其徒弟们大笑曰：“此书生一定是疯子。”

书生带着钱帖又来到官库中，再次见到穿金甲的卫士并呈上钱帖，金甲卫士笑曰：“这就对了。”便将五百贯钱给了书生，同时将钱帖系于库梁之上。

数年后尉迟公抗敌立功，皇帝赏赐，荣归故里。一日翻阅账本发现钱库中欠钱五百贯，细查之下，发现库梁上有一钱帖，取下视之，乃是当年自己所书的钱帖。

这是“钱帖”一词最早的由来，上述故事描述了一千多年前先人们就懂得了“认帖不认人”和“凭帖付钱”这一货币流通的支付原理。此外还对钱帖的格式作了详细的规定：一必须有金额，二要有出帖日期，三要有出帖人堂号。具备上述三要素即称之为钱帖。下面介绍一枚近代钱帖——甘肃陇南实业银号钱帖。

“陇南实业银号”于1923年开业，由当时的甘肃陇南镇守使孔繁锦所创立。该钱帖设计十分独特，在帖的两个椭圆形花框内分别印有炎黄二帝头像，左边为戴冠的黄帝肖像，右边为炎帝肖像。背后为行号及花符。

☆☆☆ 146×93

甘肃陇南实业银号“钱帖”

该钱帖为三色石印版，因无任何防伪措施，发行后曾被西安的印刷商盗印，秘密运至天水，大量兑换当地沙版铜元，导致当地社会一时沙版铜元奇缺、纸币突增，引发物价暴涨。

第二章　清朝末年的货币

清朝历经 276 年，是中国封建社会最后一个王朝，它曾经有过“康乾盛世”，也经历了“光宣衰亡”的过程。

铜钱的铸造始于 1900 年（光绪二十六年），到了 19 世纪 30 年代被镍币所替代。“大清铜币”面值有：一文、二文、五文、十文及二十文，共五种。

1908 年，由于各地大量铸造铜币，导致物价上涨，铜币贬值，当十铜元跌至六文半左右。清王朝为挽救银价日贵、铜元日落、物价日昂的局面，决定废除旧铜元，制造新铜元。1910 年（宣统二年），清王朝再行制订以银币为主币、铜元为辅币的新铜元体制。新铜元面值采用一厘、五厘、一分、二分四种。然而这项币制改革尚未实施，清王朝便已寿终正寝了。后来有了纸币（直至民国时期）。由于换算的需要，在各地纸币上出现过许多不同的单位名称，如“文”、“贯”、“串”、“吊”、“枚”、“角”、“毫”、“仙”等，直至 1949 年新中国成立统一币制后，才确立“人民币”为中华人民共和国的法定货币，以元、角、分为统一的计算单位。

清朝末年钱币的换算单位

一贯 = 1 000 文或银一两	枚为铜元单位（十文的铜元为一枚）
一串 = 1 000 文	角为元的辅助单位（十角为一元）
一吊 = 1 000 文	毫同“角”（流行于两广地区）
	十仙为一分或一毫（流行于广东及香港、澳门地区）

一、清朝末年方孔钱（制钱）

光绪通宝通孔铜币十钱

1875年

光绪通宝铜币一文

1875年

光绪通宝铜币一文

1889年

光绪通宝铜币一文

1898年

二、清朝末年机制铜元（铜币）

光绪通宝一文铜币

1903年

光绪元宝铜币五文

1903年

光绪元宝铜币二十文

1903年

大清铜币一文

1906年

大清铜币当制钱二文

1906年

大清直字铜币五文

1906年

大清铜币当制钱十文

1905年

大清铜币十文

1905年

三、清朝末年银两、银元

银锭（银两）

银元

奉天机器局造银币一元

1898年

大清银币一角

1911年

大清（宣统）银币一元

1911年

大清银币一元

1911年

大清银币一元

1911年

四、清朝末年中央和地方银行所发行的钞票

大清户部官票与宝钞

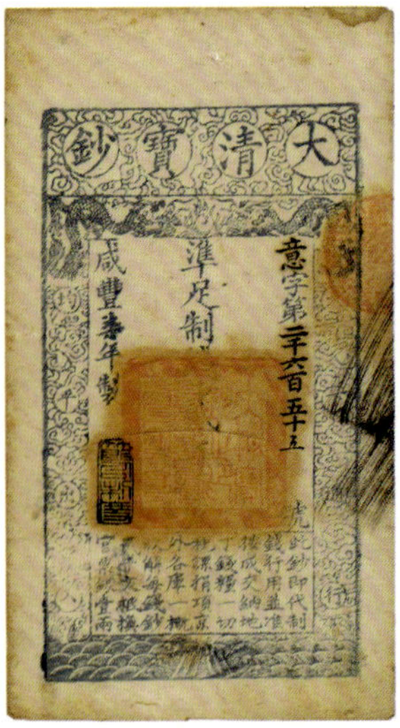

☆☆☆ 242×137

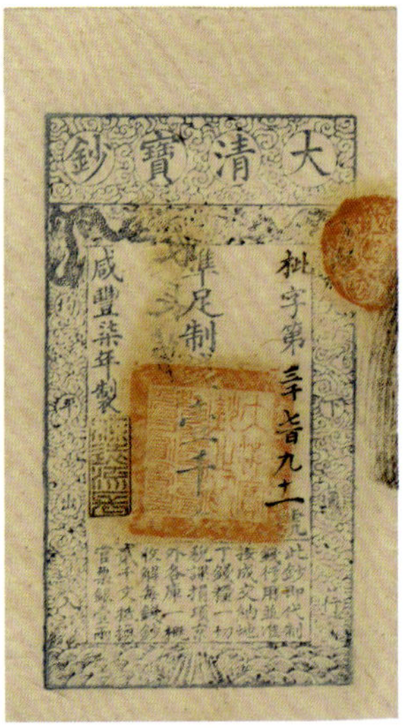

☆☆☆ 244×142

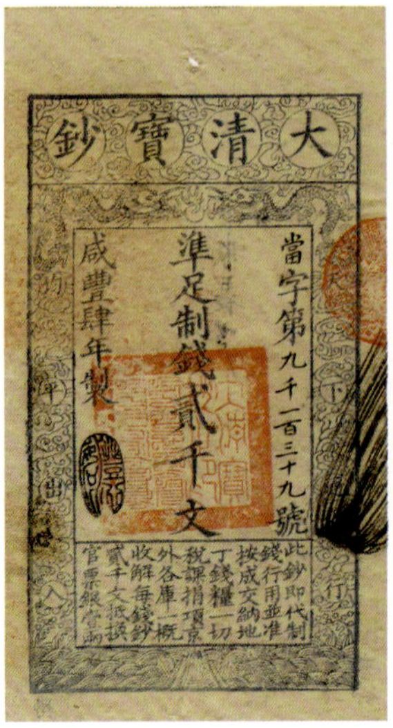

☆☆☆☆

230×126

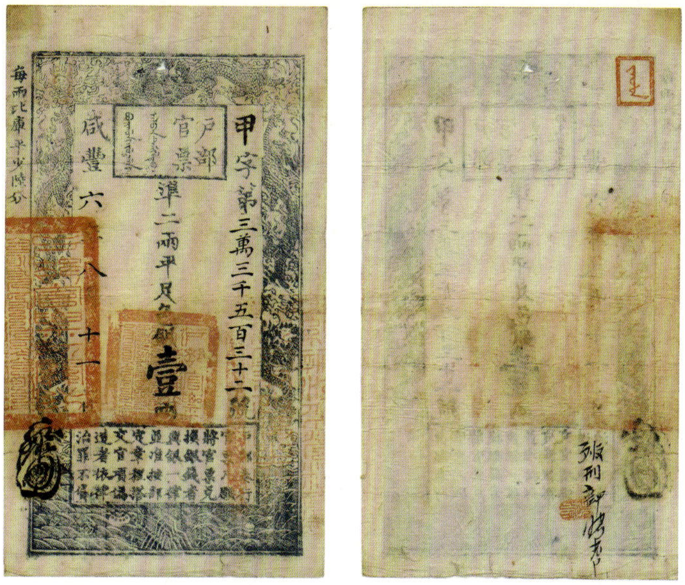

☆☆☆☆ 250×145

清朝币制及“钞票”一词的由来

清王朝有鉴于前朝钞法之弊端，长期以来只行钱币不行钞票。清朝末年，中国货币基本上是以银两（银锭）与铜币（制钱）并用的体制，除铜币由官方铸造外，银两则官私均有铸造，百姓在交易中大体是：大处用银，小处用钱（制钱或铜元），银锭以五十两为大锭，十两为中锭，一至五两为小锭，一两以下为碎银。约1 000文至2 000文兑银一两。到了咸丰三年（1853年），因爆发太平天国运动，军费突增，政府一时筹措无门，遂发行了以“银两”为单位的“户部官票”和以“制钱”为单位的“大清宝钞”，以供大额和应急之需。清政府所发行的大清宝钞和户部官票，不仅发行时没有安排准备金，官方更是只放不收，久而久之商人在兑不到现银后便拒绝使用，从而发行受阻。后来清王朝只好允许商民以五成的钞、票和银两搭配使用，导致钞、票的信用完全丧失。到了咸丰十年（1860年），钞票在流通时的市值已跌至面值的2.5%，形同废纸。在百姓拒用的情况下清王朝只好于当年底停止发行。后人将“宝钞”与“官票”的后两个字合并称为“钞票”，这就是我国“钞票”一词最早的由来。

中国第一家国家银行——大清银行

回顾中国银行史，银行的建立是由外资银行开始的。1847年，上海开埠后的第五年“英国丽如银行”就捷足先登，在上海外滩成立，成了中国历史上的第一家外资银行。50年以后的1897年，“中国通商银行”也在上海成立，成为中国历史上第一家私营商业银行。而中国第一家国家银行则成立于光绪三十一年（1905年）。

光绪二十九年（1903年），清政府为了“整齐币制”，特选派官员组成考察团前往日本考察，以取得经验，准备在中国筹设中央银行及发钞等事宜。1904年，户部（当时的财政部）向清廷奏呈创办中央银行之计划，奏曰：“现当整齐币制之际，亟赖设立中央银行为推行枢纽。臣等再三筹商，拟由户部设立，筹集股本，参阅各国银行章程，斟酌损益，迅即办起银行，以为财币流转总汇之所。”不久，户部又拟订了《国家银行章程》，恭呈皇帝御览，清廷见奏，当即批准了这个银行章程。经过一段时间的筹备，光绪三十一年八月廿九日（1905年9月27日），中国第一家国家银行——“大清户部银行”在北京西郊民巷设立，总资本额一千万两白银，分为十万股，分别由国家和私人各认购五万股。大清户部银行总行的管理官员有：正副监督各一人、理事四人、监事三人，各分行则设总办、经理、协理、司账等职。

光绪三十四年（1908年）二月经度支部（即官制改革前的户部）奏准，将“大清户部银行”改称为“大清银行”。大清银行除经营一般银行业务外，特准发行钞票以及经营国库等权限。大清银行成立后还以重金专门聘请美国雕刻技师来华指导钞票的印制，正当第一套钞票即将发行之际，爆发了武昌起义。

大清户部银行兑换券

☆☆☆☆☆ 125×79

大清银行兑换券

☆☆☆ 127×79

中国第二家官办银行——北洋天津银号

天津自开埠以来，由于其地理位置优越，交通便利，渐渐成为北方商贸集散之地。漕运兴起，南北土特产在天津吞吐集散，票号、钱庄云集，白银、宝钞、铜元、银票可同时流通。币制、币种繁多，官办、私营相互通兑，形成了天津独特的工商繁华，故素有“北方金融中心”之称。

1900 年，八国联军入侵天津，除了烧杀掠夺以外，还在天津广设银行，严重打击了当时由民族资本所经营的票号、钱庄。许多票号、钱庄由于经不起“互兑不便”和“物价浮动”等混乱无序的金融市场的折腾，纷纷倒闭、歇业。

袁世凯早就有心开设自己能控制的银行，以解决其在天津的军队给养问题。光绪二十八年（1902 年），他瞄准时机，以解决当时令百姓、商贾头痛的“币种繁多，币制不一”的紊乱局面为由，借担任直隶总督兼北洋通商大臣之机，呈请户部（财政部）立案注册，成立了中国第二家官办银行——“北洋天津银号”，因属官办，故也俗称“天津官银号”。

北洋天津银号行址设在天津市东北角（即东马路和北马路交口的三义庙处）。后来在东北角设车站，报站名时均以“官银号”呼之，久而久之“官银号”就成了“东北角”的代名词了。

北洋天津银号成立后，发行了两种钞券，一种是以银两为单位的“银两票”，面额有：一两、三两、五两、十两、一百两共五种。另一种是以银元为单位的“银元票”，面值有：一元、三元、五元、十元、五十元、一百元共六种。其钞券特色是“银两票”为竖式版，上方左右为蟠龙图案，中间为李鸿章像，下方为港口风景；“银元票”则为横式版，上方左右为蟠龙图案，左则为天津官银号“大楼”，右则为李鸿章像。相同的是这两款钞券的背面均印有满汉文对照的《齐王问管子》的历史典故。北洋天津银号所发行的“银两票”和“银元票”印制十分精美且很具特色，已经成为收藏家寻觅的精品了。

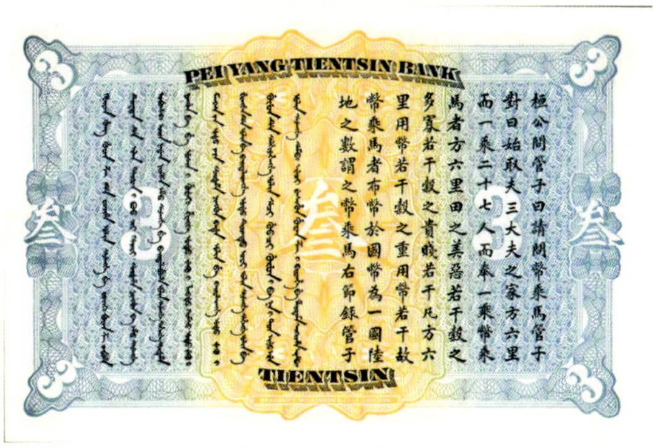

☆☆☆☆ 154 × 100

清末地方银行钞票

☆☆☆ 161 × 86

☆☆☆ 141 × 87

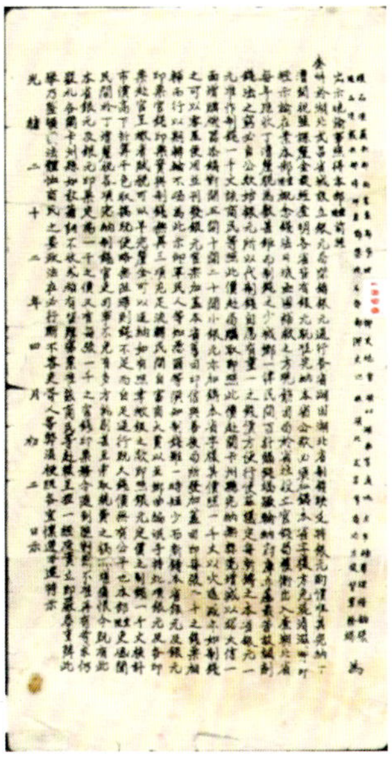

☆☆☆☆ 255 × 132

☆☆☆ 199 × 130

大清国南洋劝业会公债券

☆☆

278×198

“宣统”皇权的实际掌控人——载沣

☆☆☆☆

185×99

载沣（1883—1951 年），满族，爱新觉罗氏，末代皇帝溥仪的父亲。光绪三十四年十月十九日（1908 年 11 月 12 日），行将就木的慈禧召见张之洞等军机大臣，宣布立醇亲王载沣之子溥仪为储君，其时溥仪只有三岁。11 月 14 日，光绪皇帝去世，第二天慈禧太后去世，这样，年仅三岁的溥仪就成了清王朝的第十代皇帝，改国号为宣统。

其时溥仪的父亲载沣也仅 26 岁，即成为监国摄政王，他掌权次年即免去袁世凯的军权，设立由自己掌控的禁卫军，代为陆海军大元帅，集军政大权于一身，是大清国皇权的实际掌控人。载沣掌权后想做的几件大事中，其中一件就是实行中央集权的纸币发行制度，当时的度支部（财政部）秉承载沣的旨意，责成大清银行发行一种可在全国通行的纸币，以逐步取代各省及地方各种势力所发行的各种钞券。度支部为此还专门设立新的印刷局，聘请美国设计师海趣，专门雕刻了一套“载沣像大清银行兑换券”。

宣统三年（1911 年）5 月，载沣成立皇族内阁，并任命大买办盛宣怀，以铁路收归国有为名（实为出卖路权），大举外债，遭到全国人民反对。10 月武昌起义，各省纷纷响应，脱离清政府并先后宣布独立。12 月载沣虽被迫辞职，但无济于事，已无法挽回清王朝覆灭的命运。

这套纸币雕工精细、印刷精美，是我国第一套采用雕刻钢凹版印制的钞票。存世极其稀少，目前能见到的大多为后期印制的观赏币。

第三章　鸦片战争后外国银行、外国货币流入中国

一、鸦片战争和外国银元的泛滥

英帝国主义以鸦片先行掠夺世界的野心早在17世纪就已形成，1773—1792年，英国东印度公司就先后取得鸦片的专卖与制造的特权。1800年（嘉庆五年），英国已开始向中国输入鸦片，到了1838年（道光十八年），输往中国的鸦片已达到40 200箱，严重毒害了中国人民，同时还以通商为名将大量银元引入中国，这些银元的含银量通常只有93%左右，却在民间换取纯度极高的银锭（含银量97%左右），以此不断循环，获取暴利，并导致我国白银大量流失，危及清王朝的统治根基。

1838年12月底，道光皇帝派林则徐为钦差大臣，南下广东禁烟，次年3月，林则徐到达广州后逼使英商及烟贩交出鸦片237万多斤，6月3日至6月25日，林则徐在虎门海滩上将缴获的鸦片烟当众销毁。

清政府的这一举动触怒了英国政府。1839年12月，英内阁决定出兵中国，次年2月即任命乔治·懿律为英国东方远征军总司令，义律为副总司令，派遣4 000余人分乘四十余艘战船，于是年6月陆续抵达广东沿海海面，在美、法两国的支持下，发动对广州的攻击。因林则徐已有所准备，严密防守，英军首陷广州的目的落空。随后即转向厦门，也被闽浙总督邓廷桢率军击退。英军只好沿海岸北上，乘浙江防务空虚之际，于7月5日攻占定海，然后进行疯狂屠杀掠夺。8月英舰直闯天津向清政府施加压力，并在给清廷的照会中提出将鸦片贸易合法化以及割地、赔款等一系列侵略性要求。道光皇帝屈服于英帝国主义的淫威，只好将林则徐作为替罪羊，责其“处置失当”，将其革除职务并流放。清政府另行派直隶总督琦善和英国议和。议和的结果是：清政府被迫与英国签订了丧权辱国的《南京条约》，向英国赔款及割让香港岛，并将广州、福州、厦门、宁波、上海列作对外通商口岸……这次英国为鸦片对中国的入侵史称鸦片战争。

鸦片战争后外国的机制银元大量流入中国，由于其造型美观、携带方便、计算简单，所以百姓乐用。周而复始，这不但造成我国白银大量流失，同时也对中国传统货币制度变革形成新的挑战和冲击。

二、鸦片战争后在中国市面流通的部分外国银元

奥匈银币

1780年

墨西哥银币（鹰洋）

1888年

印度支那银币

1900年

英国贸易银币一元

1911年

日本银币（龙洋）

1914年

美国银币

1922年

墨西哥贸易银元1/2比索

1923年

美国银币

1923年

日本银元五十钱

1925年

印度支那银币

1926年

三、鸦片战争后资本主义国家在中国设立银行、发行货币

继第一、二次鸦片战争后，各帝国主义列强又先后多次发动了侵略中国的战争，如中法战争，中日甲午战争，八国联军入侵天津、北京的战争等，清政府被迫对外签订了一系列不平等条约，以及中国人民无法忍受的各种条款，如割让土地、准予驻军、设立租界、战争赔款、给予领事裁判权、开放通商口岸、控制海关贸易、操控交通工矿事业等，甚至设立银行、发行货币，使中国的自然经济遭受严重摧残，从而一步步沦为半殖民地半封建社会。

资本主义国家在中国设立银行、发行货币最早的是英帝国主义。1847 年（道光二十七年），中国第一家外资银行——英国丽如银行进驻上海外滩，此后陆续在中国开设银行的国家有：法国、德国、俄国、日本、荷兰、美国、意大利、葡萄牙、比利时、挪威等。

英国：丽如银行（1847 年）

中国第一家外资银行

1847 年，上海开埠后的第五年，英国“东方银行”（Oriental Banking Corporation）就捷足先登进驻了上海黄浦滩，成为历史上进入中国的第一家外资银行。

“东方银行”前身为西印度银行，成立于 1842 年，总行设在印度孟买。1845 年，该行将总部迁往英国伦敦后更名为“东方银行”，也有译为“东方银公司”，1851 年，该行获英国政府颁发的“皇家特许状”，成为获得英国政府保护、具有特许经营权的英国殖民地银行。

该行进驻上海后即在上海设立分行，为了拉近与中国人的距离，迎合中国人的文化口味，该行换了一个完全中国化的中文名称——“丽如银行”。

丽如银行由于有英国政府“撑腰”，财大气粗。在中国，它开创了西方殖民地银行入侵这个古老国度的先河，它是第一家在中国发行钞票的外国银行，也是第一家向清政府提供政治贷款的外国银行。它同时还经营中国、英国、印度、锡兰（今斯里兰卡）之间的贸易汇兑业务。到 19 世纪 70 年代达到鼎盛时期，该行在这些国家的分支机构达 40 余处，拥有实收资本 150 余万英镑，总资产超过 2 300 万英镑，在当时世界银行排名中居于首位。

丽如银行进入中国后引来了各国的连锁反应，各帝国主义列强看透了清政府的腐败无能，以各种借口使外国银行不断涌进上海滩，英国的汇丰银行、麦加利银行等也先后进入中国市场，打破了丽如银行一家独大的霸主地位。为了加强竞争，丽如银行改变了传统的营业方向，扩大了营业范围，开始在各地大规模地经营贴现和放款业务。1884 年，由于该行在锡兰的放款和投资失利遭到重创而撤出中国，1892 年，伦敦总行也因经营不善，亏损严重而宣布倒闭。后来，丽如银行在中国的地位逐渐被汇丰银行所代替。

英国：有利银行（1858 年）

有利银行同属英国海外殖民地银行之一。原名为“印度、伦敦及中国特许商业银行”，成立于 1858 年，1892 年改组成为有利银行。有利银行在中国香港和上海等地发行货币，面额有五元、十元、二十五元、五十元和一百元共五款。

有利银行纸币

☆☆☆ 160×88

俄国：帝俄国家银行（1858 年）

帝俄国家银行卢布约于 18 世纪 70 年代左右流入中国。

1858 年，帝俄以调停第二次鸦片战争为由，诱迫清政府签订《中俄北京条约》，以取得在我国上海、宁波、福州、厦门、广州、台南、琼州等七处通商口岸设立领事馆及停泊兵船的特权。

1860 年，帝俄利用英法联军攻占北京的机会，又强迫清政府先后与其签订了《中俄北京条约》、《中俄勘分西北界约纪》。通过这些条约，将乌苏里江以东约 40 万平方公里的土地（包括海参崴）划给俄国，将巴尔喀什湖以东和以南 44 万平方公里的土地割让给俄国，另外俄国还出兵占领我国的新疆伊犁，强权租借大连港。

到清朝末年，俄国在东北各地驻军已达 15 000 多人。在这些割让地、占领区，帝俄通过“华俄道胜银行”在中国肆意发行卢布纸币。

帝俄国家银行纸币

☆☆☆ 155×88

☆☆☆ 178×108

☆☆☆ 157×98

英国：汇丰银行（1863 年）

汇丰银行是英国设在海外的殖民地银行。汇丰银行香港总行成立于 1863 年，1865 年在上海设立分行。汇丰银行在中国香港和上海等地发行货币，货币分为银两券和银元券两种，银两券面额有五两、十两、五十两和一百两共四款；银元券面额有一元、五元、十元、五十元、一百元和五百元共六款。1949 年新中国成立后，汇丰银行仅在香港发钞，并作为香港的法定货币之一。

英国“香港上海汇丰银行”在中国发钞

香港上海汇丰银行（Hong Kong & Shang Hai Banking Corporation）成立于清同治二年（1863 年），总行设于香港，到抗日战争前夕其所设分行已遍布于上海、北京、天津、汉口、青岛、烟台、广州、福州、厦门、沈阳、大连、哈尔滨等大中城市。同治五年（1866 年），港英政府授权汇丰银行为发钞行。从此汇丰银行充分利用发行货币这一特权，通过办理种种奴役性贷款，加上种种极端苛刻的条件，常常乘人之危，趁火打劫，大肆掠夺中国资源，控制中国的金融和财政。清光绪二十四年（1898 年），汇丰银行和英商“怡和洋行”联合组成“中英银公司”，专门投资于中国的铁路，如京奉、沪宁、沪杭和广九等铁路。它们对铁路提供贷款，既收利息，又收回扣，同时还规定必须由“怡和洋行”供应设备、材料，从中掠取了高额利润。汇丰银行的发钞地位一直延续至今（现在只局限在香港发钞）。下图为 1941 年的“香港上海汇丰银行”钞票，由于票幅大，民间称之为“大棉胎”。

汇丰银行纸币

☆☆ 177×102

☆☆ 181×106

☆☆ 190×144

法国：东方汇理银行（1875 年）

法国“东方汇理银行”的半壁江山

东方汇理银行成立于 1875 年 1 月 21 日，总行设于法国巴黎。道光二十四年（1844 年），法国侵略者强迫清政府与其签订了第一个不平等条约——《黄埔条约》。咸丰七年至十年（1857—1860 年），在第二次鸦片战争中，英法联军先后侵占广州、天津、北京等地，清政府被迫又先后与之签订了《天津条约》和《北京条约》。光绪二十年（1894 年），中日甲午战争后，中国又成了战败国，其时帝国主义列强蜂拥而至，展开了对华经济侵略的竞争。东方汇理银行根据法国政府的指示，于 1899 年在上海成立管辖行（分行），同时在北京、天津、广州、汉口、昆明、蒙自、湛江等地设立支行，并发行纸币。东方汇理银行，是帝国主义列强对中国进行政治、经济侵略的工具，它不但是“四国银行团”、“六国银行团”、“五国银行团”和“新四国银行团”的参与者，而且还是法国政府指定的驻中国银行机构的全权代表。它一方面经收清政府对法国的战争赔款，另一方面办理法国对清政府的贷款，转手之间就攫取了巨额的利润（包括佣金、利息、手续费）。1929 年以前，东方汇理银行还曾一度操纵云南的金融市场，号称拥有中国的半壁江山。抗日战争期间该行曾一度停业，1946 年复业，但由于国民政府不给它纸币发行权，加之内战不断，其时该行在中国境内已经接近停业状态。东方汇理银行在中国境内发行的纸币有两种，一种是以法郎为货币单位的兑换券，另一种是以中国银元为本位的银元票。

法国东方汇理银行纸币

☆ 77 × 49　☆ 78 × 50　☆ 104 × 53

☆ 105 × 70　☆☆ 149 × 94　☆☆ 127 × 63

☆ 190×103

☆ 85×56

☆ 97×62

☆☆ 126×63

☆☆ 127×63

☆☆ 125×80

☆☆ 131×74

☆☆ 126×72

☆☆ 141×91

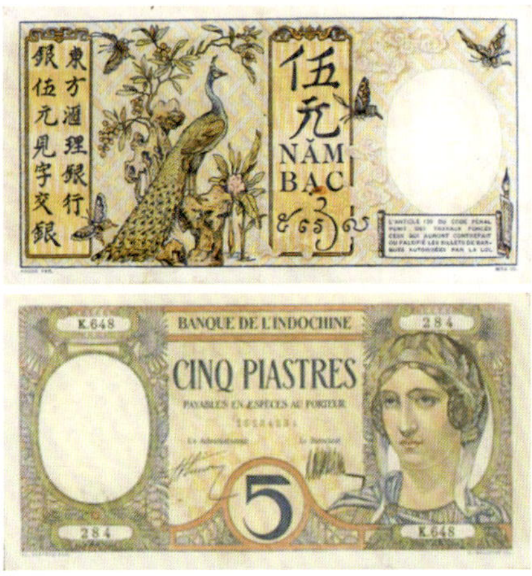

☆☆☆ 178×91

☆☆ 139×60

☆☆ 153×74

☆☆☆ 161×85

☆☆☆ 206×119

☆☆☆ 176×88

☆☆☆ 190×103

☆☆ 173×88

☆☆ 173×88

☆☆ 177×75

☆☆☆ 179×77

☆☆☆ 179×77

☆☆☆ 215×145

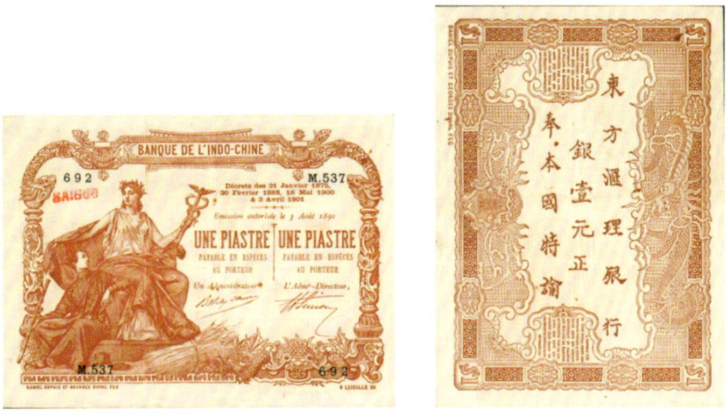

☆☆☆☆ 139×106

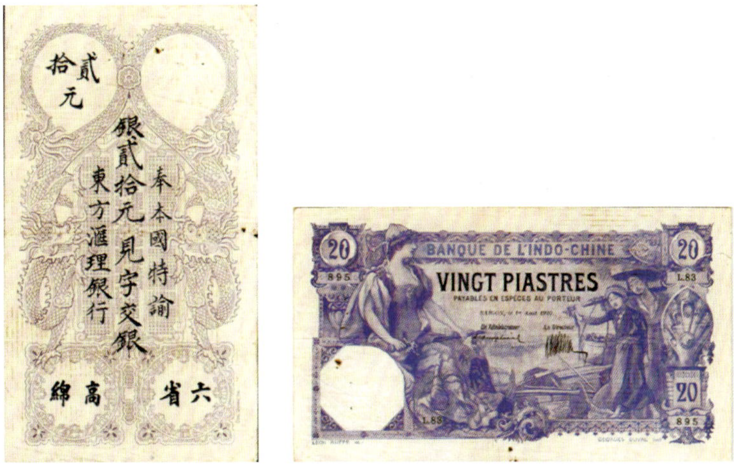

☆☆☆☆ 210×120

日本：日本银行（1882 年）

“日本银行券”被“军用券”所代替

“日本银行”是日本政府唯一法定的发钞行。成立于明治十五年（1882 年），总行设在东京。

明治二十七年（1894 年），日本发动“甲午战争”，中国战败，1895 年，清政府被迫与日本订立《马关条约》，日本索得中国赔款白银 23 500 万两。当年，日本就利用这笔赔款在其国内废止银本位制，改为金本位制。

1937 年 7 月 7 日，日本发动侵华战争后，日本银行发行的纸币开始在我国华北、华中沦陷区大量流通。移民旅顺、大连以及南满铁路的日本侨民也带来了大量日本银行券。后来由于战事扩大，日本银行券发行量也不断增加，导致物价飞涨，币值急剧贬值。日本侵略者为了不影响其国内的金融体制，同时，更是为了将庞大军费开支转嫁给中国人民，决定从 1938 年 11 月起，停止在中国使用日本银行券，改为以日本政府名义发行“军用券”，代替日本银行券。

日本银行纸币

☆☆ 101×49

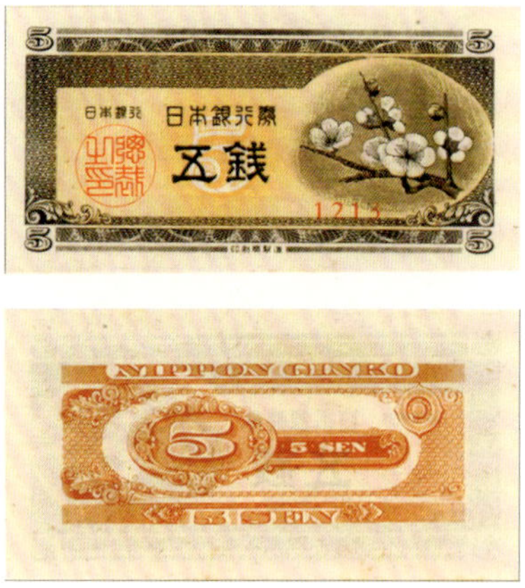

☆☆ 94×46

☆☆ 99×51

☆☆☆ 145×60

☆☆ 108×60

☆☆ 122×68

☆☆ 125 × 70

☆☆☆ 144 × 86

☆☆☆ 138 × 76

☆☆☆ 163 × 93

☆☆ 158 × 79

日本：朝鲜银行（日本吞并朝鲜期间设立的朝鲜银行）

自 7 世纪中叶始，朝鲜长期是一个统一的封建国家。1897 年，改国号为“大韩”，又称韩国。1910 年，日本吞并韩国，更名为朝鲜，使其成为日本殖民地。

1911 年，日本政府颁布《朝鲜银行法》，将原韩国银行改称朝鲜银行。1913 年，朝鲜银行在我国东北沈阳、哈尔滨、大连、旅顺、长春以及天津、北京、上海等地设立分行达二十余处。朝鲜银行纸币除在朝鲜发行外，在中国境内也有大量发行，俗称“老头票”。

朝鲜银行纸币

☆☆☆ 161 × 92

☆☆☆ 161×92

日本：台湾银行（日本侵占台湾期间所设立的银行）

1894 年（光绪二十年），中日甲午战争爆发，中国战败，被迫与日本订立《马关条约》，条约规定将台湾及澎湖列岛割让给日本，成为日本殖民地。

1897 年 4 月，日本政府颁布《台湾银行法》，1899 年 9 月，台湾银行成立并发行由日本印制的台湾银行券。1911 年，台湾银行在上海、福州、广州、汉口、大连以及香港等地设立分行，故该币也在大陆许多地区流通。1945 年 8 月，日本无条件投降后，台湾银行被国民政府接收。

日本占领台湾时期发行的钞票

☆☆☆ 125×66 ☆☆☆ 131×78 ☆☆☆ 142×76

☆☆☆ 143×84

日本留给台湾人民的“废纸”

台湾，自古以来为中国领土。明朝天启四年（1624 年）和天启六年（1626 年），荷兰和西班牙殖民者分别入侵台湾。明末，郑成功率部驱逐侵略者，一举收复台湾。清朝统治期间设台湾府，属福建省。

光绪二十年（1894 年）7 月，日本对我国海陆发起突然袭击，8 月 1 日清政府被迫对日宣战。因是年为甲午年，史称甲午战争。结果是清军战事失利，不但北洋舰队全军覆没，还连失旅顺、威海等军港。

1895 年 3 月，清廷派李鸿章与日和谈，签下了丧权辱国的《马关条约》。条约规定中方将台湾、澎湖及附属列岛和辽东半岛割让给日本。从此日本强占我国台湾等岛屿达半个世纪之久，直至 1945 年 8 月，抗战胜利后，日军投降，台湾及澎湖诸岛才归还中国。

日军占领台湾不久，即以“大日本帝国株式会社”的名义，建立“台湾银行”，发行银元券、金元券和台湾银行券，并以此长期控制台湾的经济命脉，掠夺台湾人民的财富，把所掠夺的金银财宝和物资源源不断地运回日本。日军投降后，留给台湾人民的只有一堆废纸。

俄国：俄华道胜银行（1895 年）

俄华道胜银行名为中俄合办，实由俄沙皇政府所控制。

俄华道胜银行成立于 1895 年，总行设于圣彼得堡（今列宁格勒）。俄华道胜银行通过承办中东铁路，在中国扩大势力范围。它与中东铁路管理局事实上是两个机构，一套人马。俄华道胜银行分支机构遍布于中国各地，当时有：上海、汉口、天津、北京、大连、营口、长春、哈尔滨、海拉尔、满洲里以及新疆等地。

俄华道胜银行纸币

☆☆☆ 150×79

☆☆☆ 150×81

日本：中华汇业银行（1918 年）

中华汇业银行成立于 1918 年，由中日合资，日方股东主要是日本兴业银行，中方股东主要由亲日官僚曹汝霖、陆宗舆、章宗祥等人组成。该行成立后总行设在北京，另在天津、上海设有分行。

1928 年 12 月，因业务不振，京津两地商民掀起挤兑、提存风潮，该行被迫停业清理。

中华汇业银行纸币

☆☆☆ 107×61

☆☆☆ 133×78

☆☆☆ 142×83

挪威：华威银行（1921 年）

华威银行成立于 1921 年 11 月，由中国商人和挪威、丹麦商人合资兴办。1921 年 12 月，经北洋政府财政部审批，华威银行享有纸币发行权。华威银行总行设于北京，在上海、香港和广州设有分行。华威银行发行的纸币，有铜元券和银元券两种，铜元券面额有 16 枚、30 枚、32 枚共三款，银元券面额有一角、二角、一元、五元和十元共五款。华威银行于 1928 年 12 月因投资证券失败倒闭。

华威银行纸币

☆☆☆ 110×63

☆☆☆ 145×77

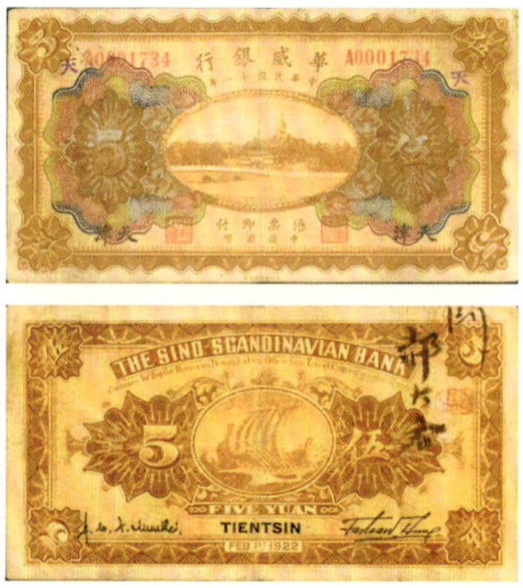

☆☆☆ 155×82

☆☆☆ 136×74

☆☆☆ 126×72

意大利：震义银行（1921 年）

震义银行成立于 1921 年 5 月，由中国和意大利两国商人合办，总行设在北京。发行纸币面额有一元、五元、十元、五十元共四种，该行存在时间不长即倒闭。

震义银行纸币

☆☆ 132×70

☆☆ 145×76

☆☆☆ 157×83

☆☆☆☆ 171×88

天津开平矿务有限公司（1902 年）

“开平煤矿”所发行的钞票

“开平矿务局”于 1878 年在河北唐山开平镇成立。矿区在开平镇西南，是清政府设立的较早使用机器采煤的大型煤矿区，拥有 3 000 余工人，年产煤 70 万吨左右。

1900 年，八国联军入侵北京、天津时，该局督办张翼与天津海关原税务司德璀琳（德国人）和英商墨林等相勾结，以所谓保护矿权为名欺骗清政府、奏请立案，将该矿改为“中外合办”并暗中转移至英国注册，更名为开平矿务有限公司。而后，又为美国人胡华、东方辛迪加资本集团所骗占，沦为英国资本的企业，长期为英人所霸占。从清政府到民国北洋政府都曾几经交涉，均未能收回矿权。1941 年，太平洋战争爆发后，该矿一度被日军占领，抗日战争胜利、日军投降后，该矿权才回到中国人民手中。英国殖民主义者利用骗占手段得来的矿权和资产，未经当时清政府的核准，即公然在华发行该矿的钞票，变本加厉掠夺中国人民的财富。如今，该钞票已成为侵略者罪行的见证。

天津开平矿务有限公司“纸币”

☆☆☆ 165×105

第四章　中国第一家民办商业银行的诞生

中国通商银行（1897 年）

1997 年，香港回归祖国，同时也是我国历史上第一家由中国人自己开办的商业银行——“中国通商银行”诞生 100 周年纪念。

1897 年 5 月 27 日，“中国通商银行”在上海外滩广东路正式开业。虽然它的开业比英国人在中国设立银行整整落后了 50 年，但它开创了中国人自办银行、发行钞票的先例，在我国货币史上具有重要的历史意义。

1896 年（光绪二十二年）10 月，当时的铁路大臣盛宣怀向清政府照准“合天下之商力，以办天下之银行”，提出“通商兴中、挽回利权”的办行宗旨，创办了我国第一家商业银行。1897 年 5 月 27 日，“中国通商银行”在上海正式开业，额定资本五百万两白银。这在当时已算得上是实力雄厚的银行了。该行成立之时，清政府授予其发行钞票的特权。

中国通商银行发行有银两票和银元票两种。银两票分五钱、一两、五两、十两、五十两、一百两共六种。银元票分一元、五元、十元、五十元、一百元共五种。

中国通商银行

☆☆☆☆☆ 144 × 97

☆☆☆ 140 × 74

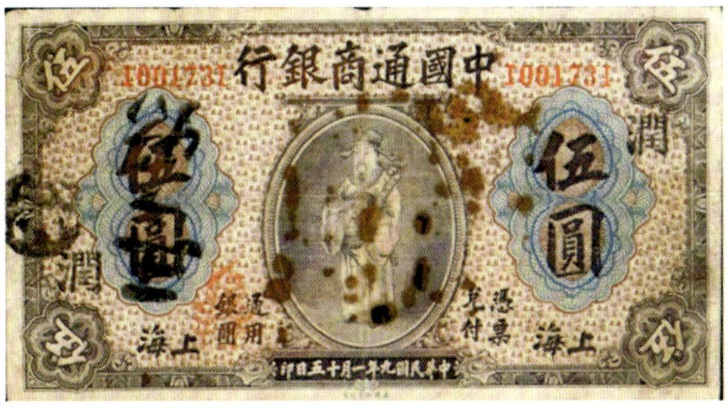

☆☆☆

151 × 81

☆☆☆

150×81

☆☆☆ 150×81

☆☆☆☆ 155×86

第五章　辛亥革命与清王朝的覆灭

1911 年（宣统三年），清朝政府因出卖铁路修筑权，激起了全国人民的反抗，川、鄂、湘、粤等省发起保路运动，成为辛亥革命的导火线。10 月 10 日，湖北革命团体文学社、共进会等在同盟会的推动下，发动了武装起义，夺取了政权，成立了湖北军政府，并推举黎元洪为都督。

武昌起义爆发后，全国各地纷纷响应，在一个多月的时间里，先后有湖北、湖南、江西、广东、四川等二十余省宣布独立，使清王朝陷于土崩瓦解之中。

1911 年 12 月，孙中山回国抵达南京，经十七省代表会议推举为临时大总统。1912 年 1 月 1 日，在南京成立中华民国临时政府，颁布了《中华民国临时约法》。2 月 12 日，清政府被迫宣告溥仪退位，结束了清王朝两百余年的封建专制统治。

由于资产阶级的软弱性、妥协性，在帝国主义和封建势力的压力下，1912 年 4 月，孙中山被迫辞职，袁世凯窃夺了政权，革命遂遭失败。辛亥革命推翻了清王朝，结束了中国两千多年的封建君主专制，使民主共和的观念从此深入人心，对中国近代的历史产生了深远的影响。此次具有历史意义的革命因发生于 1911 年（辛亥年），故史称“辛亥革命”。

一、中华民国金币券

孙中山用以筹集军饷的“中华民国金币券”

☆☆☆☆☆　199×79

孙中山与“中华民国金币券”

1895 年 10 月，孙中山领导的广州起义失败后，他成了清王朝缉拿的叛逆要犯，因而被迫逃往国外。但孙中山并不因为起义的失败而灰心，仍坚持其革命理念并不断为之奋斗。1909 年，孙中山经由东南亚来到美国，11 月在美国的纽约、芝加哥、三藩市（旧金山）三地成立了同盟会分会。并将三藩市分会作为其在美国的总部，同时将《美洲少年周报》改为《少年中国晨报》，以宣传革命理想。

孙中山为再次筹划起义、筹集军饷，于 1910 年在三藩市发起创办“中华革命军筹饷局”进行筹款，推选李是男（李公侠）为局长兼司库，黄伯耀为筹饷委员，并发行中华民国金币券。

中华民国金币券有十元券、一百元券和一千元券三种面额。三种币券除颜色略有差别外，票面上方均印有“中华民国金币”字样，中间印有一面青天白日旗，右端印有“中华革命党本部总理孙文”，左端印有“中华革命军筹饷局会计李公侠发”，中下方印有“中华民国成立之日此票作为国宝通用交纳税课并随时如数向国库交换实银”等字样。该币标题十分醒目，既包括了未来国家的名称，币名和币值又与美元相仿，因而深受广大旅美华侨的欢迎，得到了热烈认购。据有关资料记载，自筹饷之日起至广东光复之日止，共筹得美金四十余万元。这在当时可是一笔非常可观的数目。

中华民国金币券具有公债性质，它以银票、金币的形式发行，并无实物、财产或黄金作抵押，却受到广大华侨和同盟会会员的热烈认购，除说明当时孙中山的声望极高外，还表明孙中山所倡立的同盟会“驱除鞑虏、恢复中华、创立民国、平均地权”的十六字革命宗旨深得民心。

中华民国金币券的发行无疑对辛亥革命的胜利起到了积极的作用。它不但是中国历史上的重要革命文物，也是极具收藏价值的纸币珍品。

辛亥革命一声炮响，各省纷纷宣告独立，成立民国政府（军政府）并发行钞票，以示对辛亥革命的响应和支持。

二、辛亥革命期间各省发行的具有历史意义的钞票

黎元洪首发“中华民国中央军政府军用小票”

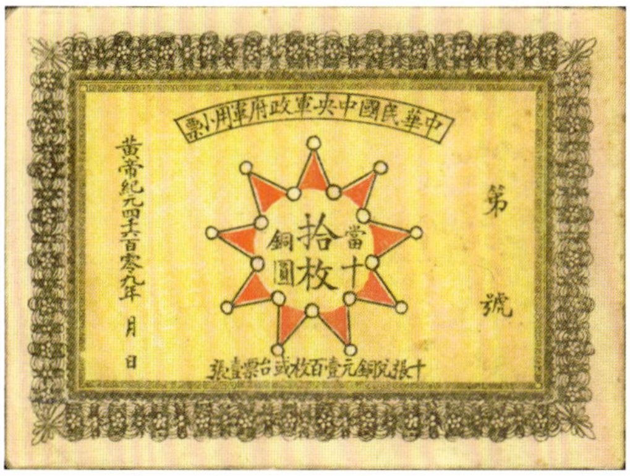

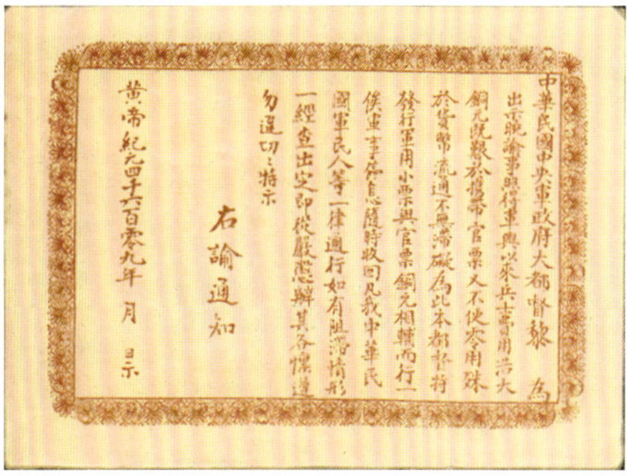

☆☆☆☆☆ 135×98

武昌起义爆发后，10 月 30 日，十四省代表赴湖北在汉口英租界集会，请黎元洪以大都督名义执行中央政务。“中华民国中央军政府军用小票”即在这一时期设计印制的。其背面印有发行告示，内容如下：

中华民国中央军政府大都督黎　　为出示晓谕事，照得军兴以来，兵士费用浩大，铜元既难于携带，官票又不便零用，殊于货币流通不无滞碍。为此，本都督特发行军用小票，与官票铜元相辅而行，一俟军事停息，随时收回。凡我中华民国军民人等，一律通行。如有阻滞情形，一经查出，定即从严惩办。其各懔遵勿违，切切，特示。右谕通知。黄帝纪元四千六百零九年　月　日示。

从该项发行告示可知，当时湖北主要仍以官票、铜元流通市面。湖北为首义之地，清政府为剿灭革命，先后派出荫昌、袁世凯督军南下，在汉口、汉阳展开规模巨大的阳夏激战，故有“军兴以来，兵士费用浩大”之说。而发行此军用小票，当亦为补军费之不足。或因后来回收较彻底，该项军用小票迄今仅见三五而已。此“小票”印制于满清王朝尚存、中华民国未立之时，故以黄帝纪元行之。以黄帝纪元作为年代记录的纸钞在中国货币史上极为罕见。

沪军都督陈其美在上海发行“中华民国军用钞票”

☆☆☆☆☆ 168×103

辛亥武昌起义胜利后，革命军在武昌成立中央军政府，全国各省顺应时势纷纷脱离清政府，拥护起义并宣布独立。到 11 月下旬已有十四省区宣布独立，成立军政府。为了筹措军费，部分省军政府发行了军票，由于其时清朝尚在，中华民国未立，因此均以“黄帝纪年四千六百零九年”作为发行年号。

1911 年 11 月，陈其美（字英士）在上海利用其负责长江下游军事防卫和上海驻军职务以及在青帮帮会的影响力，响应武昌起义，在上海起义取得成功。在上海建立军政府后，各界起义领袖一致推选陈其美为沪军都督。为了筹措军饷，军政府责令由“中华银行”经理负责，发行“中华民国军用钞票”，并限在上海通用。票面有沪军都督印章。面值有五角、一元、五元、十元共四种。

沪军都督陈其美为孙中山挚友，蒋介石的拜把兄弟，于 1916 年 5 月 8 日，在上海被袁世凯的刺客所杀，时年 38 岁。孙中山获悉其被害的消息后，异常悲痛，后来他在给黄兴的信中说："英士忠于革命主义，任事勇锐，百折不回，为民党不可多得之人。"

大汉四川军政府军用银票

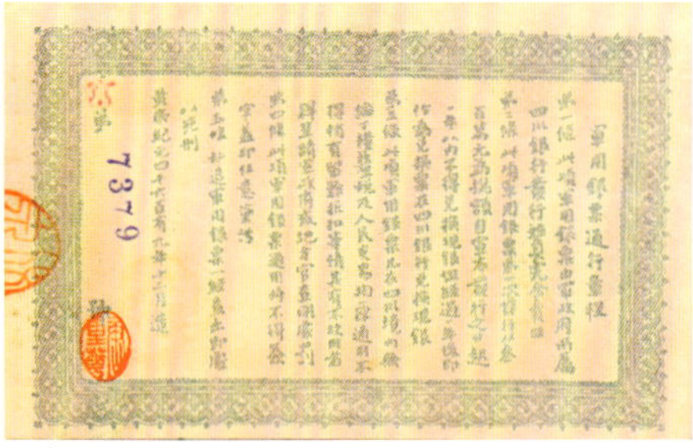

☆☆　　125 × 78

湖南都督谭延闿发行钞票支持辛亥革命

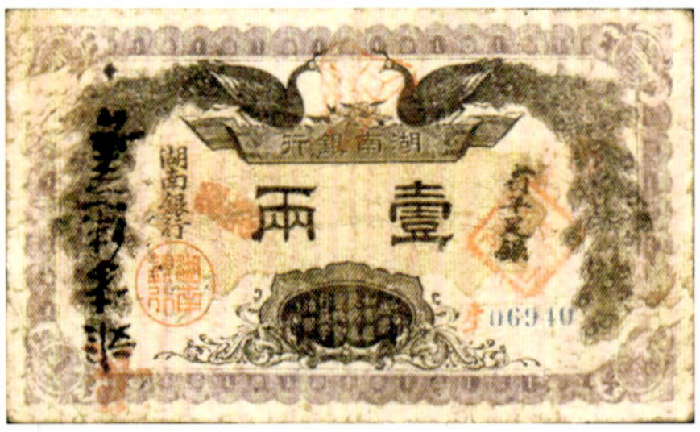

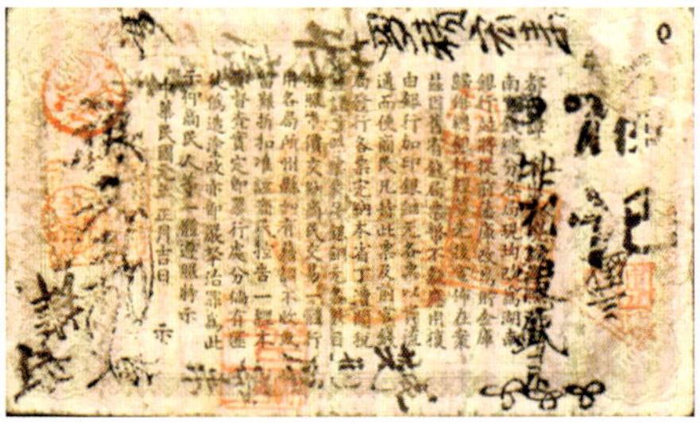

☆☆☆　　128 × 74

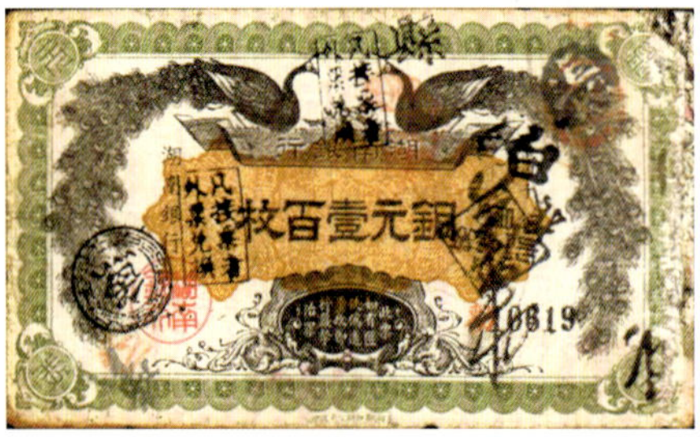

☆☆☆　　130 × 75

广西都督陆荣廷发行钞票支持辛亥革命

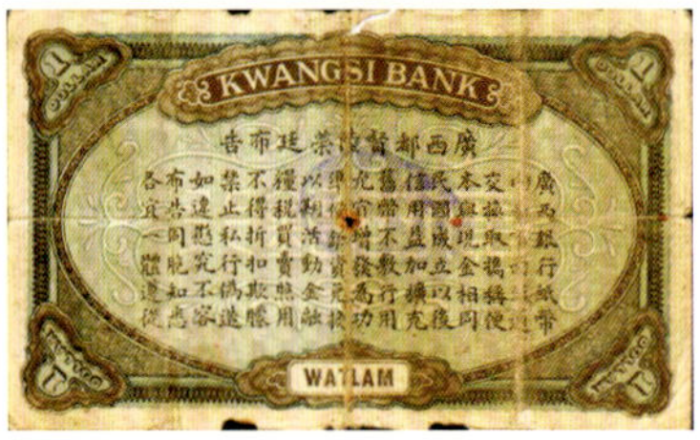

☆☆　　129 × 76　　☆☆　　151 × 90　　☆☆　　151 × 90

陈炯明在广东发行“中华民国粤省军政府通用银票”

☆☆☆☆ 151×90

为响应武昌起义，11 月 9 日，广东正式脱离清政府宣告“独立”。其时五羊城内锣鼓喧天，爆竹如雷，长辫子变成了民国头，很有改朝换代的气氛。广东宣告独立后，即成立了“中华民国粤省军政府”，由胡汉民任都督，陈炯明任护军使、龙济光为副使。不久，胡汉民应孙中山先生之请前往南京担任国民政府秘书长，广东都督一职便由陈炯明代理。

广东军政府成立之初，由于前清官员纷纷卷款逃往香港，把省库所有现银分光、抢光，给军政府财政造成极大困难。为此，粤省军政府采取了四项应急措施，其中之一就是发行“中华民国粤省军政府通用银票”。面额有五毫、一元、二元、五元共四种。该银券正面上端横书“中华民国粤省军政府”和“通用银票”四字。右端为陈炯明像，左端由军旗、步枪、指挥刀的图案组成。背面印有条例和陈炯明、财政司长李煜堂的签字。

该银票的发行曾为支持孙中山所领导的辛亥革命、稳定广东政局起到过积极的作用，是中国近代史上具有一定历史意义和收藏价值的钱币珍品。

江西都督马毓宝发行钞票支持辛亥革命

☆☆☆ 142×92

☆☆☆☆ 156×103

开创先例的“陕西军用券”

为支持辛亥革命，陕西也和全国其他省一样，很快就成立了“陕西军政府”，并由张凤翔任大都督。

1912 年 1 月 1 日，在南京成立了“中华民国临时政府”，孙中山被推举为临时大总统。陕西军政府为了扩充军队，支持辛亥革命，决定由“陕西泰丰银行”于 1912 年和 1913 年分别发行“陕西泰丰银行兑换券”，面额有一两、五两和十两共三种。该券正、背面设计都比较精美，一改过去陕西钞票的粗犷，给人以改朝换代、面目一新的感觉。此外，军政府敢在纸币上印上“兑换券”三字，除说明大都督张凤翔对国民革命充满信心之外，还开创了当时全国“军票”的先例。

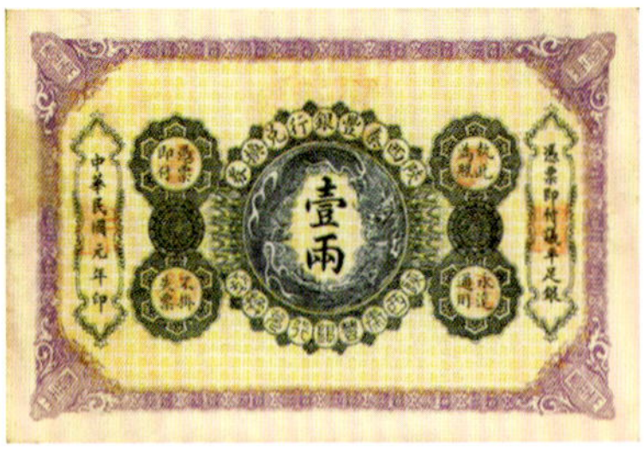

☆☆☆☆ 133 × 88

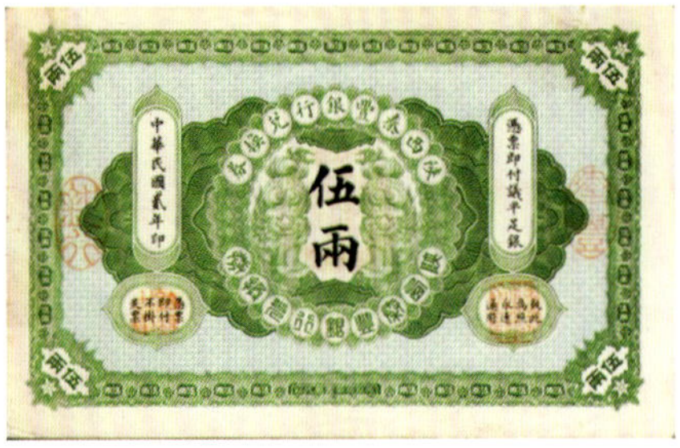

☆☆☆☆ 161 × 101

☆☆☆☆☆ 169 × 106

第六章　中华民国建立和民国时期所发行的货币

辛亥革命取得成功，清帝宣告退位。1912 年 1 月，中华民国临时政府在南京成立，3 月孙中山就对新货币的发行作了明确的规定："……拟另刊新模，鼓铸纪念币……其余通用新币，中间应绘五谷模型，取丰岁足之义，重劝农务本之规，为此训令速将新模印就分令各省造币厂照式鼓铸可也。"之后，各地军政府纷纷开造带有嘉禾和双旗图案的开国纪念币铜元以及"中华民国开国纪念币"银元。

一、中华民国开国纪念币（金属币）

民国开国纪念铜币

1912年

开国纪念币十文

1912年

开国纪念币十文

1912年

开国纪念币二十文

1912年

中华民国开国纪念银币

1912年

二、民国（北洋政府）时期中央政权发行的货币

中华民国政府成立后，将原"大清银行"重组更名为"中国银行"。"交通银行"仍沿用原行名。"中行"和"交行"在民国初期被定为国家级银行，拥有货币发行权。

1928 年 10 月，国民政府颁布《中央银行条例》，并于同年 11 月 1 日在上海成立"中央银行"。国民政府授予该行拥有一切中央银行应有的特权。

"中国农民银行"前身是豫、鄂、皖、赣四省农民银行，此"四省农行"是当时蒋介石企图以经济封锁将红军扼杀在长征路上而特别设立的金融机构。1935 年正式更名为"中国农民银行"，成为国民政府执政时期的中央四大银行之一。

中华民国自 1912 年成立到 1949 年南迁台湾前在大陆统治的 37 年间，是中国历史上发行货币最乱、最滥、最多的时期，从中央到地方，从军阀到财阀，发行的钞票林林总总，数量多，贬值快，让老百姓吃尽了苦头，在一个地区拿到的钞票，到了另一个地区就成了废纸；今天可以买到一头牛的钱，明天可能仅够买一只鸡。这种状况持续了几十年，不仅在中国，在世界货币史上都是绝无仅有的。

银行职员在清点钞票，两旁是堆积如山的法币

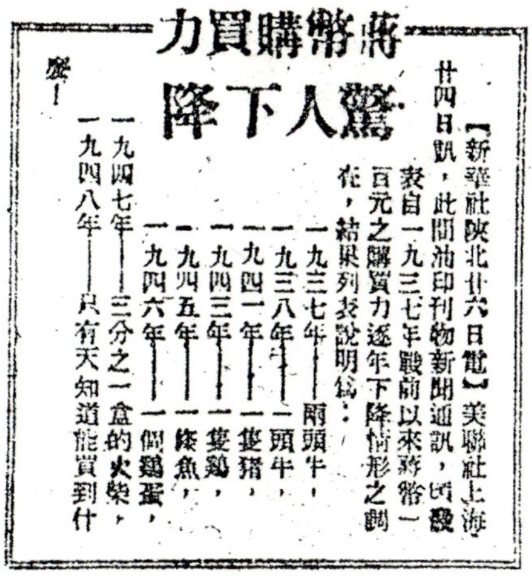

蔣幣購買力驚人下降

【新華社陝北廿六日電】美聯社上海廿四日訊，此間油印刊物新聞通訊，頃發表自一九三七年戰前以來蔣幣一百元之購買力逐年下降情形之調查，結果列表說明如：

一九三七年——兩頭牛，
一九三八年——一頭牛，
一九四一年——一隻豬，
一九四三年——一隻雞，
一九四五年——一條魚，
一九四六年——一個雞蛋，
一九四七年——三分之一盒的火柴，
一九四八年——只有天知道能買到什麼！

1937—1947年，蒋币购买力惊人下降，这是1947年7月新华社的一则报道

1. 中国银行

“中国银行”历史最悠久

辛亥革命取得胜利，宣统皇帝被迫下野，历经276年的大清王朝从此退出中国的历史舞台。伴随着清王朝的覆灭，“大清银行”总分行号也先后停业。其时大清银行总行会办陈锦涛、上海分行经理宋汉章，在上海原大清银行商股股东的支持下，致函孙中山先生及南京临时政府，建议将上海大清银行改组为中国银行。此建议被南京临时政府所采纳，于是“中国银行”于1912年2月5日在上海成立。在南京只设分行并于同年2月15日挂牌营业。1912年4月，袁世凯窃取中华民国临时大总统职位，在北京成立北洋政府后，重新组建了中国银行筹备处，经过四个多月的筹备，1912年8月1日，为袁氏所控制的“北京中国银行”正式开业，同时将上海中国银行降格为分行。

中国银行由1912年2月成立时即开始发行纸钞，至1942年6月，纸币发行权被中央银行收归后，即停止发钞。

1949年，中华人民共和国成立后，中央人民政府接管了中国银行，同年12月，中国银行总管理处由上海迁至北京，1953年10月27日，中央人民政府政务院公布了《中国银行条例》，明确中国银行为中华人民共和国中央人民政府特许的外汇专业银行。中国银行是中国历史上最悠久的银行之一。

中国银行纸币

☆☆ 97×54

☆☆ 103×56

☆☆☆ 113×63

☆☆☆ 113×57

☆☆☆ 130×68

☆☆☆ 132×70

☆☆ 152×82

☆☆ 178×90

☆☆☆ 173×97

☆ 145×71

☆ 155×78

☆ 167×85

☆ 166×77

☆☆ 175×81

☆☆☆ 177×82

☆☆ 179×82

☆☆ 186×87

☆☆☆☆ 153×82

☆☆ 148×83

☆☆ 148×83

☆☆☆ 148×83

☆ 148×83

☆ 158×82

☆ 143×80

☆☆☆ 91×51

☆☆ 165×84

☆☆☆ 178×90

☆☆☆ 178×90

☆☆☆ 166×85

☆☆ 175×95

☆☆ 175×95

☆☆ 173×99

☆☆ 175×93

☆☆☆ 157×85

☆☆☆ 163×86

2. 交通银行

交通银行成立于光绪三十四年（1908 年），是官商合办的股份制银行。清朝末年，交通银行享有代理国家发行纸币的权力，1916 年，北洋政府明令该行与中国银行同具中央银行性质。

1928 年，南京政府又指定该行为国家银行之一，与中央银行、中国银行、中国农民银行同属一类，俗称四大银行。交通银行所发行的纸币有银两票、大银元票、小银元票、铜元票、辅币券等品种，1936 年 12 月后停止发行纸币。

交通银行纸币

☆☆ 105×60

☆☆ 90×52

☆☆ 97×55

☆ ☆ 91 × 51

☆ ☆ 99 × 56

☆ ☆ ☆ 116 × 63

☆ ☆ ☆ 124 × 69

☆ 151 × 80

☆ 151 × 80

☆ ☆ 151 × 80

☆ ☆ 151 × 80

☆ ☆ 151 × 80

☆☆ 151×80

☆☆ 151×80

☆ 146×80

☆ 146×80

☆☆☆ 147×88

☆☆ 157×83

☆ 160×83

☆ 153×82

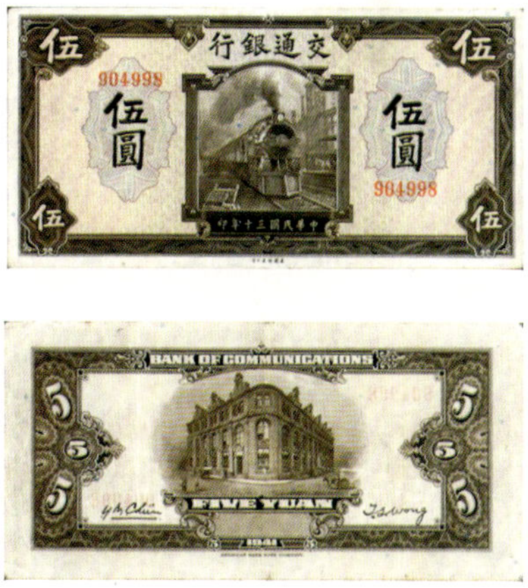

☆☆ 158×76

☆ 160 × 83

☆ 154 × 84

☆ 154 × 84

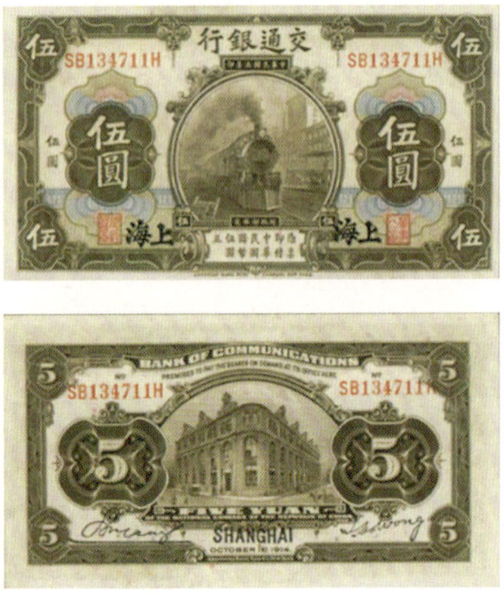

☆ ☆ 154 × 84

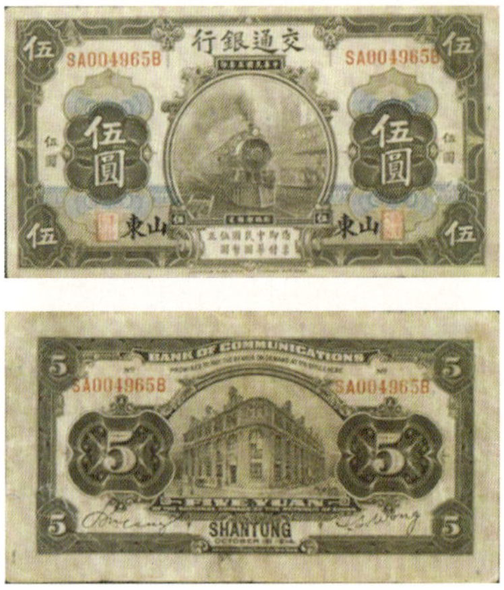

☆ ☆ 154 × 84

☆ ☆ 152 × 76

☆ ☆ 158 × 87

☆ ☆ 158 × 87

☆ ☆ 158 × 87

☆☆☆ 162×88

☆☆ 164×87

☆☆☆ 160×88

☆ 158×82

☆☆ 166×79

☆☆ 158×81

☆☆☆ 158×81

☆☆☆ 168×81

☆☆☆ 167×81

☆☆☆ 163×87

☆☆☆ 162×84

☆☆☆ 171×85

☆☆☆ 166×91

中国首家国有股份制商业银行

交通银行是中国早期四大银行之一，是我国最早的官商合办的股份制商业银行。清朝末年，交通银行享有代理国家发行纸币的权力，1916 年，北洋政府明令该行与中国银行同具中央银行性质，同时也是我国发钞时间最早、最长的银行之一，发钞历史长达 33 年。

民国政府成立后，交通银行受中央银行委托，与中国银行共同承担国库收支与发行兑换国币业务。1928 年，国民政府颁布《交通银行条例》，交通银行成为“扶助农矿工商”的专业银行。

交通银行成立之初总行设在北京，随着国内局势的变迁，交通银行也曾数度迁移上海、南京、重庆，1946—1947 年再次落户上海。中华人民共和国成立以后，交通银行于 1951 年将总行再次迁回北京。此后，除香港分行仍继续对外营业外，其国内业务已分别并入中国人民银行和后来组建的建设银行。

国家实行改革开放之初，为适应经济发展的需要，1986 年 7 月 24 日作为国家金融改革的试点，经国务院批准，重新组建后的交通银行，于 1987 年 4 月 1 日在上海重新对外营业，同时也成为新中国第一家全国性的国有股份制商业银行。

3. 中央银行

1928 年 10 月 5 日，国民政府颁布《中央银行条例》，并着手筹建中央银行，于 1928 年 11 月 1 日在上海正式成立。国民政府授予该行一切中央银行应当具备的特权。同时将原由中国银行、交通银行分享的经理国库、经募国内外公债等特权全部收归中央银行办理。1935 年 11 月，国民政府改发行法币后，将中央银行、中国银行、交通银行所发行的纸币均定为法币。1942 年 7 月，国民政府决定取消中国银行、交通银行的纸币发行权，并将两行发行权全部移交中央银行。此后，中国货币发行权全集中于中央银行。中央银行于 1928 年 11 月 1 日开始发行纸币。其时所发行的品种有银元票、铜元票、关金券、法币券、金元券、银元券及辅币券。面额分为一元、二元、五元、十元、五十元、一百元共六种。辅币则有五分、一角、二角三种。其后，随着解放战争的节节胜利，国民政府眼看大势已去，指令中央银行无限量发行金元券、银元券，而且面值越印越大，首次出现千元、万元、十万元、百万元面额的钞票。

中央银行纸币

* 中央银行国币兑换券

☆☆ 90×50

☆☆ 97×50

☆☆☆ 110×55

☆ 116×58

☆ 119×63

☆ 117×59

☆ 122×62

☆☆ 129×67

☆☆ 139×71

☆☆ 128×77

☆☆☆ 128×77

☆☆☆☆ 160×75

☆ 160×75

☆ 168×77

☆☆☆☆ 166×78

☆☆☆ 162×82

☆ 150×76

☆ 172×80

☆☆ 180×84

☆☆☆ 180×84

☆☆ 185×86

广州中央银行的兴衰

1924 年，国共实现第一次合作。其时，孙中山所创立的国民革命政府就设在广州，为了解决当时所面临的金融混乱、财政困难、社会不稳定等危机，孙中山决定一面筹建黄埔军校，一面筹设中央银行。

经过一段时间的筹备，是年 8 月 15 日“中央银行”在广州宣布正式成立，行址就设在现今的广州市沿江中路 139 号现中国人民银行广州分行旧址。第一届董事会成员有：胡汉民、廖仲恺、邓泽如、叶恭绰、孙科、林云陔、宋子文。由宋子文担任行长。该行成立后在广州设立了 3 个兑换发行处，省内设有 11 个分行。

1927 年，南京国民政府成立后，即在上海另设中央银行，广州的中央银行也于 1929 年改称“广州中央银行”，以示有别于上海的中央银行。1929 年，“南天王”陈济棠主政广东后，于 1932 年将广州中央银行改组并更名为“广东省银行”。

* 中央银行法币券

☆ 75×45

☆ 86×43

☆☆ 115×58

☆☆ 124×62

☆☆☆ 150×74

☆ 150×74

☆ 150×74

☆ 157×78

☆☆ 155×77

☆☆ 165×82

☆ 150×74

☆ 157×84

☆ 165×82

☆☆ 147×75

☆☆ 156×77

☆☆ 165×83

☆☆ 144×74

☆☆☆ 153×76

☆☆ 120×60

☆☆ 131×65

☆☆ 141×72

☆ 140 × 70

☆☆ 166 × 75

☆☆ 166 × 75

☆ 125 × 73

☆ 133 × 76

☆☆☆ 128 × 68

☆ 138 × 70

☆☆ 148 × 76

☆ 150 × 77

☆ 126 × 57

☆☆ 125 × 64

☆☆ 153 × 80

☆☆ 153×80

☆☆ 140×71

☆☆ 155×78

☆☆ 160×86

☆ 136×60

☆ 166×81

☆☆ 166×85

☆☆ 166×74

☆☆ 164×75

☆☆☆ 172×90

☆☆☆ 180×97

☆☆☆☆ 189×105

☆☆ 140×63

☆☆ 140×63

☆☆ 164×62

☆ 160×83

☆☆☆ 157×83

☆☆ 162×65

☆☆☆ 152×74

☆☆☆ 163×65

☆☆☆ 148×63

☆☆☆ 165×64

☆☆☆ 150×75

☆☆ 136×64

☆☆☆☆ 164×64

☆☆☆☆ 163×73

☆☆☆☆ 161×63

☆☆ 163×65

☆ 165×85

☆ 163×81

☆ 155×65

☆☆☆ 176×76

☆ 135×64

☆ 155×65

☆☆ 163×71

☆☆ 153×65

☆☆☆ 183×76

☆☆ 175×79

☆☆ 155×65

☆☆ 155×63

☆☆ 181×74

☆☆ 166×66

☆☆ 165×64

☆☆☆ 181×75

☆☆ 164×74

☆☆ 167×65

☆☆ 163×62

☆☆ 183×76

☆☆ 150×75

☆☆☆☆ 182×75

☆☆☆☆ 164×65

☆☆☆ 183×75

☆☆ 153×63

☆☆ 154×63

☆☆ 173×76

☆☆ 154×62

☆☆ 154×62

☆☆☆ 150×68

☆☆ 145×60

☆☆ 164×75

☆☆ 155×63

☆☆ 156×64

☆☆☆ 157×71

☆☆☆ 161×74

“法币”之乱，无法可依

1935年10月，日本加紧制造在华北的分裂活动，并大量走私中国的白银出口，加剧了中国金融市场的不稳定性，同时还谣传中国货币要大幅贬值，“中央”、“中国”、“交通”三行纸币将停兑……谣言四起。11月1日汉奸汪精卫被刺，日本反应强烈，第二天上海出现了挤兑风潮，政局出现危机。3日下午，财政部长孔祥熙在财政部召集银行界巨头吹风，透露将实施币制改革。第二天即通过中央广播电台向全国宣告实施货币改革；由11月4日起三银行所发行的钞票定为法币。所有完粮纳税及一切公私款项收付，概以法币为限，不得行使现金（黄金、白银）……

1942年7月，国民政府为加强战时金融管制，将全国纸币发行权集中于中央银行独家发行。由1935年11月至1937年6月，四大银行发行的钞票总量约为14亿元，发放量尚在正常范围内。到1942年6月，四大银行法币发行总量增加到249亿元，为实施法币时的22倍。到了1948年，法币总发行量已达6 600亿的天文数字。由此可见法币之乱已到了无“法”可依的地步。

＊ 中央银行关金券

☆☆☆　　119 × 58

☆☆☆　　128 × 65

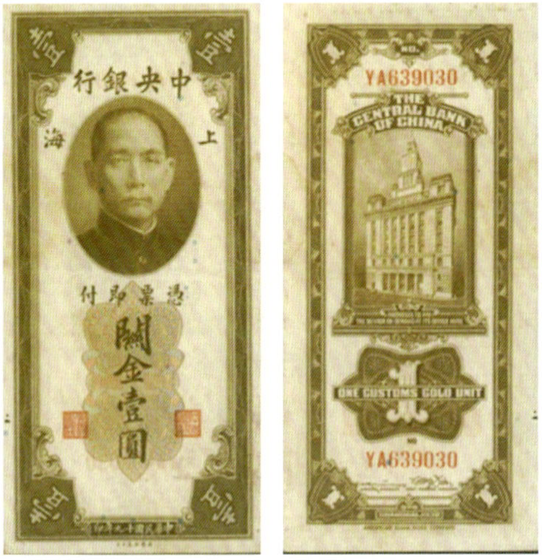

☆☆　　151 × 74

☆　　170 × 80

☆　　192 × 69

☆☆　　193 × 87

☆☆ 193×87

☆☆ 193×87

☆ 193×87

☆☆ 161×76

☆ 161×76

☆ 145×62

☆☆ 155×62

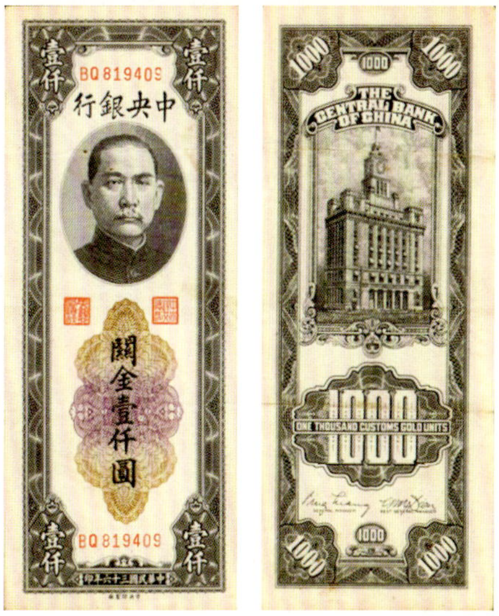

☆ 155×63

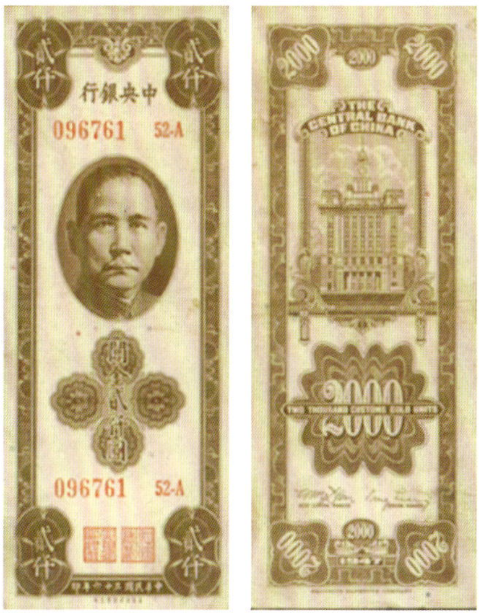

☆☆ 153×61

☆☆ 165×73

☆☆ 149×67

☆☆ 146×62

☆☆ 151×63

☆☆☆ 154×63

☆☆ 161×73

☆☆ 153×62

☆☆ 165×73

☆☆ 149×62

☆☆ 165×71

☆☆ 145×62

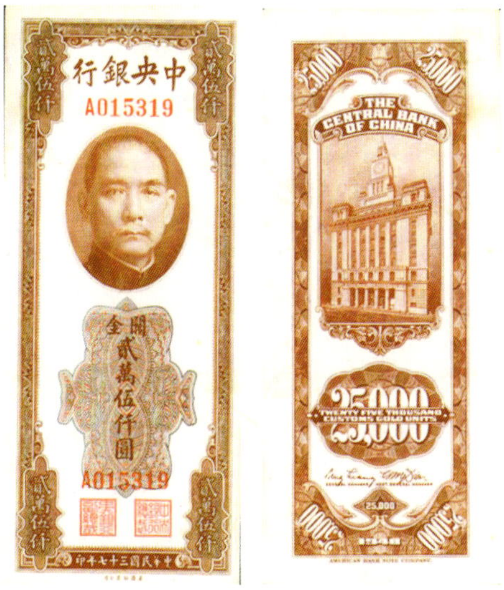

☆☆☆ 145×61

☆☆☆ 154×63

☆☆☆ 154×64

☆☆☆ 161×68

☆☆☆☆ 150×63

☆☆☆ 155×67

名不副实的“关金券”

“关金券”最初是为从事国际贸易的商人作为交纳关税的专用纸币，始发于1931年2月1日。

1929年，世界黄金价格飞涨，而银价则一度下跌，国民政府为了维持关税的正常收入，决定发行关金。最初规定1关金含纯金值为0.601 866克，等于0.4美金。由于关金券仅作为交纳关税用，使用面狭窄，故发行时的一组是由美国钞票公司印制的直型券，面额有十分、二十分、一元、五元、十元共五种，发行量也不大。

抗日战争期间由于政府过滥发行法币，导致法币贬值。此时，国民政府有意以关金代替法币。1942年2月1日，国民政府即将关金的单位含纯金值由原来的0.601 866克提高到0.888 61克，和美金等值，并规定关金以1∶20兑换法币，关金券的面额也增发了二十元、五十元、一百元、五百元。至此“关金券”已名不副实，失去了原来发行的本意，变成了一种代替法币的流通券了。后因法币的飞速贬值，中央银行又多次发行大面额关金券以适应市面流通所需。关金券一直沿用到1948年8月，至国民政府颁布《财政经济紧急处分令》，宣布废除法币和关金券时，历时17年半，约有50个品种。

＊ 中央银行“东北九省流通券”

☆☆☆ 146×58

☆☆☆ 146×58

☆☆ 146×58

☆☆ 152×58

☆ 154×60

☆ 163×67

☆ 155×63

☆ 155×63

☆ 155×63

☆☆ 156×74

☆☆ 159×67

☆☆ 156×74

☆☆ 156×75

来去匆匆的“东北九省流通券”

抗日战争胜利后，为解决东北沦陷时日伪政权所发行的货币遗留问题，国民政府财政部于 1945 年 10 月 20 日公布了《东北九省敌伪钞票及金融机关处理办法》，11 月 2 日颁布了《中央银行东北九省流通券发行办法》，规定伪满洲中央银行所发行的货币不得再在市面流通，并强制收兑。1945 年 12 月 22 日，中央银行在东北地区行使“东北九省流通券”，并规定该流通券与法币的兑换比率为 1∶10（即 1 元流通券兑换 10 元法币）。1948 年 8 月，国民政府又公布《财政经济紧急处分令》，规定自 23 日始实行新的“币制改革”，废除法币和东北九省流通券，改用金元券。随即中央银行停止发放东北九省流通券，并规定以 1 金元券兑 30 万流通券的比率，于 1948 年 11 月 20 日前截止收兑。东北九省流通券可谓“来也匆匆，去也匆匆”，仅行使了 2 年 11 个月，就从市场上消失了。

当时国民政府将东北地区划分为九省，即辽宁省、辽北省、安东省、吉林省、合江省、松江省、嫩江省、兴安省和黑龙江省。

* 中央银行金元券

☆ 120×55

☆ 130×56

☆ 138×55

☆ 147×74

☆☆ 147×62

☆☆ 144×61

☆☆ 146×61

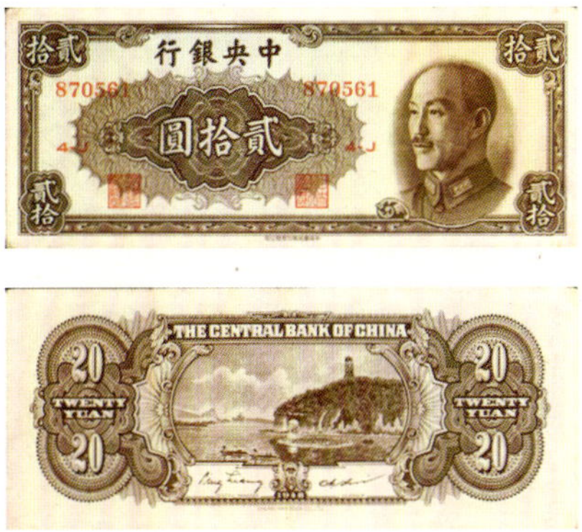

☆ 147×60

☆ 148×64

☆ 147×61

☆ 146×62

☆ 146×62

☆ 146×63

☆ 146×61

☆☆ 148×62

☆☆ 145×61

☆☆ 145×61

☆ 148×59

☆ 149×63

☆ 150×63

☆☆☆ 152×65

☆ 156×60

☆ 147×60

☆ 150×61

☆☆ 148×58

☆☆ 147×59

☆☆ 148×60

☆☆☆ 145×61

☆☆☆ 145×61

☆☆☆ 148×62

☆☆☆ 150×60

☆☆☆☆ 148×60

☆☆☆☆ 148×60

☆☆☆☆☆ 150×60

☆☆☆ 150×77

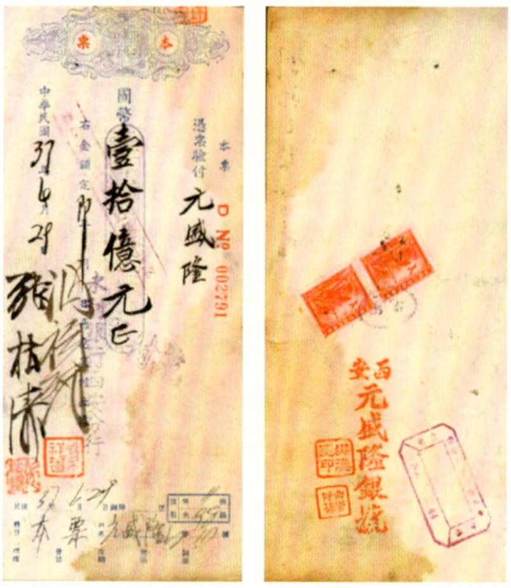

☆☆☆ 209×90

金元券成了“夺金券”

抗战胜利后，内战爆发，到1948年8月，国民党不但没有将共产党消灭，反而自己的军队被歼260多万。解放区的面积则扩大至全国总面积的1/4，人口增至全国总人口的1/3以上。此时国民党政府由于大量印发法币而引发通货膨胀，已到了经济崩溃的边缘。8月19日，国民政府向全国颁布了《财政经济紧急处分令》，宣布废除法币券、关金券和东北九省流通券。以金元为本位发行金元券。规定1金元券的法定含金率为0.222 17克，发行限额为20亿元，8月23日开始发行，并以法币300万元、关金15万元、东北九省流通券30万元兑换金元券1元的兑换率，限于11月20日前兑换。同时还要求百姓手中不能持有黄金、白银、银元和外币，这些“硬通货”必须在9月30日前全部兑换成金元券。

国民政府发行金元券是在他们眼看大势已去，即将逃离大陆的前夕采取的另一种加紧对人民财富掠夺的手段。据有关资料统计，到1948年10月底止，全国被搜刮的黄金有164万两，白银900余万两，银元2 300万元，美钞、港币各约数千万元，合计总值约2亿美元。金元券成了名副其实的“夺金券”。

＊ 中央银行银元券

☆ 103×52

☆ 103×52

☆ 103×52

☆ 103×52

☆ 148×59

☆ 148×59

☆☆ 148×59

☆☆ 147×58

☆☆ 150×60

☆☆☆ 123×57

☆☆☆ 127×61

银比金贵的“银元券”

1948 年 11 月 11 日，国民政府“行政院”通过所谓《修正金元券发行办法》，宣布把金元券的含金量由原来的 0. 222 17 克降为 0. 044 434 克，即由原黄金每两 200 元金元券提高到每两 1 000 元，同时还撤销了金元券的发行限额，物价由限价改为议价。此“修正案”出台后金元券发行有如决堤之水——一发不可收拾。贬值之快可以分秒来计算，早上尚可购一斤大米的钱到了晚上只能买到一根针。由于金元券的急剧贬值和物价的飞速暴涨，民间纷纷抵制和拒用金元券而改以“银元”进行交易。此时的国民政府随着战事的失利，由北自南节节败退，政府南迁至广州后又故伎重施，“行政院”于 1949 年 7 月 3 日在广州公布了《银元及银元券发行办法》，宣布由 7 月 4 日起恢复“银本位制”。国币以银元为本位并发行了新的“银元券”，面额有一角、二角、一元、五元、十元共五种。这种新的银元券比旧的金元券含金量高出五亿倍，财政部规定按五亿元金元券兑银元券一元的比率收回金元券。广大老百姓的身家也伴随着金元券的大幅贬值而缩水。但不久广州解放，国民政府倒台，银元券也和金元券一样，成了历史的回忆。

4. 中国农民银行（豫鄂皖赣四省农民银行）

1933 年春，国民政府为加强对农村金融的控制，以经济打压活动于农村的红军，遂成立“豫鄂皖赣四省农民银行”。

1934 年 10 月，红军作战略性转移，进行二万五千里长征。国民政府拟将红军扼杀在长征路上，感到四省农民银行实力有限，为适应其围剿红军的需要，必须在红军途中增设机构，于是决定将四省农民银行更名为中国农民银行。中国农民银行于 1935 年 4 月 1 日正式成立并发行纸币，后来成为国民政府维持其在中国统治的四大财政支柱之一。

中国农民银行（豫鄂皖赣四省农民银行）纸币

☆☆ 97×55

☆☆ 113×55

☆☆ 101×56

☆☆☆ 137×74

☆ 98×54

☆ 103×56

☆☆ 130×68

☆ 137×76

☆ 143×79

☆ 143 × 79

☆☆ 148 × 82

☆☆ 148 × 82

☆ 138 × 76

☆☆☆ 146 × 76

☆☆ 138 × 76

☆ 99 × 54

☆☆ 138 × 76

☆☆☆ 159 × 79

☆☆ 173×80

☆☆☆ 179×83

☆☆☆ 182×83

☆☆ 160×84

☆☆ 162×65

☆☆☆☆ 186×86

“四省农民银行”背负特殊任务

国民政府为了加强对农村金融的控制，特别是豫鄂皖赣地区的广大农村，更有效钳制和对付共产党在这一地区所建立的革命根据地，1933 年 4 月 1 日，国民政府在汉口成立负有特殊任务的“豫鄂皖赣四省农民银行”，蒋介石亲任理事长。该行还享有军事护照和使用军用交通等特权，必要时可以做到行动迅速，通行无阻……

1934 年 10 月，共产党所领导的中央红军决定作战略性大转移，进行二万五千里长征。蒋介石决定对红军实行围追堵截，企图将红军扼杀在长征路上，认为“四省农民银行”力量不足，无法实现其追杀红军的计划。为适应这一计划，必须在红军途中及其所到之处，广设“机构”，于是决定将“四省农民银行”改组并提升为“中国农民银行”。经过几个月的紧张筹备，1935 年 6 月 4 日，国民政府公布了《中国农民银行条例》，正式将原“四省农民银行”改组为“中国农民银行”，总行仍设在汉口，1937 年迁至南京。中国农民银行建立后，仍负有“剿共”的特殊任务，只是后来由于形势发生变化，该行才归于主要操办银行业务。

1935 年 12 月，国民政府宣布中国农民银行为国家银行之一，中国农民银行成为继中央银行、中国银行、交通银行之后发行“法币”的银行之一。1949 年 12 月 15 日，中国农民银行随国民政府迁至台湾，1999 年以出售官股方式完成民营化。

* 中国农民银行发行“节约建国储蓄券”

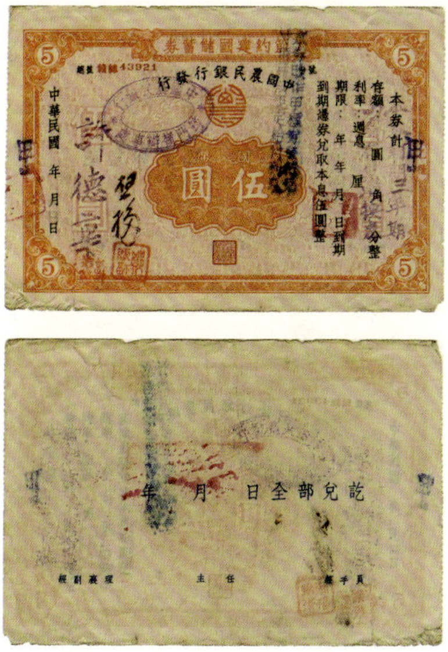

☆ 160×108

☆☆ 151×83

☆☆ 158×108

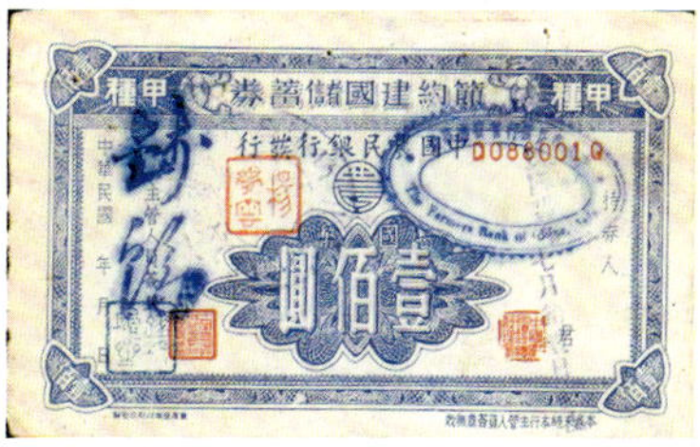

☆ 126×77

☆☆☆ 156×101

* “四行”联合发行“节约建国储蓄券”

☆☆ 135×75

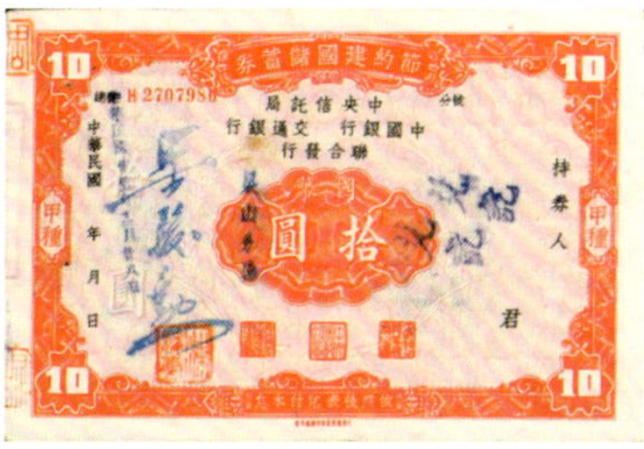

☆☆ 164×106

☆☆ 136×76

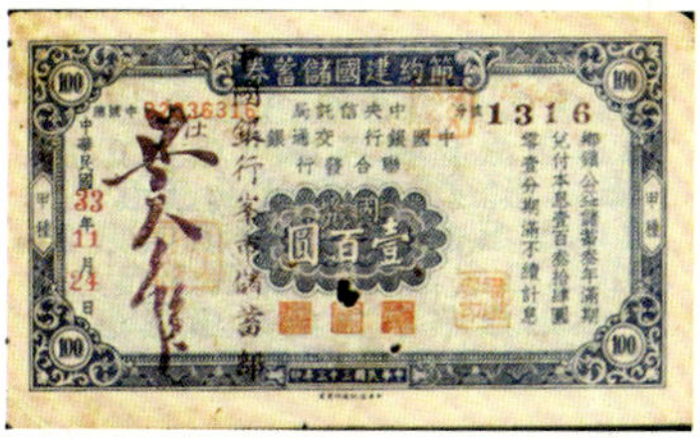

☆☆ 133×79

☆☆ 162×107

☆☆ 162×107

☆☆ 136 × 74

☆☆ 165 × 106

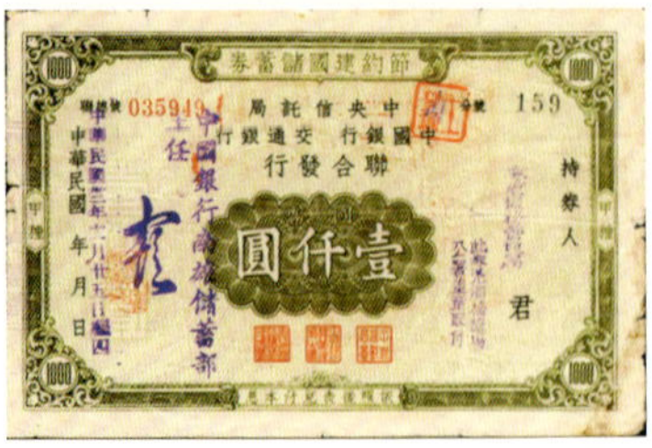

☆☆ 161 × 105

☆☆☆ 166 × 86

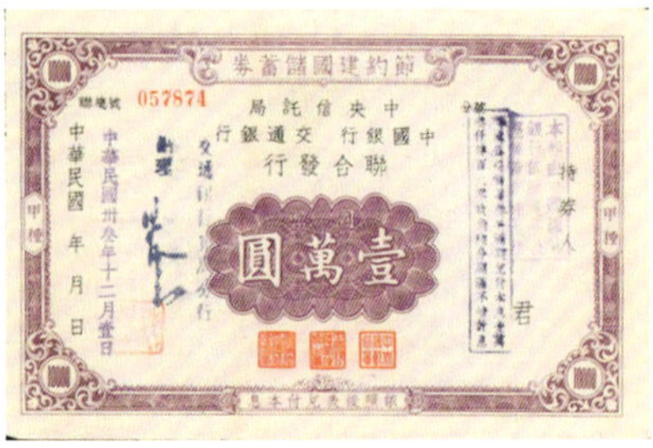

☆☆☆ 162 × 106

"节约建国储蓄券"的由来

1937 年抗日战争爆发后，国民党政府及其所属各大金融机构先后迁至重庆，由于战时物价高涨，军费开支与日俱增，引发了货币的不断贬值。为维持政局的稳定，国民政府积极推行紧缩通货的政策，并于 1939 年 9 月 12 日颁布了《节约建国储蓄券条例》，规定由中央信托局和中国、交通、农民三银行及邮政储金汇业局依照条例规定、经财政部核准后发行。此项"节约建国储蓄券"的发行，一方面在于提倡人民在战时养成节约习惯、促进钞券回笼以稳定物价；另一方面政府也为进一步吸纳社会游资，用于战争及生产。

节约建国储蓄券分甲、乙两种：甲种为记名式，凭签名盖章或画押兑付，不得转让赠予。乙种券为不记名式，持券人可自由转让赠予，期满按面额兑付。

5. 民国政府发行的金属币

铜币

中华铜币一枚

1912年

中华铜币一枚

1912年

民国制钱十文

1912年

中华民国铜币

1912年

民国当十铜元

1912年

民国铜币一分

1916年

中华铜币二十文

1919年

中华铜币二十文

1919年

中华民国铜币

1920年

中华铜币双枚

1924年

民国制币一分

1933年

民国制币二分

1933年

民国铜币半分

1936年

民国铜币一分

1936年

民国铜币二十分

1936年

民国铜币一分

1937年

民国铜币一分

1938年

民国铜币五分

1938年

民国黄铜币二仙

1939年

民国铜币一分
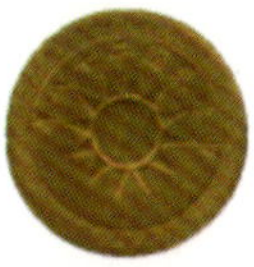
1939年

民国铜币一分
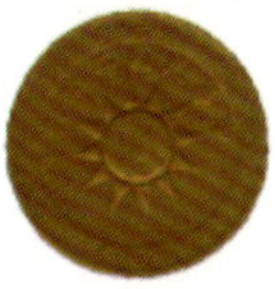
1939年

民国黄铜币一分

1940年

民国黄铜币二分

1940年

民国白铜币五分

1940年

民国白铜币十分

1940年

民国白铜币十分

1941年

镍币

民国镍币五分

1936年

民国镍币十分

1936年

民国镍币十分

1941年

民国镍币二十分

1936年

民国镍币五分

1939年

民国镍币二十分

1939年

民国镍币十分

1938年

民国镍币半元

1941年

民国桂字镍币半元

1942年

民国镍币半元

1943年

银币

袁头银币一角

1914年

袁头银币中元

1914年

袁头银币一元

1914年

袁头银币一元

1921年

孙中山像银币一元

1933年

孙中山像银币一元

1934年

三、民国时期财政部、各专业商业银行发行的货币

民国初期市面币制十分混乱，中央除四大银行发行货币外，财政部以及清末民初所开办的专业商业银行，经政府批准后也在全国各地发行钞票。

* 财政部特别流通券

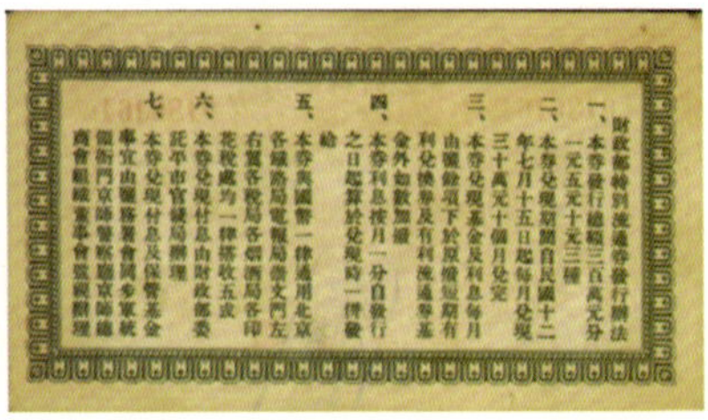

☆☆ 142×80

* 财政部国库券

☆☆☆ 162×86

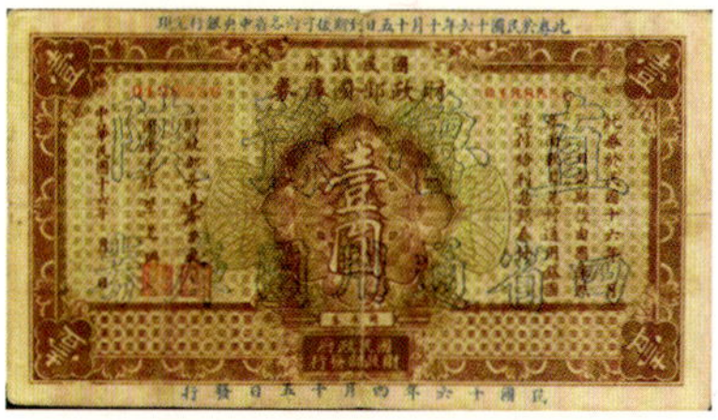

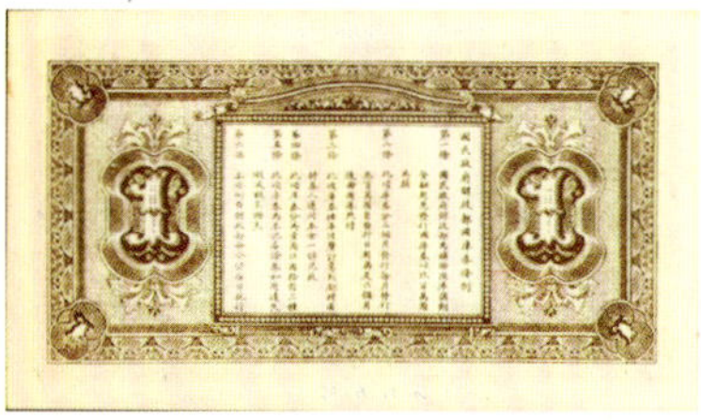

☆☆ 154×85 ☆☆ 154×85 ☆☆ 165×92

＊ 定期有利国库券

☆☆ 180×98

☆☆ 180×98

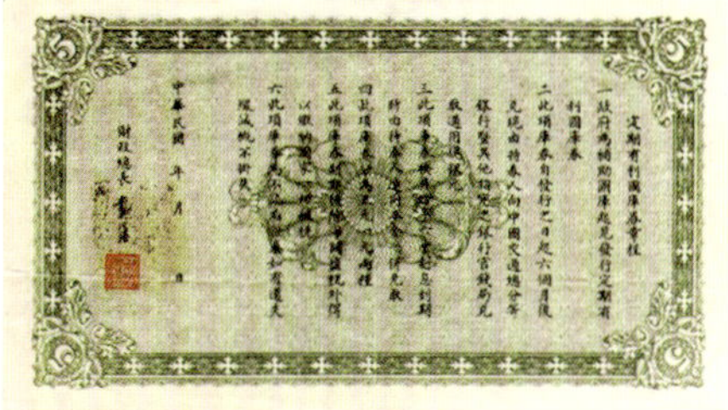

☆☆ 180×98

不是纸币的纸币——定期有利国库券

1915 年 12 月 12 日，袁世凯制造“民意”决定复辟帝制，改中华民国为“中华帝国”，同时下令废除民国纪元，改民国五年（1916 年）为洪宪元年，并于 1916 年元旦正式登基称帝。袁世凯这一倒行逆施的举动激起了全国人民的激烈反对。各省纷纷成立“靖国军”、“护国军”，爆发了一场声势浩大的“讨袁护国战争”。袁世凯在全国人民的一片声讨中，被迫于 1916 年 3 月 22 日宣布取消帝制，恢复共和。

在全国人民的一片反袁声中惊吓过度的袁世凯只做了 83 天皇帝就于 1916 年 6 月 6 日病死于北京。袁世凯死后，其所成立的北洋政府如走马灯一样，频频换帅，轮流执政，其时还由于军阀割据，内战不断，军费开支庞大，财政收支入不敷出，在库房空虚的情况下，曾设想对各省及地方滥发货币进行整理，对发钞行进行干涉。此时的北洋政府已日见败落，财政司库形同虚设，连干涉金融的能力也在逐渐丧失，但表面上还要维持“中央政府”的面子，这可就难为了当时的财政部，担任财政总长的龚心谌为此独出心裁，其中的一招就是将财政部发行的国库券货币化。1919 年 10 月，他以财政部名义向全国发行一种“定期有利国库券”，面额有一元、五元两种，该库券背面所列章程如下：

一、政府为补助国库起见，发行定期有利国库券。

二、此项国库券自发行之日起六个月后兑现，由持券人向中国、交通总分等银行及其他指定之银行、官钱局兑取通用现银元。

三、此库券按月给予六厘利息，到期持券人连同本金一并兑取。

四、此库券分五元、一元两种。

五、此库券到期后除海关、盐税外，得以缴纳国家一切租税。

六、此库券为不记名证券，如有遗失、毁灭，概不挂失。

该库券发行时又加印了一种面额为中元的“中元券”，使该券面额增加至三种。这种国库券虽不能说是钞票，但按发行章程第五条规定六个月到期后即可以“缴纳国家一切租税”，又未规定该券回笼后不准再发出，实际上该券仍可在市面流通，这岂不就成了“不是钞票的钞票”了？

＊ 国民政府抗战救国公债

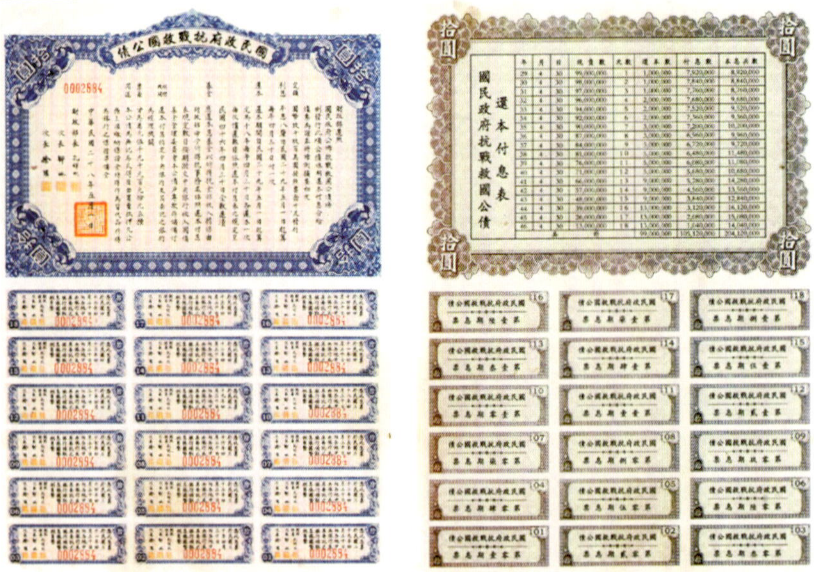

☆☆　279 × 198

＊ 财政部有奖公债

☆☆　187 × 124

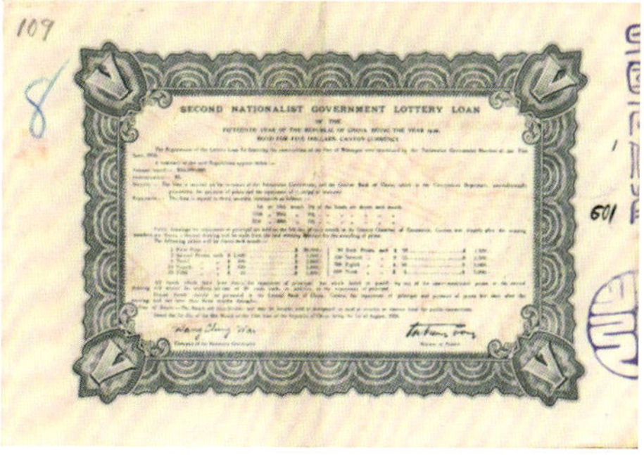

☆☆ 186×125

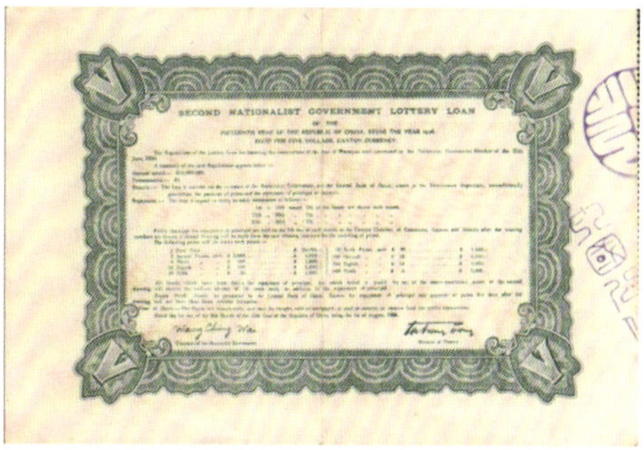

☆☆ 186×125

☆☆ 184×126

* 交通部铁路支付券

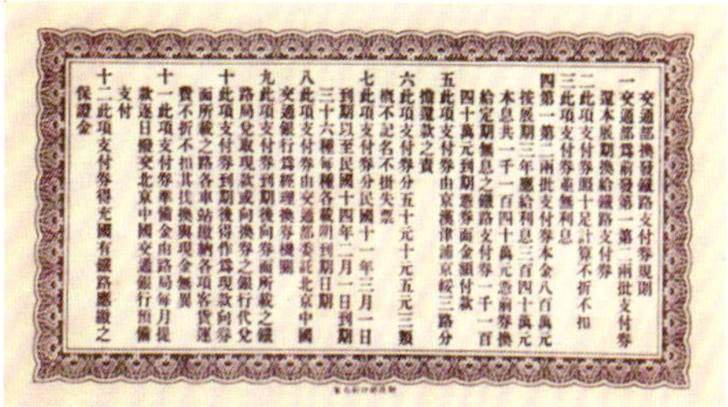

☆☆ 128×69

☆☆

128×69

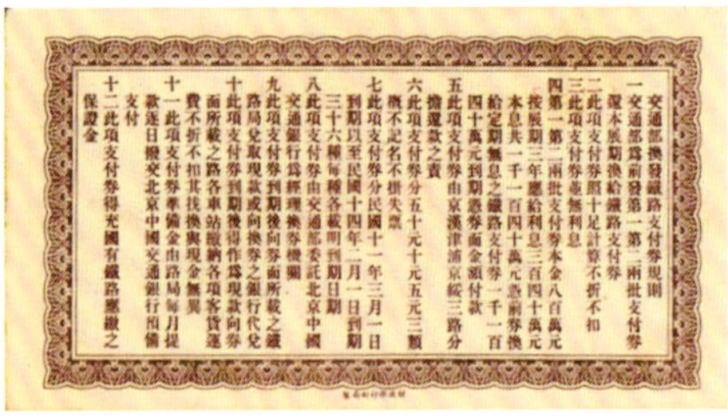

☆☆

128×69

☆☆

128×69

铁道部收回广东粤汉铁路公债券

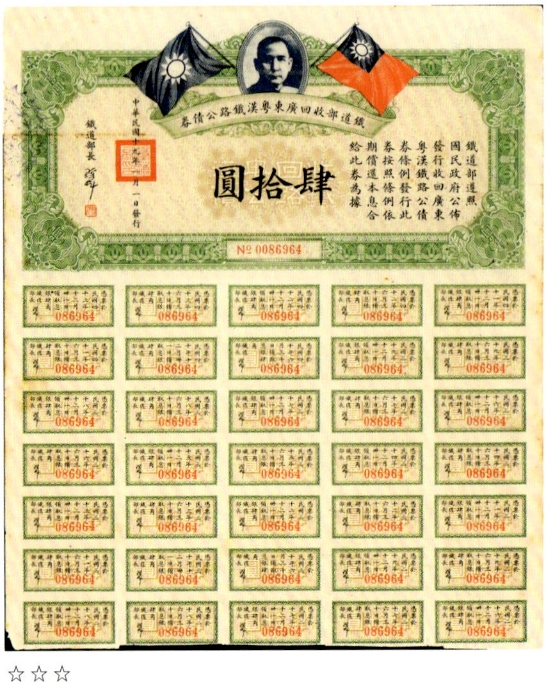

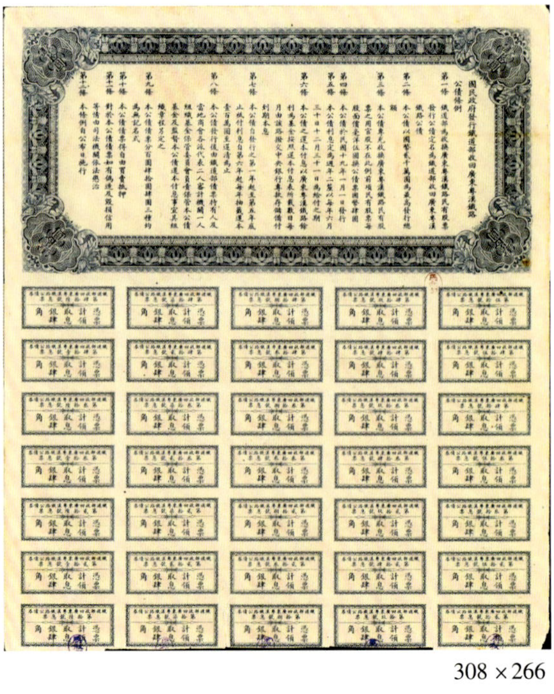

☆☆☆

308×266

☆☆☆ 308×268

＊ 殖边银行

殖边银行成立于 1914 年 11 月 28 日，由徐绍帧、王揖唐等人创办，以东三省地区股东居多、势力最大，总行设在北京，各省设有分支行。

殖边银行于 1915 年开始发行纸币，大洋券有一元、五元、十元、五十元四款，小洋券有一角、二角、四角、五角四款。

殖边银行因涉案、挤兑等原因，1925 年 5 月 1 日被政府查封而结业。

殖边银行纸币

☆☆☆ 97×58

☆☆☆ 112×62

☆☆☆ 119×72

☆☆☆☆ 156×81

☆☆☆ 148×83

☆☆☆ 172×90

殖边银行与“裕国筹边”

殖边银行以开发云南边疆经济、调剂边疆金融为宗旨，成立于1914年11月22日，由北洋军人徐绍桢、王揖唐等人发起组建，总行设在北京，各省设有分支行。总经理由徐绍桢担任。

清朝末年，李鸿章在向清廷照请开发热河承德府平泉州铜矿时说：“天津各局制造子弹药帽等项，所需铜料均购自外洋，转运艰而价值贵，且不可常恃，自应就中国自有矿产设法开采，以期费省用便。”

清廷在关于开采云南铜矿的上谕也点明了：“云南素产五金，乃天地自然之利。该省铜政应资鼓铸而利民用。此外，金、银、铅、铁各矿亦复不少，自宜早筹开采，以广中土之利源，实为‘裕国筹边’至计。”

中华民国成立之后，北洋军阀继承李鸿章的未竟事业，看上了云南这块边陲沃土，在袁世凯的支持下，集资大洋2 000万元，开办“殖边银行”。

袁世凯登上中华民国大总统宝座以后，应徐绍桢等北洋军人的请求，亲笔题词“裕国筹边”四字，以示对殖边银行开发云南边疆的支持。

1925年5月，该行因涉案、挤兑等原因被政府查封而结业。

☆☆☆☆☆ 164×91

* 中国实业银行

中国实业银行创办于1915年，原名为民国实业银行，1919年12月更改行名为中国实业银行，由李士伟、周景熙等人创办。

中国实业银行总行设在天津，1932年4月迁至上海。

1927年发行纸币（均加盖地名），1935年，国民政府实行法币政策时被交通银行接收。

中国实业银行纸币

☆☆☆ 143×83

☆☆☆ 160×89

☆☆☆☆ 160×89

* 四明银行

四明银行创办于 1908 年 8 月，总行设在上海。1922 年发行纸币，纸币图案采用宁波四明山风景或上海四明银行大厦为主景。1935 年，国民政府实行法币政策后于当年 11 月 4 日结业。

四明银行纸币

☆☆☆☆ 134×75

☆☆☆ 134×75

☆☆☆ 135×74

☆☆☆ 153×80

“四明银行” 宁波老乡的银行

四明银行成立于光绪三十四年（1908 年），是中国较早成立的商业银行之一。四明银行为当时颇具知名度的宁波人袁鎏、朱葆三、吴川基、虞洽卿等人所创办。总行设于上海外滩宁波路、江西路口，“四明”为宁波的别称，同时也因“四明山”而得名。用“四明”命名，使宁波老乡倍感亲切，从而把四明银行当作宁波老乡的银行。四明银行成立后获清政府给予发钞权，先后发行过一元、二元、五元、十元钞票。该行由于受到宁波老乡的支持和拥戴，银行业务蒸蒸日上，曾一度获得中（国）四（明）通（商）的荣誉称号。

可惜，好景不长，四明银行经历了橡胶风潮后，元气大伤。1909 年伦敦橡胶市场价格暴涨，一些在上海的外国商人，精心设计了一出认购橡胶股票的陷阱，号称在海外拥有大片橡胶园，购买他们的橡胶股票可以发大财，引得许多大做发财梦的人去购买他们的股票。许多钱庄、银行也不放过这机会，纷纷用放款人的钱去购买该股票。四明银行也不例外，用储户的钱购入大量橡胶股票。当这些外国商人得逞后，上海汇丰银行突然宣布所有橡胶股票停止质押，一夜之间所有橡胶股票成了废纸。这场风波导致上海十余家商号、钱庄、银行倒闭。四明银行受到重创，损失白银达 22 万余两，股票大跌，总经理、协理相继被迫辞职。

＊ 大中银行

大中银行成立于 1919 年 3 月，总行设在重庆，1934 年 8 月迁上海。1920 年该行获国民政府财政部批准发行兑换券。1935 年，国民政府实行法币政策后，该行所发行的钞券由交通银行接收。

大中银行纸币

☆☆☆☆

112 × 55

☆☆☆

158 × 67

＊ 中南银行

中南银行于 1921 年 6 月在上海开业，由印尼华侨黄奕住所创办，在天津、北京、南京、杭州以及香港等地设有分支行。1923 年，该行与盐业、金城、大陆三家银行联合成立四行准备库，发行中南银行纸币，由于有十足准备，故纸币信誉较好。1935 年，国民政府实行法币政策后，该行就逐步退出流通领域。

中南银行纸币

☆☆☆☆

176 × 81

☆☆☆ 174×84

☆☆☆ 179×86

☆☆☆ 165×97

＊ 中国农工银行

中国农工银行前身为大宛农工银行，于 1918 年 12 月开业，1927 年 2 月更名为中国农工银行，1928 年获准发行纸币。总行设在北京，1931 年 2 月迁上海，在天津、南京、杭州、汉口等地设有分支机构。1935 年，国民政府实行法币政策后，该行所发钞券由中央银行接收。

中国农工银行纸币

☆☆☆ 108×61

☆☆☆ 112×65

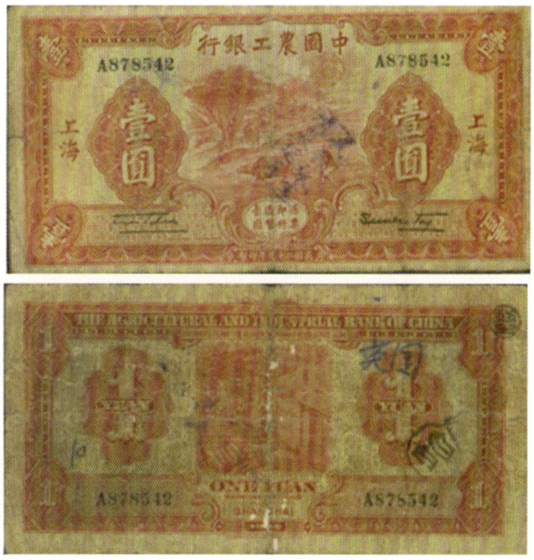

☆☆☆ 154×71

☆☆☆ 156×83

＊ 北洋保商银行

北洋保商银行原为中、日、德合资创办的银行，1909 年 5 月在天津开业。1920 年 7 月，日资退出后改为华资商业银行。该行发行的纸币均加盖地名（北平或天津）。

北洋保商银行纸币

☆☆☆ 143×77

☆☆☆ 143×77

☆☆☆ 143×77

* 晋绥地方铁路银号

晋绥地方铁路银号于 1934 年 7 月在山西太原成立，以发展晋绥两省地方所有铁路之建设为宗旨。该号直属于山西省公营事业董事会。其所发行纸币均以火车为主景，且大都加印地名。

晋绥地方铁路银号纸币

☆☆ 116×55

☆☆ 125×61

☆☆ 154×70

☆☆ 162×70

☆☆ 162×70

☆☆ 167×71

无法兑现的“兑换券”

1930 年 3 月，阎锡山联合冯玉祥以 20 万之兵力和蒋介石的部队在津浦、陇海、平汉线一带展开了一场著名的“中原大战”，结果阎军大败。阎锡山于 10 月 15 日宣布下野后潜逃大连，寄篱于日本侵略军。阎锡山在大连蛰居期间，一直图谋东山再起，1931 年 8 月，阎锡山再次回到山西收拾残局，积聚力量。“九一八”事变后，蒋介石在全国人民抗日呼声的压力下，无奈表示要捐弃前嫌，一致抗日，并于 1932 年 2 月再次委任阎锡山为“太原绥靖主任”。

阎锡山重掌山西后，即提出“造产救国”和“山西十年建设计划”的方案。为此专门成立了“山西公营事业局”，还以发展“晋绥两省”（山西和绥远）铁路为名，于 1934 年 7 月在太原成立了“晋绥地方铁路银号”，并随即发行了该银号的“兑换券”。面额有一角、二角、五角和一元、五元、十元共六种，该券正面全部以奔驰的火车为主图案。阎锡山提出要修一条“最经济的铁路”，以造福晋绥两地人民。他在经费筹措上也颇有高招，一方面指令“晋绥地方铁路银号”承购发行了 1 200 多万元债券；另一方面又压低地价从农民手里购买筑路用地，且不给现款，只发给“铁路银号兑换券”，承诺待铁路建成后即予兑现……

晋绥铁路银号由于超量发行“兑换券”，并且抗日战争爆发后，晋绥一带铁路沿线又大部分先后为日军所占，百姓根本无法兑现，蒙受了极大损失。抗战胜利后，阎锡山忙着帮蒋介石打内战，他的承诺早已成了空头支票，百姓失望之余，该券也就成了无法兑现的一张废纸。

＊ 边业银行

边业银行为官商合办银行，成立于 1920 年 10 月，总行设在北京，1921 年发行纸币和边业债券，1930 年 6 月停办。

边业银行纸币

☆☆☆ 161×86

☆☆☆☆ 161×86

＊ 察哈尔兴业银行（商业钱局）

察哈尔兴业银行（商业钱局）成立于 1933 年 12 月，总行设在张家口，1933 年发行银元券和铜元券，所发行纸币均加盖地名，1937 年被蒙疆银行收并。

察哈尔兴业银行（商业钱局）纸币

☆☆☆ 121×70

☆☆ 117×51

☆☆ 122×55

☆☆ 156×69

☆☆ 165×70

☆☆☆ 169×71

* 财政部平市官钱局

财政部平市官钱局成立于1914年，行址设于河北保定，1915年开始发行铜元券，1926年12月该局被改组为官商合办的京兆银钱局。

财政部平市官钱局纸币

☆☆ 111×60

☆☆ 112×60

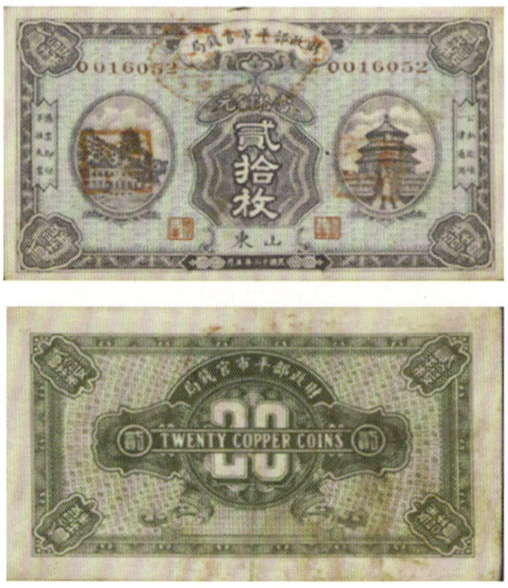

☆☆ 112×60

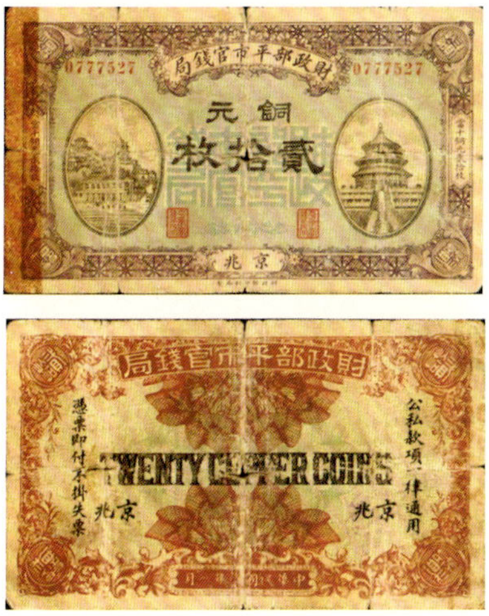

☆☆☆ 121×71

☆☆☆ 153×89

☆☆☆ 162×92

＊ 蒙藏银行

蒙藏银行于1923年6月在北京开业，该行由北洋政府蒙藏院院长桑吉布所创办，1923年7月批准发行纸币，面额为银元票一角、二角、五角以及一元、五元等。1929年因被挤兑而停业。

蒙藏银行纸币

☆☆☆ 109×59

☆☆☆ 112×61

四、民国时期各省市地方银行发行的货币（纸币/金属币）

1．东三省（东三省官银号、东三省官银行、东三省银行、奉天公济平市钱号）

东三省官银号创办于1905年，总行设在奉天（今沈阳）。

东三省官银行由东三省银行、东三省官银号合并而成，1909年成立，由当时任东三省总督的徐世昌所控制。

1920年又成立了东三省银行，为东北军阀张作霖所控制。

东三省纸币

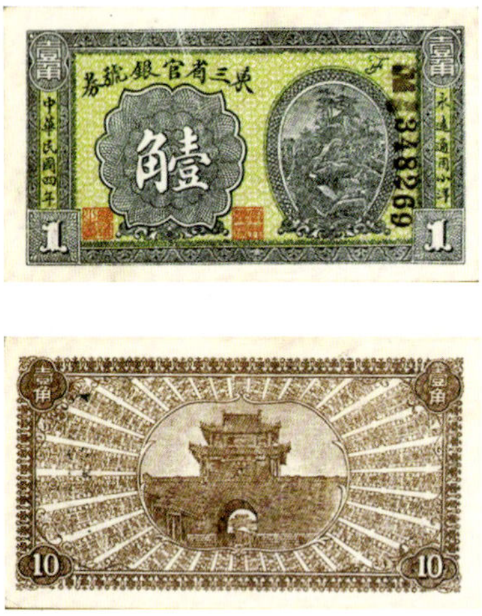

☆☆☆　97×53

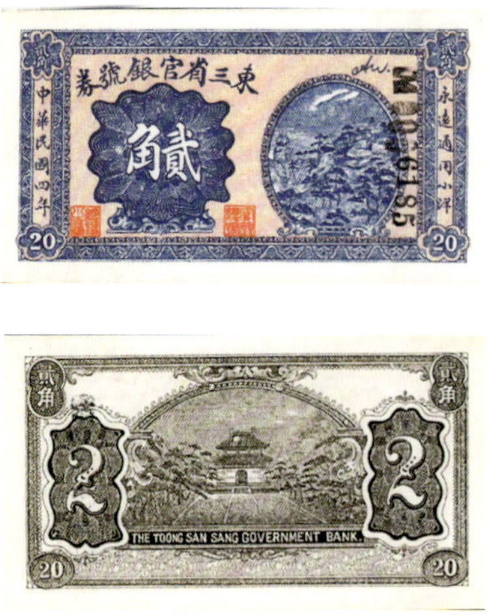

☆☆☆　97×53

☆☆☆　155×82

☆☆☆　166×83

☆☆☆　166×83

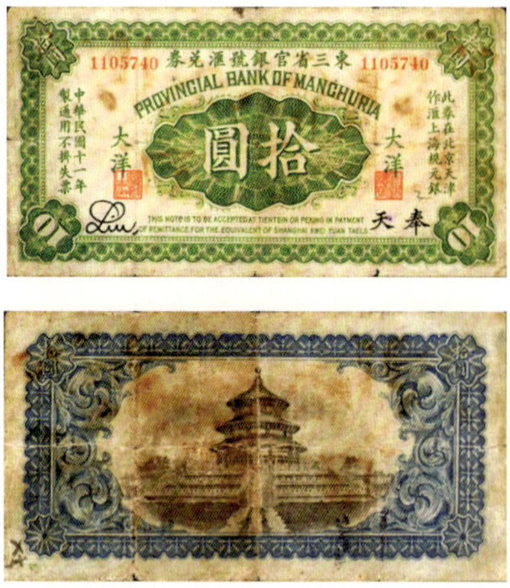

☆☆☆　167×88

☆☆☆　176×97

☆☆☆☆　184×100

用四国文字印就的纸币

民国时期由于军阀割据、政局不稳，地方各省也因连年战乱，导致地方财政亏空，筹措困难。穷则思变，许多地方政府借中央允许地方政府发行辅币之机争相采取以发行“辅币”作为筹款解困的灵丹妙药。这些发钞机构大都按各自的需要发行钞票，由于争相攀比，滥发无度，导致物价上涨，货币贬值。币制之乱，受害者无非是广大老百姓。

民国期间，东北地区为军阀张作霖所控制。1920 年，张作霖为了筹措军饷并统一东北三省币制，在哈尔滨设立了“东三省银行”，由奉天（今沈阳）、吉林、黑龙江三省共同出资组建。东三省银行发行的纸币有兑换券、汇兑券，均盖有哈尔滨地名。

1923 年，“东三省银行”发行了一种以中、英、蒙、俄四国文字印就的“兑换券”，很具特色，除适应当时的东北地区已与俄国、蒙古周边通商的特点外，因东三省当时已为东北军阀张作霖所控制，通过这枚用四国文字印就的纸币，我们还不难看出当时东北地区的战略特殊地位和重要性，同时对张作霖的野心也可窥见一二。

1924 年，东三省银行与奉天兴业银行一起被合并改组为东三省官银号。

☆☆☆ 108×53

* 奉天公济平市钱号

奉天公济平市钱号隶属于东三省官银号，该钱号专门发行铜元券及辅币以应找零之需，该银号还兼营典当业务。

奉天公济平市钱号纸币

☆☆☆ 95×54　☆☆☆ 95×58　☆☆ 95×53

☆☆ 90×49

☆☆ 105×53

☆☆☆ 124×68

金属币

大清奉字铜币十文

1905年

大清奉字铜币二十文

1905年

奉天省造黄铜币二十文

1905年

光绪元宝黄铜币十文

1906年

大清奉字铜币十文

1907年

奉天铸当元铜币

1907年

大清奉字铜币十文

1909年

民国铜币一分

1929年

2. 直隶省（今河北省）（直隶省银行）

直隶省银行成立于宣统二年（1910年），由天津银号更名而成，是中国省级设立地方银行之始。总行设在天津，发行纸币有银两票、银元票和铜元票三种。1928年北阀成功后，对该行进行清理并将其改组为河北省银行。

直隶省纸币

☆ 109×56

☆ 112×57

☆☆ 108×55

☆☆☆　145×76　☆☆☆　154×83　☆☆☆　149×82

金属币

大清直字五文紫铜币

1906年

大清直字铜币十文

1906年

3. 河北省（河北银行、河北省银行、河北银钱局、热河兴业银行）

河北省银行前身为直隶省银行，1929 年 3 月开业，总行设在北京。1929 年发行辅币券，行名为河北银行。1930 年改组并将总行迁往天津。1937 年日军占领河北后，该行由日伪政权接管并大量印发钞票，使该行纸币大额贬值，几乎成废纸。1945 年抗战胜利后，总行迁回河北石家庄。

河北省纸币

☆☆　103×48

☆☆　106×51

☆☆☆ 116×68

☆☆☆ 119×68

☆☆ 108×62

☆☆ 110×64

☆☆ 118×60

☆☆ 114×50

☆☆ 152×68

☆☆ 155×78

☆☆ 163×80

☆☆ 162×81

☆☆ 154×77

☆☆ 166×82

4. 山西省（山西省银行、土货兑换券）

山西省银行成立于1919年8月，总行设在太原，由军阀阎锡山所控制。

抗战中，阎锡山在金融政策和货币发行上不听命于中央政府，独揽山西的货币发行权。

1930年阎锡山与蒋介石在中原会战，阎锡山战败后逃往大连。1932年阎锡山重返山西，提出“造产救国”口号，改组山西省银行，故1935年后山西所发行纸币，均有“造产救国门”的图案。

山西省纸币

☆☆ 92×51

☆☆ 115×62

☆☆ 113×62

☆☆ 120×72

☆☆ 106×61

☆☆ 105×61

☆☆ 113×63

☆☆ 111×61

☆☆ 126×69

☆☆ 126×69

☆☆ 105×61

☆☆ 156×73

☆☆ 123×69

☆☆☆ 153×83

☆☆☆ 140×74

☆☆ 149×74

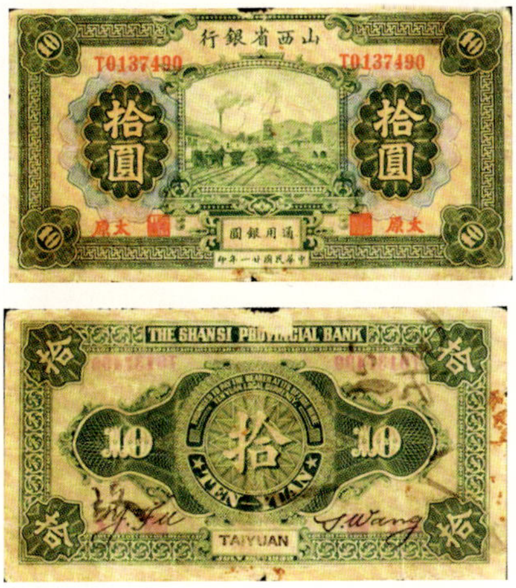

☆☆☆ 154×83

☆☆ 166×82

☆☆☆ 136×73

5. 吉林省（吉林省永衡官银钱号、吉林官银钱局）

吉林省永衡官银钱号成立于光绪二十四年（1898 年）6 月，总部设在吉林市，并发行官帖，1908 年起内设官钱局，发行银两票和银元票。1909 年，吉林都督将官帖、官钱两局合并改称为吉林省永衡官银钱号，并在省内以及上海、天津、大连等地设立 18 处分号。吉林省永衡官银钱号于 1932 年被伪满洲中央银行所合并。

吉林省银行成立于 1946 年 3 月，行址设在吉林省磐石县，并发行吉林省银行地方流通券。面值有四种，流通于吉林省解放区全境。1947 年 10 月，吉林省银行并入东北银行。1948 年 5 月，该券停止流通使用，由东北银行吉林分行用东北银行券收回。

吉林省纸币

☆☆☆ 200×112

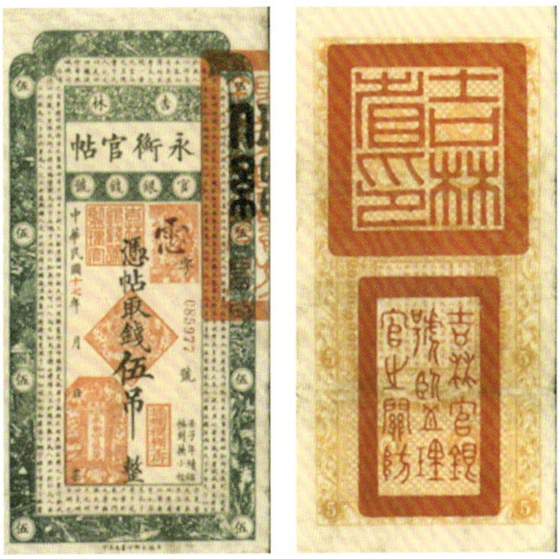

☆☆☆ 210×107

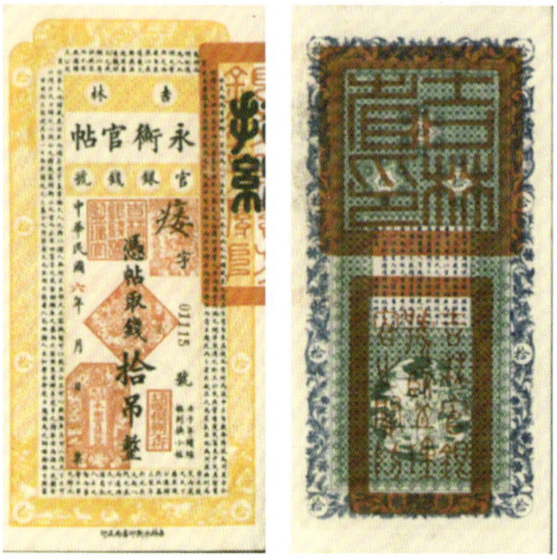

☆☆☆ 214×107

☆☆☆ 215×107

☆☆☆☆ 123×65

☆☆☆ 156×89

☆☆☆ 164×94

☆☆☆ 155×89

金属币

光绪元宝铜币十个

1903年

光绪元宝铜币十文

1903年

光绪元宝黄铜币十文

1903年

光绪元宝黄铜币二十文

1904年

大清吉字铜币十文

1909年

6. 黑龙江省（黑龙江广信公司）

黑龙江广信公司成立于光绪三十年（1904 年）。1920 年，广信公司又兼并了黑龙江官银行。广信公司除发行官帖外，民国期间还发行了小洋券、大洋券、汇兑券等多种纸币。1930 年，广信公司更名为黑龙江官银号。1931 年东北沦陷后，黑龙江官银号为伪满洲银行所吞并，并被改组为齐齐哈尔银行。

黑龙江省纸币

☆☆☆ 142 × 73

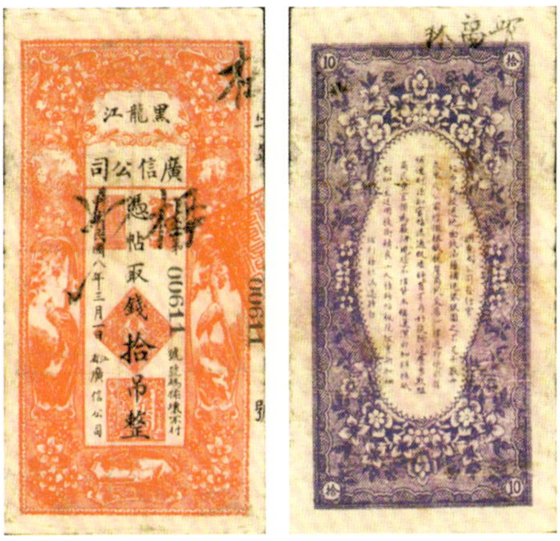

☆☆☆☆ 140 × 73

☆☆☆ 180 × 104

☆☆☆ 182 × 69

☆☆☆ 152 × 82

☆☆☆ 160 × 88

☆☆☆ 160 × 88

☆☆☆　　150×84

7. 江苏省（江苏银行、江苏省银行、江苏省农民银行）

江苏银行成立于民国元年（1912年），由政府官办，总行设在上海，1926年改组为江苏省银行。江苏省农民银行成立于1928年。

江苏省纸币

☆☆☆　　91×50

☆☆　　119×63

☆☆　　115×60

☆☆☆　　117×62

☆☆ 125×72

☆☆ 143×72

☆☆☆ 114×63

☆☆☆☆ 172×104

☆☆☆☆ 172×104

☆☆☆ 122×62

金属币

光绪元宝银币一钱四分四厘

1899年

光绪元宝银币七钱二分

1904年

光绪元宝铜币十文

1902年

光绪元宝铜币十文

1905年

光绪元宝铜币十文

1903年

光绪元宝铜币十文

1904年

大清宁字铜币十文

1906年

大清苏字铜币十文

1906年

大清宁字铜币十文

1907年

光绪宁字黄铜币一文

1908年

大清宁字铜币十文

1908年

8. 浙江省（浙江地方银行、浙江省银行、淮海实业银行）

浙江地方银行前身为浙江实业银行。1923 年浙江实业银行分解成浙江地方银行（官股）和浙江实业银行（商股）。浙江地方银行 1938 年发行的辅币横式一分、二分券是迄今为止所见票幅最小的纸币。1945 年抗日战争结束后，更名为浙江省银行。

浙江省纸币

☆ 61 × 47

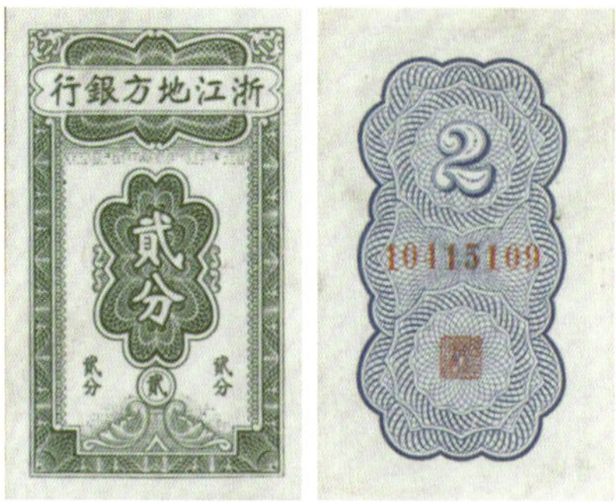

☆ 67 × 42

☆ 70 × 45

☆☆ 54 × 32

☆☆☆ 95 × 52

☆☆☆ 100 × 56

☆☆☆ 120 × 59

☆☆☆ 146 × 80

☆☆ 132 × 74

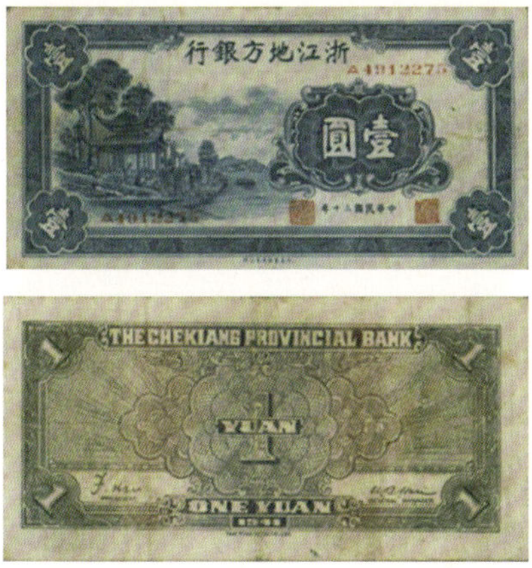

☆☆☆ 121×61

☆☆☆ 145×69

最袖珍的钞票

“浙江地方银行”的前身为浙江实业银行，旧址位于今杭州市中山路与惠民路的交叉口。由于办行有方，能较巧妙周旋于中央和省地的各级官僚中间，浙江地方银行是旧中国同类银行中办得比较好的一家省办地方性银行。

1938年，日军侵占杭州，杭州失陷后浙江地方银行随即迁往丽水山区，继续坚持抗战期间的金融服务。为维持发钞业务，1941年，浙江地方银行在丽水县白云山脚创办了“信大印刷厂”。当时，在日军的严密封锁下，沦陷区物资奇缺，为了解决印钞纸张严重缺乏的困难，只好将钞票的票幅进行压缩以节省来之不易的印钞纸。1941年在印制一分、二分、五分的横式辅币时开创了中国发行纸币以来票幅最小的纸币。其中横式一分券，其幅长50毫米，幅宽25毫米，成了最袖珍的钞票。

1941年，该行被日军飞机轰炸，总经理徐恩培被击中炸死。1942年，日军占领丽水后，浙江地方银行又先后迁移至云和、龙泉等县，还曾一度作解散隐蔽，直到抗战胜利后才重返杭州复业。

☆☆☆☆ 50×25 mm

☆☆☆ 53×29 mm

（以上两图为原件票幅之大小）

“淮海实业银行”的起落沉浮

张謇，字季真，江苏南通海门常乐镇人，光绪二十年（1894年）中状元，民国期间曾任南京临时政府实业总长和北洋政府农商总长。

张謇一向主张实业救国，他有“国非富不强，富非实业不张”之说。1899年5月，张謇经过多年艰苦的努力，在江苏南通建立了“大生纱厂”。到1913年，张謇先后在南通创办了20多个企业，他的优先发展棉纺工业，相应发展交通运输业的计划，取得了显著的效果，使南通一跃成为当时中国首屈一指的重要轻纺工业基地。

张謇深知银行融通资金对企业发展的重要性，他认为：“实业非有多数的母本不昌，欧美人知之，故广设银行。”1918 年，张謇在友人的帮助下先行设立“大同钱庄”，1919 年，张謇认为设立银行应尽快实施，否则“恐人之起而代我谋也”。他决定以大生股东为基础，同时向社会招股，在南通建立民营股份制商业银行。这一呼吁得到大生股东的响应，决定“提资组织银行”，并命名为“淮海实业银行”。1920 年 1 月，淮海实业银行在南通市濠阳路正式开业，总经理由张謇之子张孝若（见淮海实业银行券之图像）担任，协理陈端，行长徐赓起，主要业务为：放款、汇兑、贴现、押汇、受抵有价证券及代理南通地方公债等。1920 年至 1922 年为淮海实业银行的黄金鼎盛时期。

1922 年，中国经历了一场工商业全面衰退，农村经济崩溃，出现棉贵纱贱的反常现象，导致“淮海实业银行”存款日少，提存日多，营业严重萎缩。

到了 1924 年，由于银行放款停滞，现金已到了无法周转的地步，董事会有鉴于银行业务日落千丈，已回天无力，遂决定结束营业。

后来，淮海实业银行曾二度筹备复业，先因张謇于 1926 年病逝以及日军侵华等原因未能遂愿，后又因 1935 年 10 月 17 日年仅 37 岁的张孝若遇刺身亡，使淮海实业银行复业的希望彻底覆灭了。

☆☆☆☆ 158 × 82

金属币

光绪元宝铜币当十

1903年

光绪元宝黄铜币当十

1903年

光绪元宝铜币当十

1903年

大清浙字铜币二文

1906年

大清浙字紫铜币五文

1906年

大清浙字铜币十文

1906年

大清浙字铜币五文

1905年

大清浙字铜币二十文

1906年

9. 安徽省（安徽地方银行）

安徽地方银行成立于 1936 年 1 月，总部设在安徽芜湖。安徽地方银行成立后曾三次发行省钞，第一次发行以收回地方私票为由，第二次发行以收回烂券为由，第三次则以抵制敌伪货币为由，共计发行 1 250 万元。1945 年抗日战争胜利后，该行更名为安徽省银行。

安徽省纸币

☆☆ 76×40

☆☆☆ 92×52

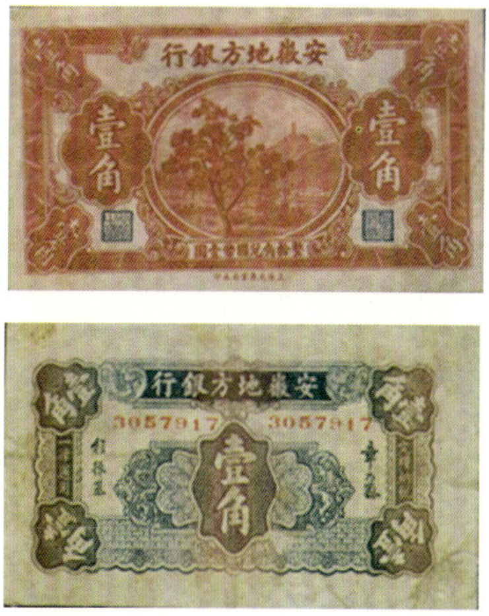

☆☆ 90×53

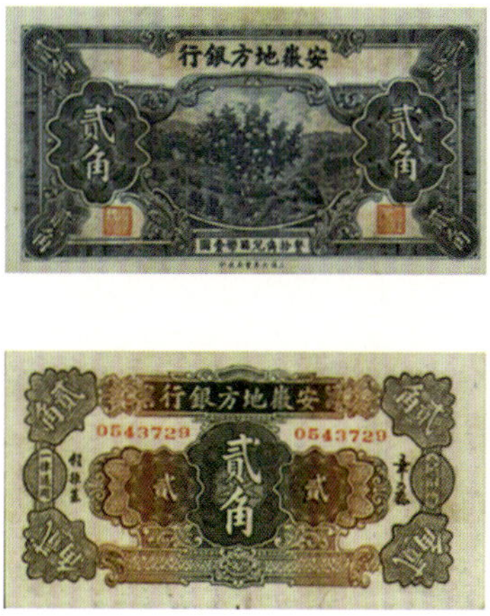

☆☆ 102×55

☆☆☆ 125×62

☆☆ 133×72

金属币

光绪元宝铜币十文

1902年

光绪元宝铜币十文

1903年

光绪元宝铜币十文

1903年

大清皖字铜币十文

1906年

光绪元宝铜币二十文

1902年

10. 福建省（福建省银行、福建银行）

福建省银行成立于1926年，总行设在福州，为官商合办，理事长徐桴、总经理寿昌田，注册资金100万元，实收资金50万元。自1935年国民政府实行法币政策后，只允许福建省银行发行一元券及以下面额的辅币券。

福建省纸币

☆☆ 78×42

☆☆ 78×42

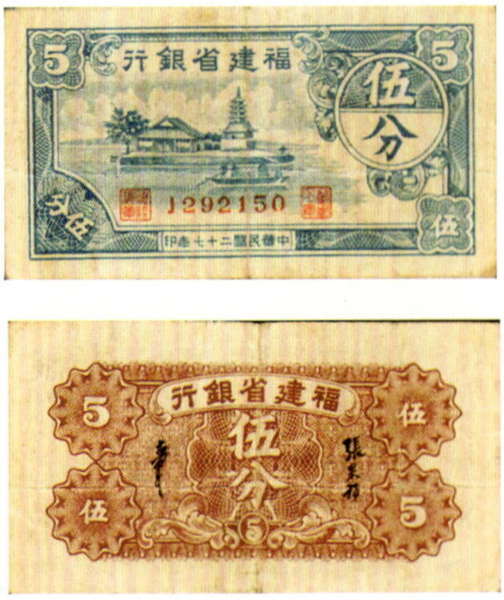

☆☆ 78×42

☆☆ 80×43

☆☆ 102×51

☆☆ 102×51

☆☆ 104×53

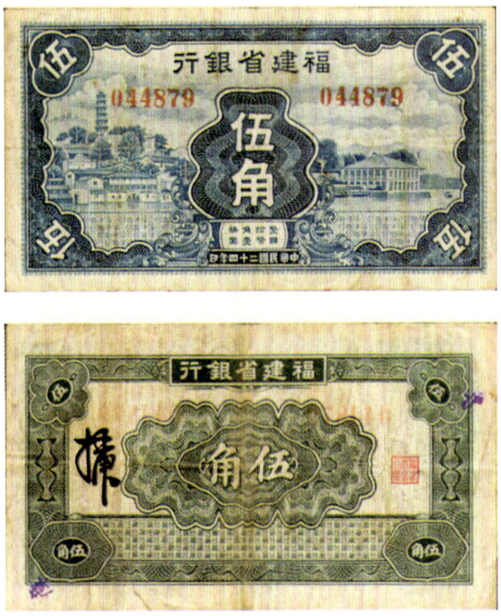

☆☆ 117×65

☆☆ 115×65

☆☆ 110×57

☆☆ 113×62

☆☆ 113×62

☆☆☆ 128×73

☆☆☆☆ 161×91

金属币

双面龙铜币五文

1900年

光绪元宝铜币五文

1903年

官局闽关铜币十文

1905年

光绪元宝铜币十文

1905年

大清闽字黄铜币二文

1906年

大清闽字铜币十文

1906年

光绪通宝黄铜币一文

1908年

光绪元宝银币七分二厘

1908年

中华元宝铜币十文

1912年

福建官局银币二毫

1912年

福建中华元宝

1912年

11. 江西省（赣省银行、江西省银行、江西银行、江西裕民银行、江西建设银行、南昌市立银行）

赣省银行成立于 1922 年，为官商合办，总行设在南昌。1925 年合并于江西银行。

江西建设银行由江西建设厅创办，总行设在南昌，1930 年 12 月成立，1941 年为江西裕民银行收并。

江西裕民银行成立于 1928 年，为官商合办，总行设在南昌。

南昌市立银行成立于 1929 年，属市级银行，为官商合办。

江西省银行是抗日战争胜利后由江西裕民银行改组而成的。

江西省纸币

☆☆ 73×38

☆☆ 77×42

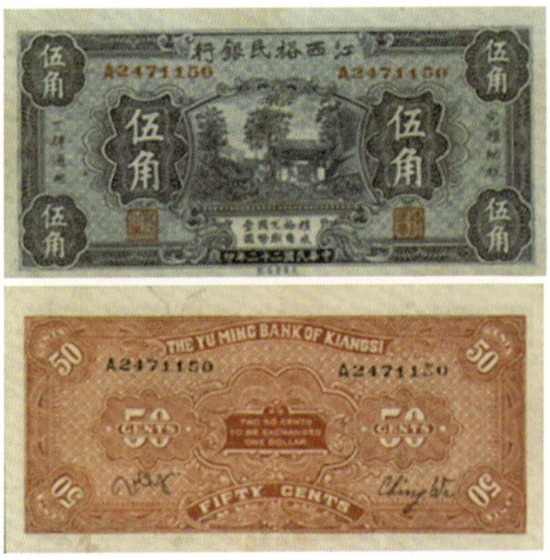

☆☆ 113×56

☆☆ 136×63

☆☆ 146×68

☆☆☆☆ 182×102

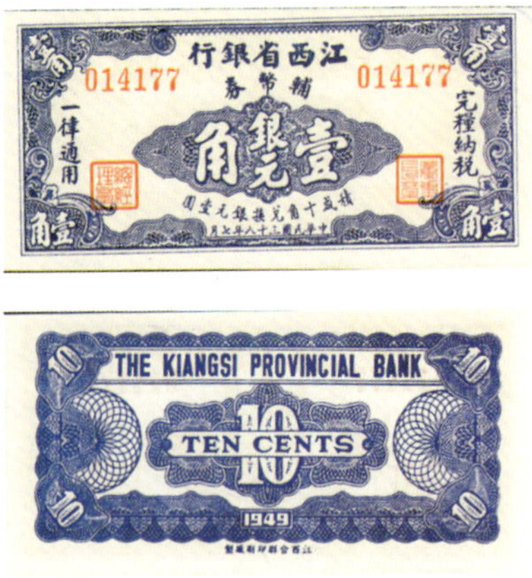

☆☆ 108×53

☆☆ 103×53

☆☆ 108×51

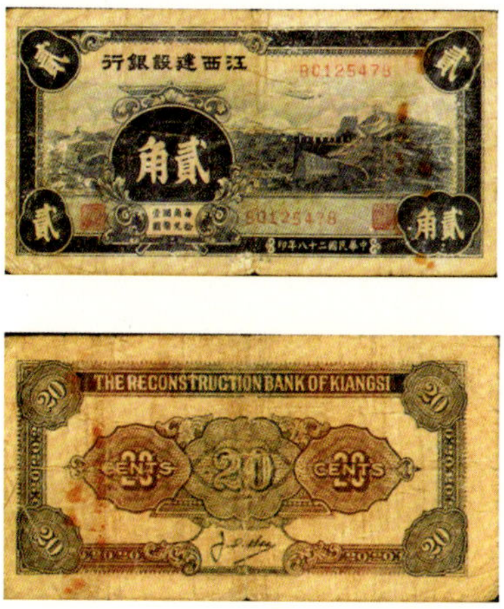

☆☆☆ 108×51

☆☆☆ 111×54

☆☆☆ 117×61

☆☆☆ 115×61

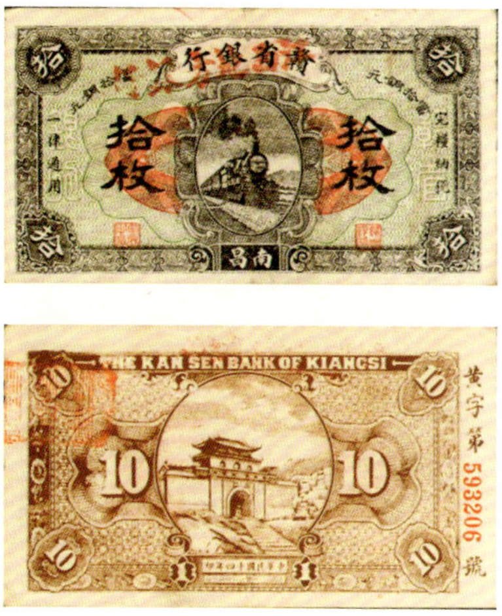

☆☆☆ 125×68

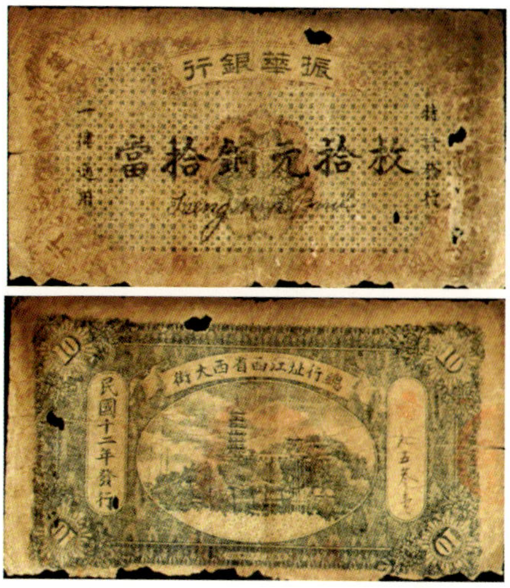

☆☆☆☆ 130×70

☆☆☆ 154×63

☆☆ 95×52

金属币

光绪元宝铜币当十

1905年

光绪元宝铜币当十

1905年

光绪元宝铜币当十

1905年

民国江西铜币当十

1912年

12. 山东省（山东银行、山东省银行、山东省金库券、山东平市官钱总局、山东省民生银行、寿光裕民银行、烟台市银钱局）

山东银行创办于1912年8月，创办时由政府发起组织，后改为商办，1925年更名为山东商业银行。

山东省银行是1925年直奉大战后，张宗昌到山东后开办的，总行设在济南，1928年北伐打进山东后，该行倒闭。

山东省民生银行于1930年成立，属官商合办，总行设在济南，抗日战争期间迁重庆。

山东平市官钱总局成立于1930年，该局只发行铜元票和辅币券。

山东平市官钱总局纸币

☆☆ 104×55

☆☆ 107×56

☆☆ 116×61

☆☆☆ 138×62

山东省民生银行纸币

☆☆ 107×61

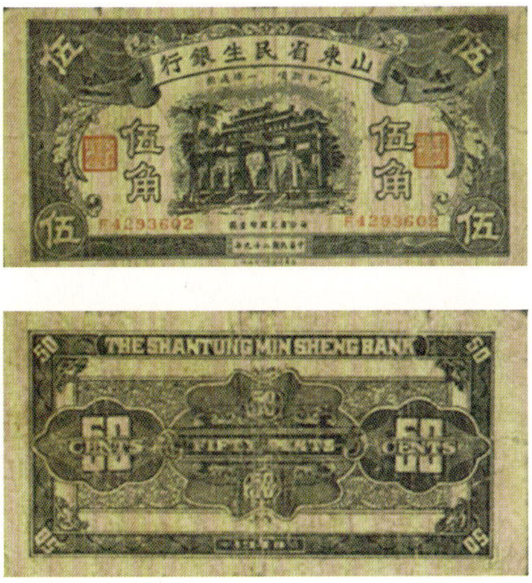

☆☆ 122×61

☆☆ 149×83

☆☆ 126×67

山东省银行纸币

☆☆☆ 160×83

☆☆☆ 167×90

☆☆☆ 156×96

☆☆☆☆ 173×97 ☆☆☆☆ 156×91

山东工商银行纸币

☆☆☆☆ 148×84

裕民银行纸币

☆☆ 112×59 ☆☆ 129×68 ☆☆ 114×60

☆☆ 136×67

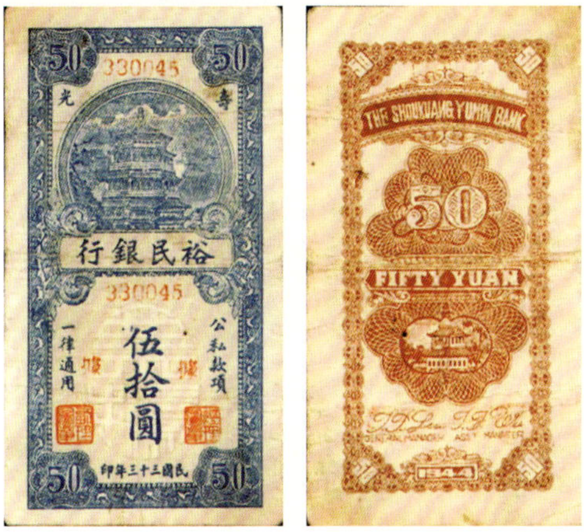

☆☆ 103 × 56

☆☆ 102 × 65

☆☆ 127 × 62

☆☆ 138 × 62

烟台市银钱局纸币

☆☆☆ 105 × 60

☆☆☆ 109 × 66

金属币

光绪元宝铜币十文

1904年

光绪元宝铜币十文

1904年

大清东字铜币十文

1906年

13．河南省（豫泉官钱局、河南省银行、河南农工银行）

豫泉官钱局创立于光绪二十二年（1896 年），民国后仍继续经营并发行钞票，1923 年，吴佩孚攻占河南后，将其改组为河南省银行。

河南省银行于 1927 年直奉大战后，直系战败。此时北伐军也攻占河南，吴佩孚败逃，该行即行倒闭。

河南农工银行是在河南省银行停业后，于 1928 年 3 月成立的，并曾一度与西北银行合并。抗日战争胜利后，农工银行又更名为河南省银行。

河南省银行纸币

☆☆ 107×57

☆☆ 116×66

☆☆☆ 116×63

☆☆ 130×74

☆☆ 144×83

☆☆☆ 144×83

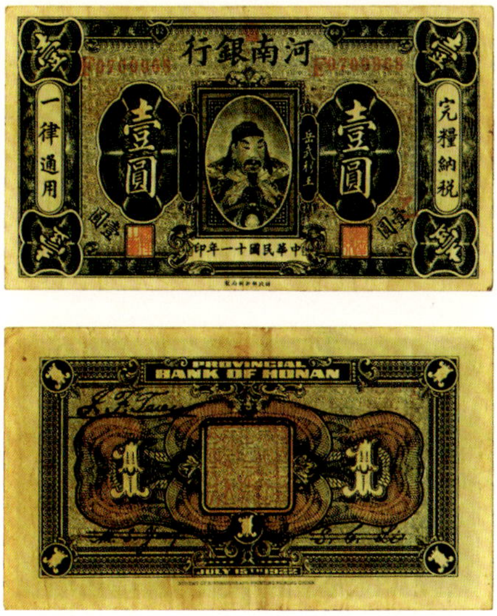

☆☆☆☆ 117×67

☆☆☆☆ 119×71

河南农工银行纸币

☆☆☆ 92×49

☆☆☆ 118×59

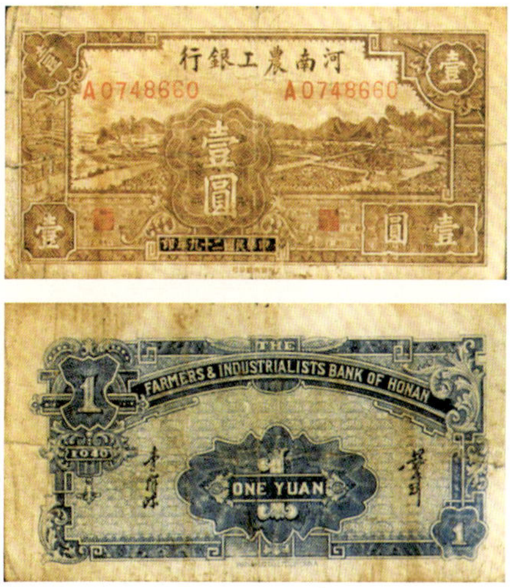

☆☆☆ 119×62

金属币

光绪元宝黄铜币十文

1905年

光绪元宝铜币十文

1905年

大清汴字铜币十文

1909年

大清汴字铜币十文

1911年

河南省造铜币

1913年

民国铜元当二十

1913年

民国铜币五十文

1931年

民国铜币百文

1931年

民国铜币百文

1931年

民国铜币二百文

1931年

14. 湖北省（湖北官钱局、湖北省银行）

湖北官钱局创始于光绪二十二年（1896 年），民国以后仍继续经营及发行纸币，由于滥发无度，加之管理混乱、局员私设钱庄等原因，到 1926 年终因内外交困而倒闭。

湖北省银行成立于 1928 年 11 月，总行设在汉口，抗日战争期间曾一度迁行恩施，抗日战争胜利后再迁回汉口。1935 年，国民政府实行法币政策后，该行纸币发行业务被交通银行接收。此后经政府批准，该行只能发行辅币券。

湖北省纸币

☆☆☆☆　138×82

☆☆　115×59

☆☆☆　123×64

☆☆☆　123×67

☆☆☆ 98×54

☆☆☆ 99×55

金属币

光绪元宝铜币当十

1902年

光绪元宝铜币当十

1902年

光绪元宝铜币当十

1904年

光绪元宝一文

1906年

光绪鄂字铜币五文

1906年

大清铜币十文

1906年

光绪鄂字铜币一文

1908年

大清铜币十文

1909年

光绪元宝银币七分二厘

1907年

光绪元宝银币七钱二分

1907年

宣统元宝银币七钱二分

1909年

15. 湖南省（湖南官钱局、湖南银行、湖南省银行）

湖南官钱局创办于1903年，发行银元券、银两票、制钱票以及铜元票。辛亥革命后湖南都督谭延闿把湖南官钱局改组为湖南银行，并发行新版银两票、铜元票，票幅改为横版，背面印有谭都督告示。湖南银行由于滥发钞票，使其币值日落千丈，到了1918年已无法经营下去，只好以停业清理为由结束营业。湖南省银行成立于1928年，1931年发钞，发行的主要为铜元票、辅币券，抗战期间也曾发行过银元券。

湖南省纸币

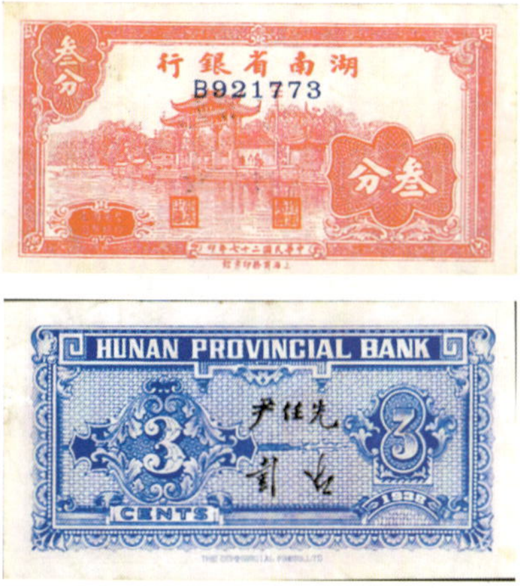

☆☆☆ 93×49

☆☆☆ 93×49

☆☆ 89×47

☆☆ 95×49

☆☆ 88×46

☆☆☆ 116×57

☆☆☆ 140×80

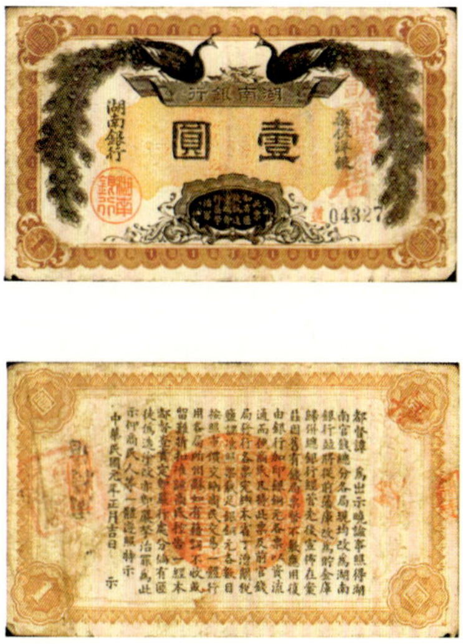

☆☆☆ 129×75

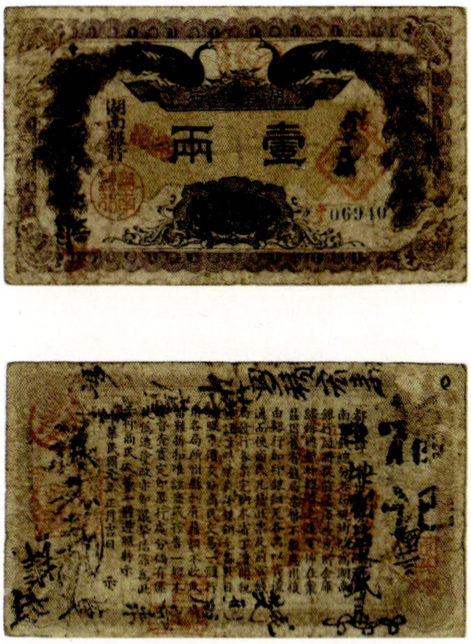

☆☆☆ 129×75

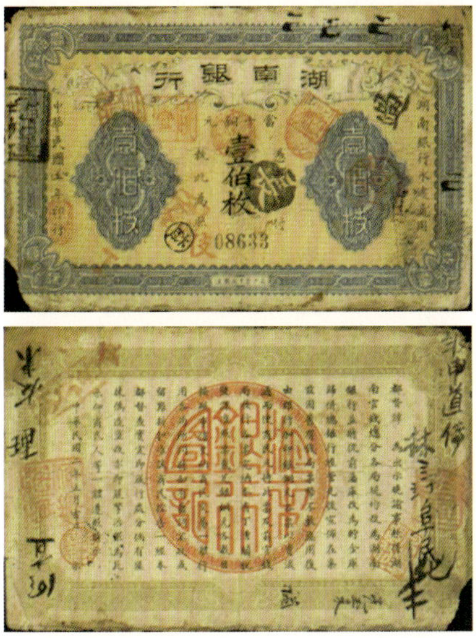

☆☆☆ 138×88

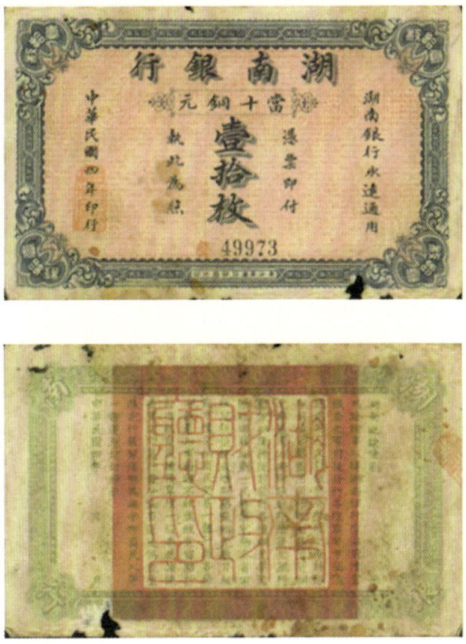

☆☆☆ 135×86

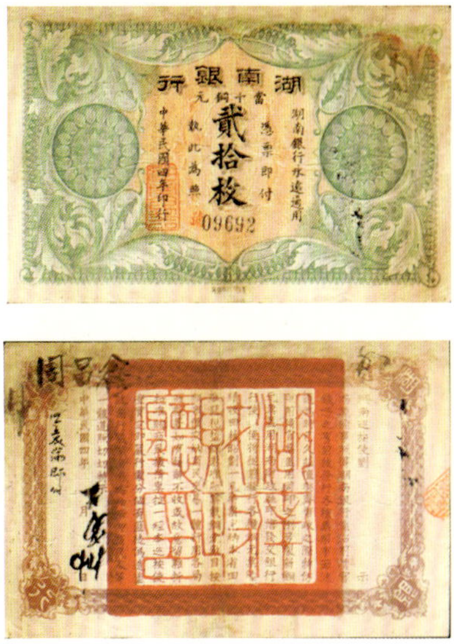

☆☆☆ 131×83

☆☆☆ 135×77

☆☆☆ 135×77

☆☆☆ 135×77

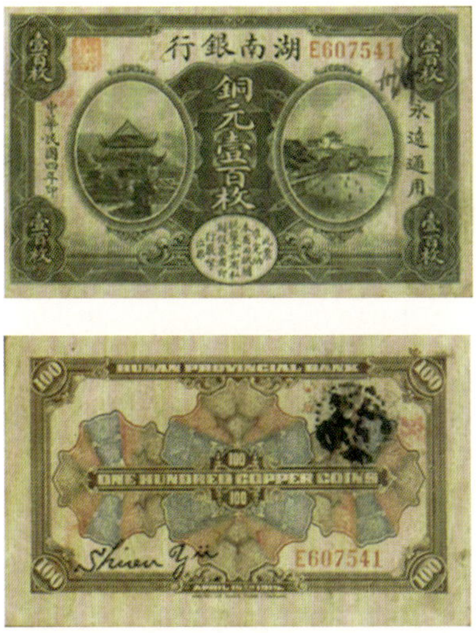

☆☆☆ 125×75

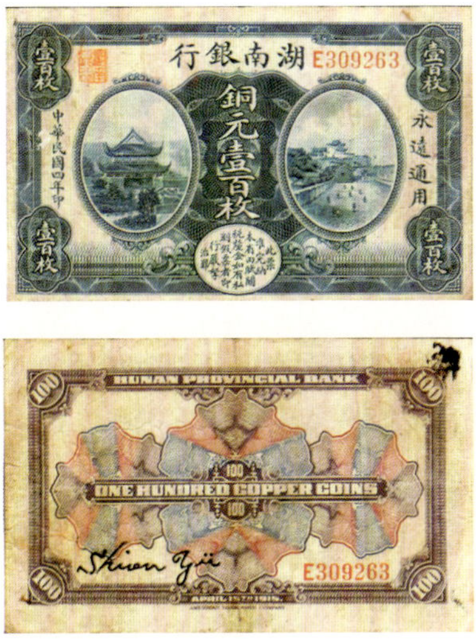

☆☆☆ 125×75

☆☆☆☆ 125×75

☆☆☆☆ 162×86

金属币

光绪元宝铜元当十

1902年

光绪元宝黄铜元当十

1904年

光绪元宝红铜币

1906年

大清湘字铜币十文

1906年

民国湖南铜元当十

1913年

民国铜币二十文

1913年

省宪成立纪念币铜元当十

1922年

省宪成立纪念币铜元当十

1922年

16. 广东省（广东省银行、广州市市立银行、海南银行）

广东省银行成立于 1920 年 12 月，发行 1918 年版省立广东省银行兑换券，由于发钞过滥，1922 年发生挤兑，到 1924 年停业。

1931 年，广东省政府改组广东中央银行为广东银行，并于 1932 年 1 月 10 日成立，发行银毫券及大洋券（改省券），1939 年、1940 年还发行了琼崖区（海南岛）流通的钞票。

广州市市立银行成立于 1927 年，1933 年起该行委托英国华德路公司印制的一套正面为直版，背面为横版的钞票，在中国钱币史上可谓标新立异。

海南银行是国民政府在全国解放前夕，撤退到海南所建立的最后一个银行，它发行了一套以海南银行为名义的银元券，这也是国民政府在大陆发行的最后一套钞票。

广东省纸币

☆☆ 147×76

☆☆☆ 147×76

☆☆☆ 147×76

☆☆ 116×56

☆☆ 122×64

☆☆☆ 118×62

☆☆☆ 126×67

☆☆ 98×59

☆☆ 110×64

☆☆ 134×84

☆☆ 143×79

☆☆ 143×79

☆☆ 136×80

☆☆ 139×83

☆☆ 144×87

☆☆ 148×84

☆☆ 147×83

☆☆ 154×88

☆☆☆ 154×88

☆☆☆ 160×90

☆☆☆ 162×90

☆ 100×50

☆ 104×52

☆ 105×52

☆☆ 148×61

☆☆ 148×62

☆☆ 148×60

☆☆☆ 148×62

☆☆ 98×53

☆☆☆ 156×82

☆☆☆ 171×85

☆☆☆ 183×93

☆☆☆ 184×96

☆☆ 123×72

☆☆☆ 123×72

☆☆☆ 123×72

☆☆☆ 98×55

海南纸币

☆ 100×50

☆☆ 104×52

☆☆ 104×52

☆☆☆ 146×59

☆☆☆☆ 145×60

最短命的银行和最后的“银元券”

1949年10月12日，广州解放，聚集在南方的国民党军队和军政人员纷纷南逃至海南岛，致使华南的国民党军政系统一时云集海南。是年11月至12月中旬，四川的重庆和成都也相继解放。两地的国民党军队和政权部门的高层人员也都相继逃到了海南岛，使海南岛一时成了国民党在大陆的最后据点和避难所。

其时由于国民党在军事上的失败，中央银行所发行的“银元券”不但每日都在大幅度贬值，同时出现了商铺、百姓拒收的局面，银元券几乎成废纸。为了维持海南岛的金融秩序，国民党于1950年2月18日成立“海南银行”，并发行了海南银行银元券。此券的特点是纸币上没有了蒋介石像，换上了孙中山像。1950年4月23日，解放军南下解放了海南岛。海南银行及其所发行的银元券伴随着国民党的逃离而寿终正寝，海南银行前后只维持了不到两个月，成了中国货币史上寿命最短的银行，其所发行的海南银行银元券也成了国民党在大陆最后发行的钞票。

广州市纸币

☆☆☆☆ 114×56

☆☆☆ 95×51

☆☆☆ 103×56

☆☆ 134×77

☆☆☆ 153×69

☆☆ 149×90

☆☆☆ 163×107

☆☆☆ 163×107

独树一帜的纸币

陈济棠主政粤省期间，主张省、市、县均设立银行以调节和发展经济，“广州市市立银行”就是在这种情况下催生的。民国十六年（1927 年）由广州市政府核准组建了“广州市市立银行”，建行初期由陈肇强任行长，陆幼刚、李永健任副行长。后改由陈仲群任行长，黄湖任副行长。

民国二十三年（1934 年），该行设计并委托英国华德路公司印制了一套面额为一毫、二毫、一元、五元、十元、五十元的正面为直版、背面为横版的通用银毫券。这套银毫券可谓标新立异，它完全背离了我国纸钞向来所沿用的传统格式（横版或直版），而是采用正面为直版、背面为横版的创新格式。发行后给人以耳目一新的感觉。这种面直背横格式的钞票，在旧中国众多纸币中可谓独树一帜。

广东省国防要塞公债票

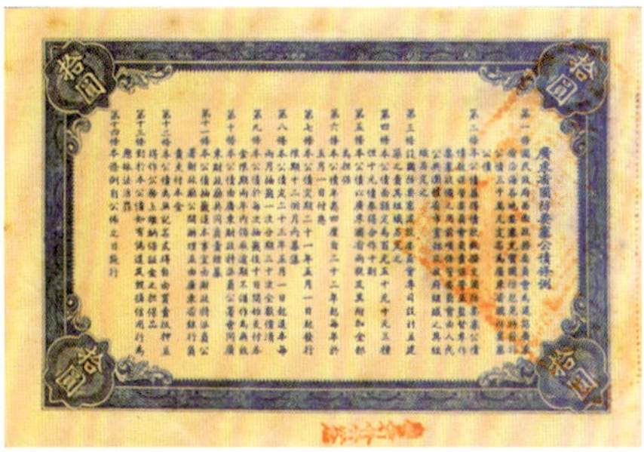

☆☆ 159×107 ☆☆ 133×47

☆☆ 133×47

广东第二次军需库券

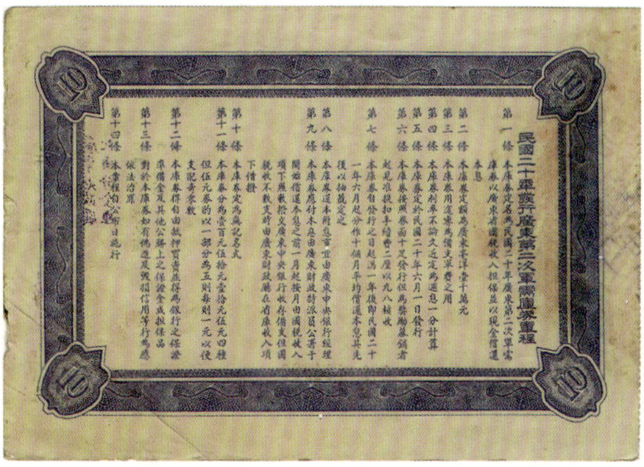

☆☆ 188×128

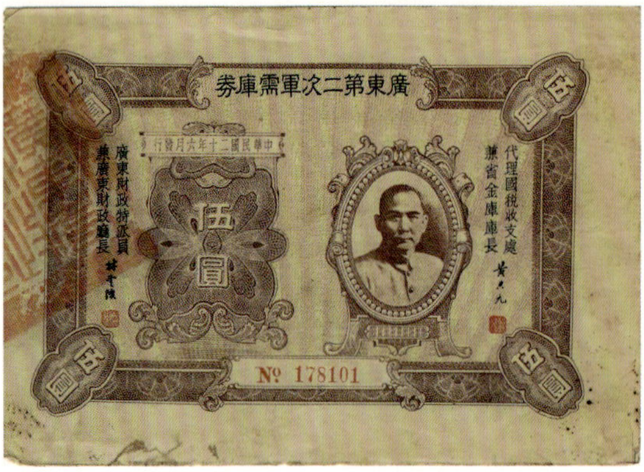

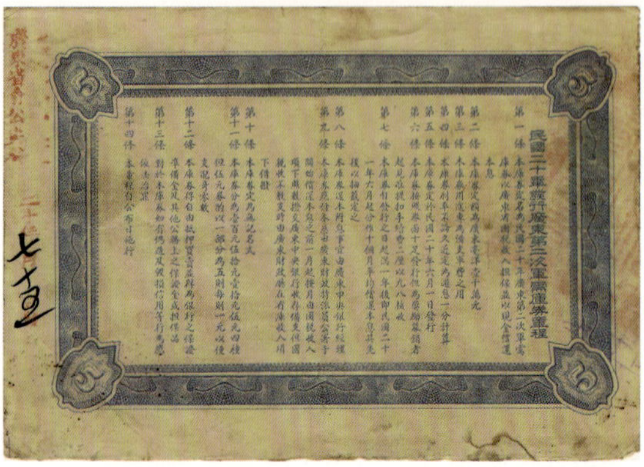

☆☆ 188×131

金属币

光绪元宝银币三分六厘

1890年

光绪元宝银币七分二厘

1890年

光绪元宝银币一钱四分四厘

1890年

光绪元宝银币七钱二分

1890年

光绪元宝银币三分六厘

1900年

光绪元宝十文

1900年

大清铜币十文

1907年

大清铜币十文

1908年

光绪元宝银币一钱四分四厘

1908年

大清铜币十文

1909年

宣统元宝银币一钱四分四厘

1911年

宣统元宝银币七钱二分

1911年

紫铜币一仙

1912年

银币二毫

1912年

银币二毫

1912年

银币一毫

1913年

银币二毫

1913年

紫铜币一仙

1914年

黄铜币一仙

1914年

银币一毫

1914年

银币二毫

1914年

黄铜币一仙

1915年

银币二毫

1915年

黄铜币一仙

1916年

黄铜币一仙

1918年

黄铜币二仙

1918年

银币二毫

1918年

镍币五仙

1919年

银币二毫

1919年

银币二毫

1920年

镍币半毫

1921年

银币二毫

1921年

银币二毫

1922年

镍币半毫

1923年

银币二毫

1923年

银币二毫

1924年

银币一毫

1929年

银币二毫

1929年

17. 广西省（广西银行、广西省银行、广西省金库库券、广西农民银行、广西省辅币流通券）

广西银行前身为广西官银钱号，辛亥革命后陆荣廷把持广西军政，操纵广西银行大量发钞，到 1923 年该钞票市值只有三成。1921 年，陆荣廷下野，新桂系重操广西军政大权后，于 1926 年成立广西省银行。总行设在梧州。1929 年蒋桂战争中，桂系军阀战败，该行发行的钞票不能兑现，导致该行倒闭。1932 年再度成立广西银行。

广西农民银行成立于 1937 年。

广西省纸币

☆☆ 97×54

☆☆ 119×62

☆☆ 114×65

☆☆☆ 104×66

☆☆☆ 121×78

☆☆☆ 133×78

☆☆☆ 152×91

☆☆☆ 95×53

☆☆ 160×74

☆☆ 169×79

☆☆ 169×79

☆☆ 169×79

☆☆ 172×80

☆☆☆ 126×68

☆☆☆ 155×66

☆☆☆ 132×69

☆☆☆ 162×74

☆☆☆ 162×74

金属币

民国八年黄铜币一仙

1919年

民国十年银币二毫

1921年

广西造银币二毫

1923年

广西造银币二毫

1925年

18. 四川省（四川官钱局、四川官银号、重庆官银号）

四川近代纸币的发行机构比较多，由于地方割据，军阀混战，发钞机构大都由军阀所控制，因此存世时间都较短，实物很少。

四川官银号，四川官钱局均成立于1923年前后，目前留世实物和记载不多，四川官钱局仅见一千文制钱票一种。

重庆官银号成立于1921年，在四川银行原址设立，委任梁正麟为总办，只经营了两年，于1923年结束。

四川省纸币

☆☆☆ 142×87

☆☆☆☆ 145×78

☆☆☆ 148×78

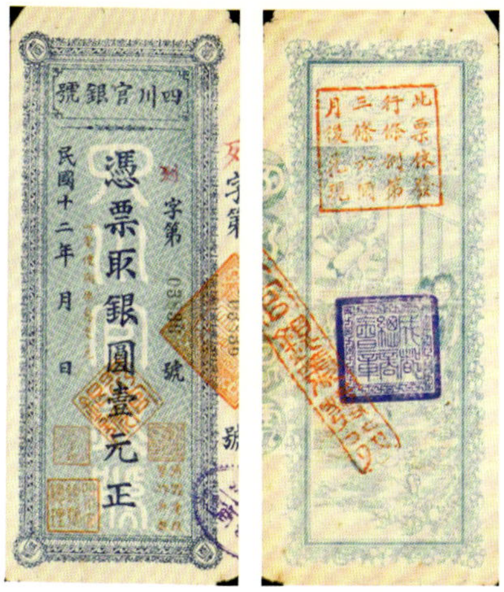

☆☆☆ 167×70

☆☆☆ 111×60

☆☆☆ 129×58

☆☆☆ 129×58

金属币

四川银币一钱四分四厘

1898年

光绪元宝紫铜币当十

1903年

光绪元宝黄铜币当十

1903年

光绪元宝黄铜币当二十

1903年

大清川字铜币十文

1906年

大清川字铜币二十文

1906年

光绪元宝银币一钱四分四厘

1908年

大清度支部川字铜币十文

1909年

川字边铸黄铜币一百文

1930年

川字边铸黄铜币一百文

1930年

四川梅花党紫铜币一分

1930年

大清度支部川字铜币二十文

1909年

军政府铜币五文

1912年

军政府黄铜币十文

1912年

军政府黄铜币二十文

1912年

军政府黄铜币五十文

1912年

军政府黄铜币五十文

1913年

军政府黄铜币一百文

1913年

造币厂黄铜币二百文

1913年

军政府黄铜币五十文

1914年

川字铜币一百文

1926年

川字铜币二百文

1926年

川字铜币二百文

1926年

19. 贵州省（贵州银行、贵州省银行）

贵州银行成立于宣统三年（1911 年），专事发行银元票。辛亥革命后，该行以收回旧币为名又发行了一套纸币，人称“花票”。由于该币不断贬值，银行无法维持，于 1934 年倒闭。

贵州省银行成立于 1939 年 8 月，当时已实行法币，省地方银行没有钞票发行权。但因 1949 年国民政府推行金元券失败，改以银本位制，贵州省银行又发行了一组银元辅币券。

贵州省纸币

☆☆ 113×52

☆☆ 124×64

☆☆ 124×64

☆☆☆ 137×80

☆☆☆☆ 159×97

20. 云南省（富滇银行、云南富滇新银行、云南省银行）

富滇银行成立于 1912 年，后该行纸币被充作战费，因而滥发无度，加速了该币的贬值。1939 年，云南省政府下令停用收回。

1929 年 8 月，云南省新政府成立，改富滇银行为云南富滇新银行，并发行新币。

云南省银行成立于 1949 年 7 月，总行设在昆明，该行在香港订印了一批面值为一元的纸币，但未及发行昆明就解放了。

云南省纸币

☆☆☆ 113×63

☆☆☆ 153×76

☆☆☆ 163×82

☆☆☆ 144×91

☆☆☆ 137×63

☆☆☆ 174×87

☆ 150×61

金属币

大清大云字铜币十文

1906年

大清滇字铜币十文

1906年

大清滇川字铜币十文

1906年

大清大云字铜币二十文

1906年

大清小云字铜币二十文

1906年

大清滇川字铜币二十文

1906年

云南银币一钱四分四厘

1908年

光绪元宝银币三钱六分

1908年

宣统元宝铜币三钱六分

1909年

宣统元宝银币三钱六分

1909年

云南省造银币

1919年

云南省造银币半元

1919年

民国镍币半毫

1923年

民国镍币一毫

1923年

云南省造铜币五仙

1932年

云南造银币二角

1932年

21. 陕西省（陕西省银行、陕西泰丰银行、陕西富泰钱局）

清朝末年，陕西藩司设立富泰钱局发行制钱票，辛亥革命后更名为利大钱号，后又改名为富泰钱局，专门发行铜元票。

1918 年，陕西将泰丰银行改组为富泰银行，并与富泰钱局合并发行银两票。

1930 年，陕西省银行成立，1934 年发行新钞。

1930 年陕北地方实业银行也开办，1944 年关闭。

陕西省纸币

☆☆☆☆ 115×57

☆☆☆☆ 119×60

☆☆☆☆ 124×60

☆☆☆ 156×72

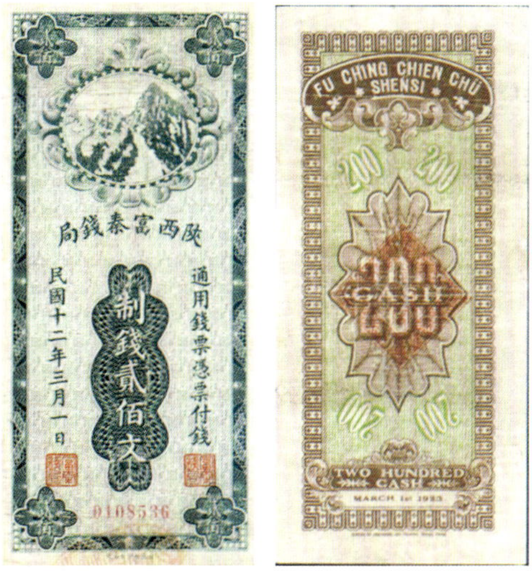

☆☆☆☆ 129×61

金属币

民国铜币一分

1928年

民国铜币二分

1928年

民国铜币二分

1928年

民国铜币二分

1928年

22. 甘肃省（甘肃官银号、甘肃平市官钱局）

1913 年，甘肃将原来的甘肃官银钱局改组为甘肃官银总号，后又改称甘肃官银号，总行设在兰州。1922 年重新改组并成立甘肃银行。

1923 年成立甘肃平市官钱局。

1931 年成立甘肃省平市官钱局。

1934 年，甘肃省又成立甘肃农民银行。

1948—1949 年，甘肃银行成立并发行了一组银行本票和辅币券。

甘肃省纸币

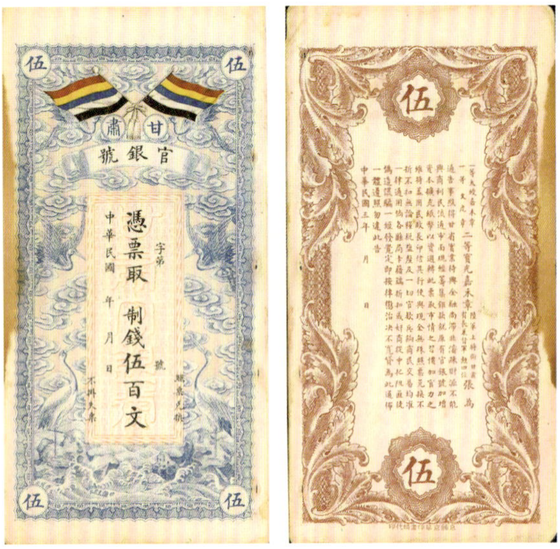

☆☆☆☆ 165×85

☆☆☆☆ 166×83

☆☆☆ 129×67

☆☆☆ 128×67

金属币

民国铜币五十文

1926年

民国铜币一百文

1926年

民国铜币一百文

1926年

23. 新疆省（新疆财政厅库官票、新疆省政府财政厅库官票、新疆商业银行、新疆省银行）

新疆自清代以来主要通行红钱和银两，辛亥革命以后新疆发行纸币的机构有新疆藩库、新疆财政司、新疆财政厅，发行藩库官票。

1933 年，盛世才主政新疆，将新疆省银行改组为新疆商业银行，请毛泽民任理事长，改革币制，废两改元。后盛世才投靠国民党，于 1943 年 9 月将毛泽民杀害。

1948 年，新疆商业银行改组为新疆省银行，并且发行了中国历史上面额最大的 30 亿、60 亿元面额的纸币。

1949 年 1 月，包尔汉任新疆省主席后，实行币制改革，发行银元券。

新疆财政厅库官票

☆☆ 125 × 71

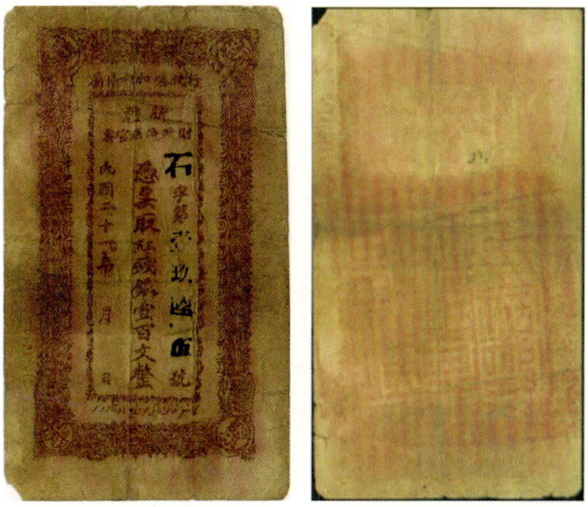

☆☆ 118 × 70

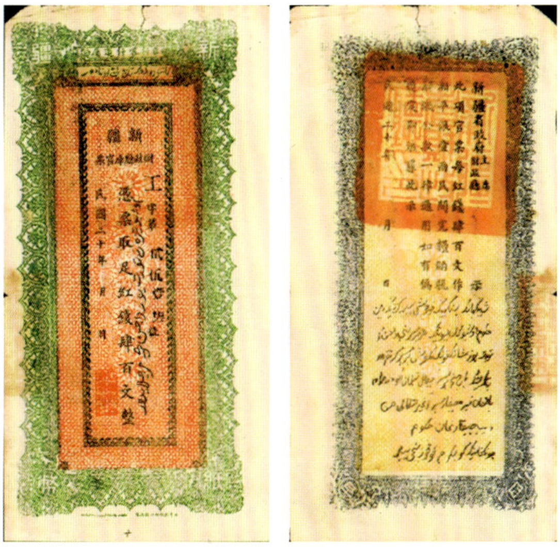

☆☆ 219 × 115

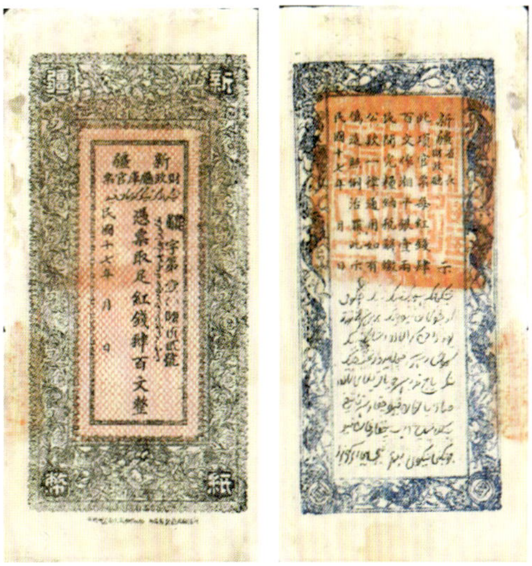

☆☆ 210 × 99

☆☆ 206×97

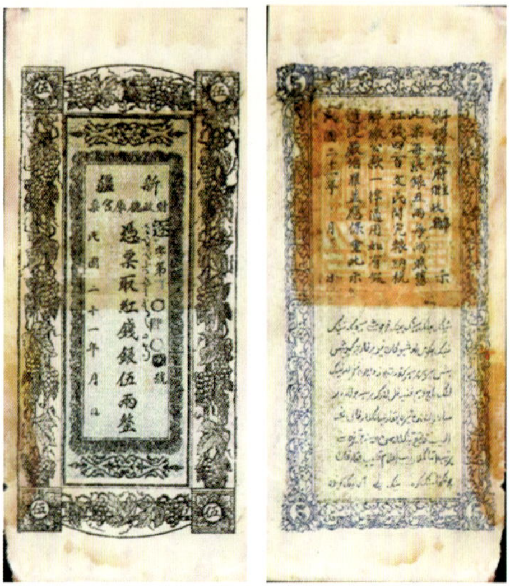

☆☆ 211×94

☆☆☆ 118×90

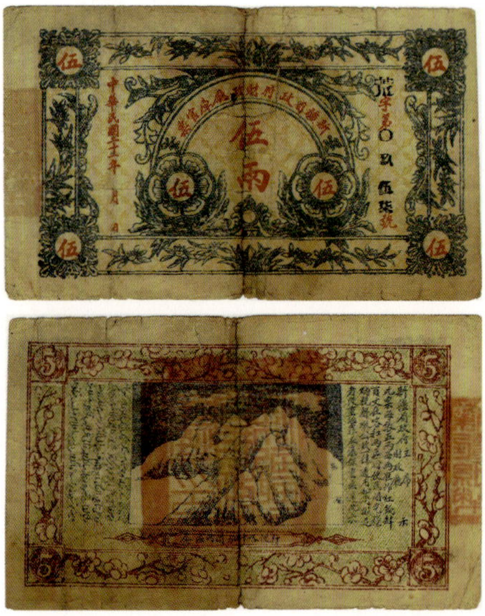

☆☆☆☆ 177×103

☆☆☆ 153×99

☆☆☆☆ 151×99

☆☆☆ 99×72

新疆商业银行纸币

☆☆ 100×58

☆☆ 98×62

☆☆ 101×63

☆☆ 110×67

☆☆ 121×72

☆☆ 126×73

☆☆ 152×75

☆☆☆ 166×85

☆☆ 158×72

☆☆ 161×68

☆☆ 160×66

☆☆ 161×70

☆☆☆ 156×64

☆☆☆ 156×64

☆☆☆ 155×70

☆☆ 152×65

☆☆☆ 168×73

中国货币史上面额最大的纸币

新疆自清代以来主要通行红钱和银两，后来又发行了代表这两种金属币的纸钞。辛亥革命以后，新疆发行纸币的机构有新疆藩库、新疆财政司（厅）。民国初期，新疆发行藩库官票，面额四百文，值银一两。

1928 年，新疆发生政变，杨增新被杀，金树仁上台后又发行银两票。1933 年，盛世才主政新疆后，为了挽救由军阀内战所引起的通货日益膨胀的局面，拟将新疆省银行改组为新疆商业银行。其时盛世才为了讨好共产党，请毛泽民（毛泽东之弟）赴新疆担任该行理事长。1939 年 1 月 1 日，毛泽民把新疆省银行改组为新疆商业银行，并进行币制改革，废两改元。1941 年秋，盛世才被蒋介石收买。为了向蒋介石表示忠诚，盛世才于 1943 年将毛泽民杀害，之后新疆的货币发行在国民党要员的干预下越发失控。这时，盛世才又想将国民党中央政府势力逐出新疆，但失败了。

1948 年，随着国民党的军事失利，经济失调，物价暴涨，货币贬值，新疆商业银行再次被改组为新疆省银行。改组后，钞票面值越印越大，由最小面额一分到发行面额 6 亿、30 亿，直至中国货币史上面额达 60 亿元的创世天价纸钞，其落差之大，开创了中国货币史上空前的记录。

新疆省银行纸币

☆☆☆ 149×63

☆☆☆ 145×62

☆☆☆ 145×61

☆☆☆☆ 145×62

☆☆☆☆ 145×62

☆☆☆☆ 140×60

☆☆☆☆☆ 142×61

☆☆☆ 99×47

☆☆☆ 130×65

☆☆☆☆ 153×76

新疆省建设公债

☆ 142×109

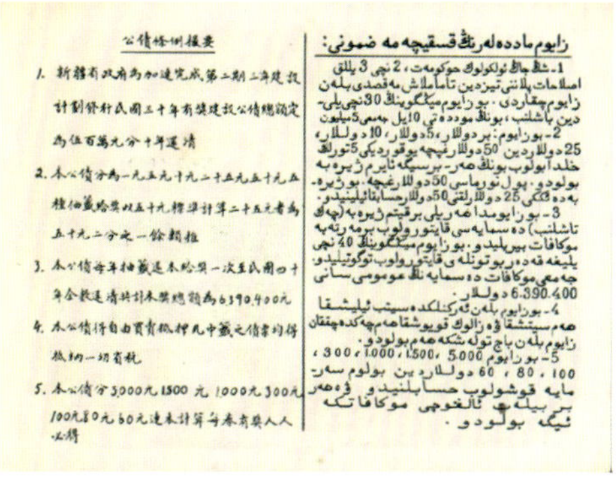

公債條例摘要

1. 新疆省政府為加速完成第二期三年建設計劃發行民國三十年有獎建設公債總額定為伍百萬元分十年還清
2. 本公債分為一元五元十元二十五元五十元五種細數給獎以五十元標準計算二十五元者為五十元二分之一餘類推
3. 本公債每年抽籤還本給獎一次至民國四十年全數還清共計本獎總額為6,390,400元
4. 本公債得自由買賣抵押凡中籤之債票均得抵納一切賦稅
5. 本公債分3,000元 1500元 1000元 300元 100元 80元 60元還本計算每券有獎人人必得

☆　　179×135

金属币

宣统元宝当红钱十文

1911年

民国银币饷银五钱

1913年

新疆当红钱铜币十文

1916年

民国铜币当红钱十文

1929年

民国铜币当红钱十文

1929年

大清银币喀造五钱

1904年

光绪银元二钱

1905年

光绪银元喀什三钱

1905年

光绪银元喀造五钱

1905年

新疆银币饷银五钱

1906年

24. 热河省（热河省银行、热河兴业银行、兴业银行、长城银行）

1946 年 8 月，由于国民党军队的进攻，解放区被分割，晋察冀边区银行冀热辽分行撤出承德。撤出承德后即以热河省银行发行纸币，行长史立德。

1948 年 2 月，长城银行成立并收兑了热河省银行所发行的纸币，长城银行行址设在宁城县，行长史立德，副行长申玉洁。

热河省纸币

☆☆☆ 138×61

☆☆☆ 135×73

☆☆☆ 140×80

☆☆☆ 145×84

☆☆ 117×70

☆☆ 117×70

☆☆☆ 138×73

☆☆☆ 112×61

25. 西藏地区（西藏地方政府发行的纸币）

西藏历来通用银元和铜元，民国以后才开始发行纸币。1912 年，西藏成立了地方银行，1913 年，开始印制章卡纸币。1959 年，西藏实行民主改革后，由中国人民银行以一定比例收兑藏钞。

西藏地区纸币

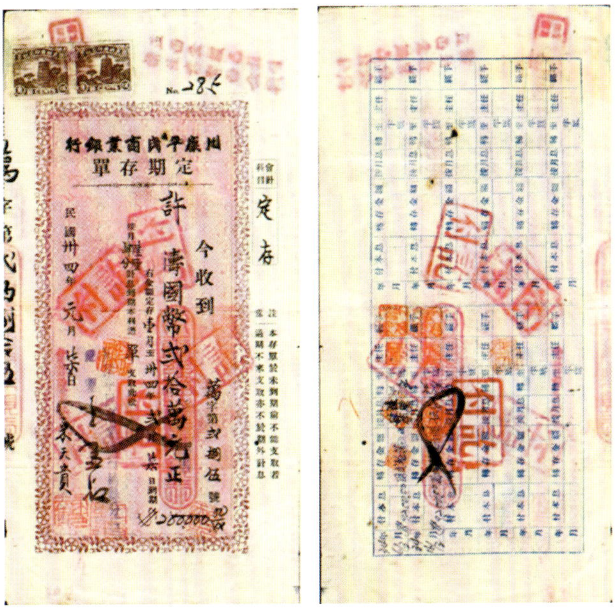

☆☆☆ 231×117

☆☆☆ 179×106

☆☆☆ 210×135

金属币

章卡一钱币

1918年

章卡一钱币

1918年

西藏银币

1912年

西藏银币

1946年

章卡五钱币

1947年

章卡五钱币

1947年

章卡五钱币

1947年

西藏紫铜币（月亮太阳）

1950年

西藏紫铜币（双太阳）

1950年

26. 蒙古（内蒙银行）

内蒙古地区和全国其他省份一样，明清以来就有纸钞、制钱、银币、铜元在该地区流通、使用。民国时期所流通的货币品种更是名目繁多，数量庞大：有旧中国国家银行发行的各种纸币，如中央银行的金元券、银元券，农民银行、交通银行发行的纸币，还有地方银行发行的纸币，如直隶省银行、察哈尔商业银行、热河兴业银行、山西省银行、绥远平市官钱局、东三省银行发行的纸钞和金属币，同时还有日伪政权银行如“满洲中央银行”、“蒙疆银行”等所发行的钞票。1947 年后，革命根据地人民政权还发行了“内蒙银行券”，以及苏联代为制造的在蒙古全境流通的银币和铜币。

1947 年 6 月 1 日，东蒙银行改为内蒙银行，并发行内蒙银行券。

1949 年 5 月 31 日，内蒙古人民银行以新蒙币 0. 8 元比 1 元的比价兑收。

蒙古纸币（内蒙银行）

☆☆☆☆　　127 ×61

金属币

蒙古铜币一蒙哥

1922年

蒙古铜币二蒙哥

1922年

蒙古银币五十蒙哥

1925年

蒙古银币一蒙哥

1925年

第七章　军阀割据时期的军票

1911 年 4 月，袁世凯掌握实权后，中国进入军阀统治时期。后袁世凯因复辟帝制被全国人民群起而攻之，袁世凯死后，北洋军阀分裂成多个派系，主要有以段祺瑞为首的皖系，以冯国璋为首的直系，以张作霖为首的奉系等。

直、皖、奉三系竞相扩充实力，割据一方，为争夺中央政权，不惜依靠外国列强，混战不已，使国家陷入四分五裂之中。1913 年起，孙中山就致力于反对北洋军阀的斗争，1917 年，孙中山在广东建立军政府，进行护国和护法战争。1926 年，国民革命军由广东出发，进行北伐战争，至 1928 年 6 月将北洋军阀最后一任统治者，奉系首领张作霖逐出北京，推翻了北洋军阀对中国长达 16 年的统治。张作霖被北伐军逐出北京后在退回沈阳附近的皇姑屯车站时，被日本关东军炸死，其子张学良继任为奉军首领。1927 年 12 月 29 日，张学良宣布“东北易帜”，接受南京国民政府领导，奉军被改编为东北边防军，1931 年，被编入国民革命军序列。

此外，还有以陆荣廷为首的桂系，以唐继尧为首的滇系，以阎锡山为首的晋系，这些都是大军阀。中小军阀还有：陈济棠、韩复榘、刘湘、刘文辉、马步芳、石友三、王家烈、唐生智等。这一时期的军阀摩擦战乱不断，各个军阀为了维护和扩大自己的势力范围，最有效的方法就是通过武力解决。从 1916 年到 1928 年，其发生军阀之间具有一定规模的战争就超过 140 次。

战争中军阀们为了保全自己，四处招兵买马，扩军备战，各出奇谋，滥发钞票（军票），而这些都给中国老百姓带来了无穷的灾难，造成了中国民生凋敝、满目疮痍的境况。

辛亥革命后不久，革命果实被袁世凯所窃取。袁世凯称帝后引发了全国的“倒袁”战争，各省或纷纷成立“卫国军”、“靖国军”，或宣布独立。各地军政权为了筹措粮饷进行“倒袁”战争，一般都发行了军用钞票。这类钞票均在战地发行，属于临时性质，当然都无一例外地将战争负担转嫁到了广大老百姓身上。

一、广西临时军用票

☆☆☆ 97×56

☆☆☆☆ 110×58

☆☆☆☆ 129×78

☆☆☆☆ 156×85

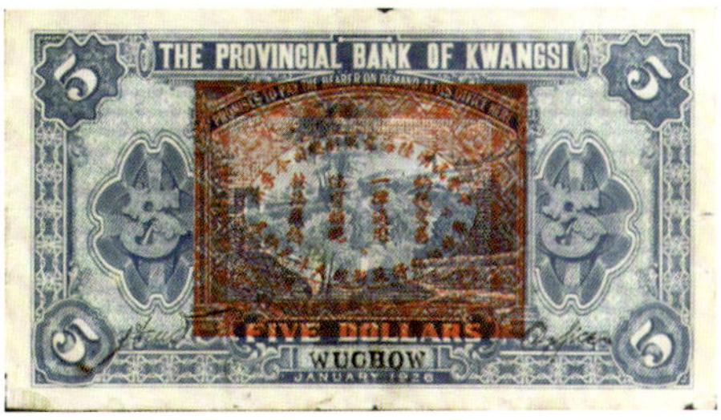

☆☆☆☆ 152×83

以个人名义发行的“军票”

沈鸿英，广东恩平人，旧桂系将领，曾为绿林头目，辛亥革命期间因告发同袍，为时任右江军政分府总长兼统领的刘古香所赏识并倚为心腹。1913 年，在孙中山领导的“二次革命”中，沈鸿英投靠了袁世凯，并故伎重施，以出卖曾为其恩人的革命党人刘古香等人的生命为代价，获得陆荣廷重用，升为帮统。

粤桂战争结束后，广西形成了以陆荣廷、沈鸿英、李宗仁和黄绍竑各为一方的三足鼎立之势，分别以各自占据的南宁、桂林、玉林作为基地，展开了一场你死我活的龙争虎斗……

1922—1923 年，沈鸿英的野心和在广西的势力逐渐壮大，为了解决军队粮饷问题，沈鸿英以“协威将军”名义和私章两枚做担保，发行了“广西临时军用票”。背面记载“广西临时军用票条例”，落款为“沈鸿英发行”。以个人名义发行军用钞票在中国货币史上可谓独树一帜，实属罕见。

1926 年，沈鸿英被李宗仁、白崇禧、黄绍竑的联军打败并被驱逐出境，其后沈鸿英逃往香港，广西临时军用票随之成了废纸。

二、“西北银行”军用票

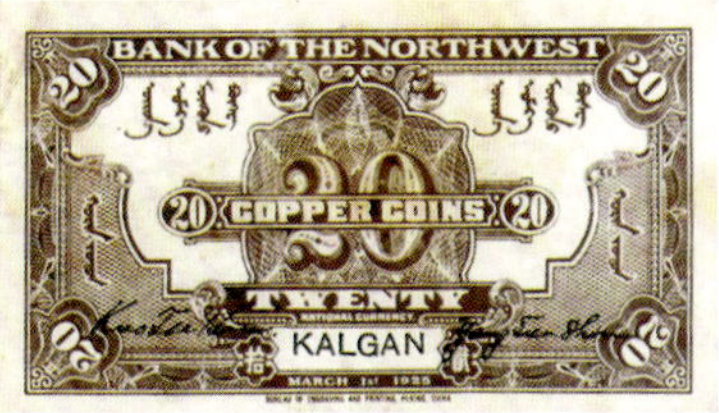

☆☆☆ 120×68

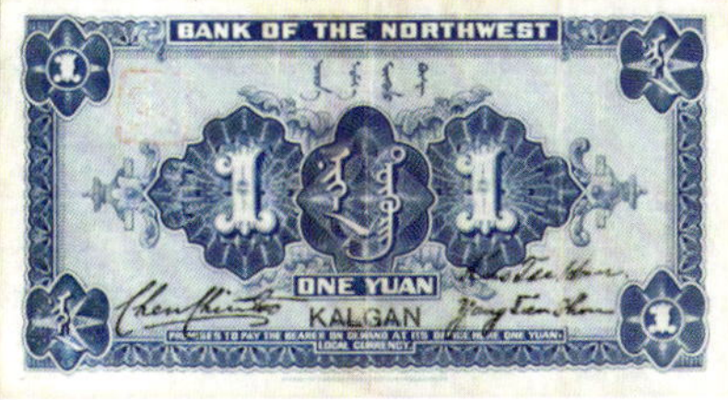

☆☆☆ 146×78

☆☆☆☆ 161×91

“五原誓师”使西北银行起死回生

西北银行成立于 1925 年，冯玉祥担任甘肃军务兼西北边防督办时将总行迁至兰州。

1926 年，直、鲁、奉军阀联合对西北军进行讨伐，冯玉祥战败被迫下野，西北银行顿时失去了军方背景的支持，平津各地分行即发生挤兑，钞票贬值，西北银行危在旦夕。

后来冯玉祥在于右任的劝说下，同意脱离袁世凯北洋军系统，参加北伐，完成国民革命。1926 年 9 月 17 日，时任国民党中常委的于右任代表国民党在绥远的兵略重镇五原主持冯玉祥的就职授旗大典，冯玉祥宣布全军集体加入国民党，成立中华民国国民联军。于右任代表国民政府任命冯玉祥为联军总司令。

五原誓师挽救了西北银行的危险处境，因此，西北银行于 1928 年再发行钞券时，正面图案均采用五原誓师典礼图，下方印有“一五、九、一七，五原誓师”，代表当时誓师日期为民国十五年九月十七日（1926 年 9 月 17 日）。

☆☆☆☆ 145 × 79

三、中华民国陆海空军副司令军票

☆☆☆☆ 112 × 67

国民军金融流通券——具有时代特征的“军钞”

冯玉祥脱离北洋军阀系统参加国民革命后，命令全军参加国民党并将西北军改为“中华民国国民联军”。1927 年底，国民联军在打败围困陕西的军阀刘镇华部后，率部进入陕西。陕西乃贫瘠之地，国民联军一到，更加使得这一地区的财政全面紧张。其时，国民党元老于右任为陕西省政府主席兼任国民联军驻陕西总司令，为了支撑这支军队，支持北伐，遂决定以“国民联军总司令部财政委员会”的名义发行“国民军金融流通券”，背面记载“国民军金融流通券条例”。后来，为了解决辅币不足的问题，国民联军还将“陕西富泰钱局”的辅币券作为国民军金融流通券辅币使用，而且在纸币背面加印了两句口号：“工农商学兵在国民党的指导之下”、“联合起来完成国民革命”。国民军金融流通券的发行对北伐战争取得胜利起到了重要的作用，也是众多军阀发行货币中唯一印有拥党口号、具有鲜明时代特征的一种军钞。

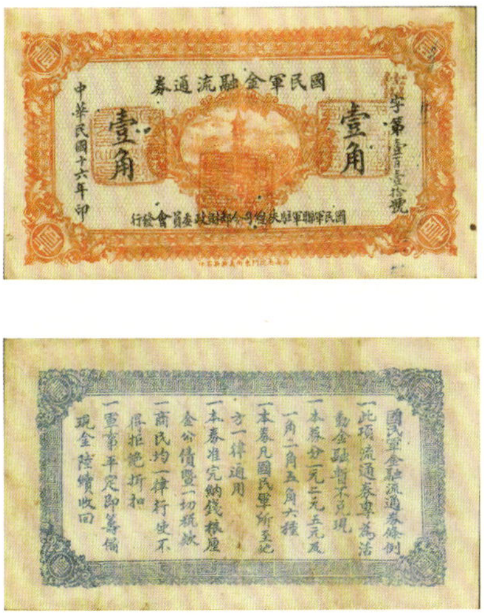

☆☆☆☆ 130×72

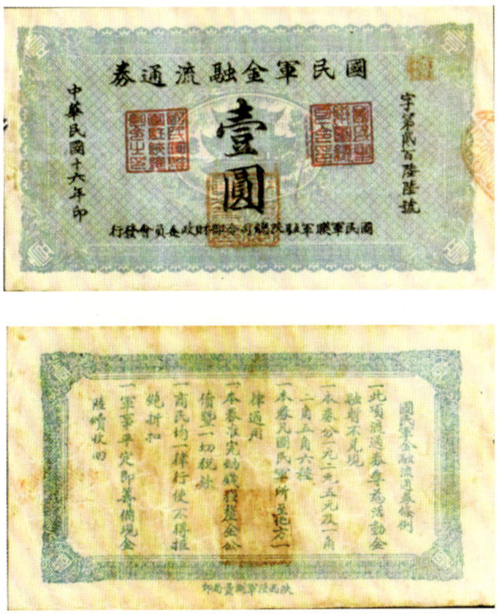

☆☆☆☆ 140×82

☆☆☆☆ 143×87

陕西富泰钱局发行独特的“标语券”

1928 年 1 月 4 日，下野多时的蒋介石踏上了由上海去南京的列车，恢复了北伐军总司令和国民政府委员会主席职务的蒋介石，踌躇满志地向全国发出了第二次北伐总攻令。

陕西军政府对蒋介石的配合可谓十分到位，是年 8 月，陕西富泰钱局发行了一组铜元券，面额分别为辅币一串文、二串文和制钱一百文、二百文、一千文、二千文六种。其特色是在纸币背面的上下方印有一对标语，上方：“工农商学兵在国民党指导下”，下方：“联合起来完成国民革命”。更有趣的是，在标语的中间加插了一段爱护钞票警世语：“这张钞票虽是一小片纸，乃是用同胞的血汗买的，并经过许多手续制成的，凡用票的人都应该格外爱护，不要任意揉搓，如再揉搓烂了，仍须新制，更要加添我们一层负担了。”这种别出心裁的铜元券，在国民政府统治中国 38 年的钞票史上，可谓独树一帜，绝无仅有。

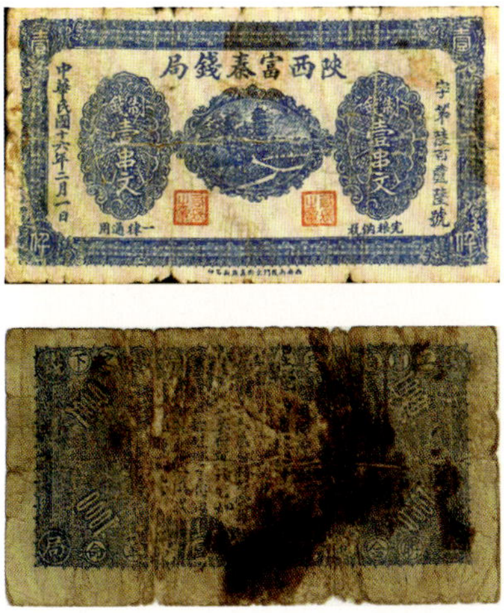

☆☆☆ 128×70

☆☆☆ 132×73

☆☆☆☆ 125×68

四、河南金库流通券改军用券

☆☆☆ 128×76

五、山东省军用券

☆☆☆ 112×64

☆☆☆ 147×78

☆☆☆☆ 156×86

☆☆☆☆ 155×90

第八章　中国共产党成立和中华苏维埃政权发行的货币

1921 年 7 月，中国共产党在上海成立。

1927 年 4 月 12 日，蒋介石在上海实行白色恐怖政策。

共产党人纷纷由城市转入乡村，建立各种形式的苏维埃政权。各革命根据地苏维埃政府为了冲破国民党的经济封锁，活跃农村经济，巩固革命政权，先后以工农银行、苏维埃政府以及其他经济部门的名义发行了各种纸币、布钞、金属币。

苏区的货币经历了由乡、区、县银行货币到特区和省银行货币，最后统一为“中华苏维埃共和国国家银行”及其各分行货币。经历了由分散到集中统一的过程。这个时期的货币是在极其艰苦、困难的战争环境中因陋就简印制发行的。它的票面设计充满了浓厚的革命政治意义，反映了中国共产党在当时特定的环境中的战斗风格。

一、“中华苏维埃共和国国家银行”金属币、纸币

中华苏维埃铜币五分

1934年

“苏维埃共和国”铜币五分

1934年

川陕西苏维埃铜币五百文

1934年

中国共产党领导下最早成立的“国家银行”

“中华苏维埃共和国”成立于 1931 年 11 月 7 日。1931 年 11 月 7 日至 20 日，中国共产党在江西瑞金召开了中华苏维埃第一次代表大会，选出了以毛泽东、周恩来等 63 人为中央执行委员的中央委员会，中央执行委员会主席为毛泽东，副主席为项英、张国焘。

1931 年 11 月 21 日，“中华苏维埃共和国”临时中央政府执行委员会第一次会议决定筹建国家银行。经过一番筹备后，1932 年 2 月 1 日，“中华苏维埃共和国国家银行”正式挂牌成立，行址设于江西瑞金叶坪，资本额为国币 100 万元。第一任行长毛泽民（毛泽东之弟），副行长李六如，印钞厂厂长贺子珍（毛泽东第二任妻子），钞票由行长毛泽民和财政委员邓子恢两人签字。

“中华苏维埃共和国国家银行”纸币

☆☆☆　84 × 52

☆☆☆　94 × 58

☆☆☆☆　105 × 60

☆☆☆☆ 96×70 ☆☆☆ 105×68 ☆☆☆☆ 120×69

二、“中华苏维埃共和国”革命战争公债券

“中华苏维埃共和国”临时中央政府于1932年6月发行“革命战争公债券”，面额有五角、一元、五元三种，背面印有“条例”。

署名为：

临时中央政府主席：毛泽东

临时中央政府副主席：项英　　张国焘

财政人民委员：邓子恢

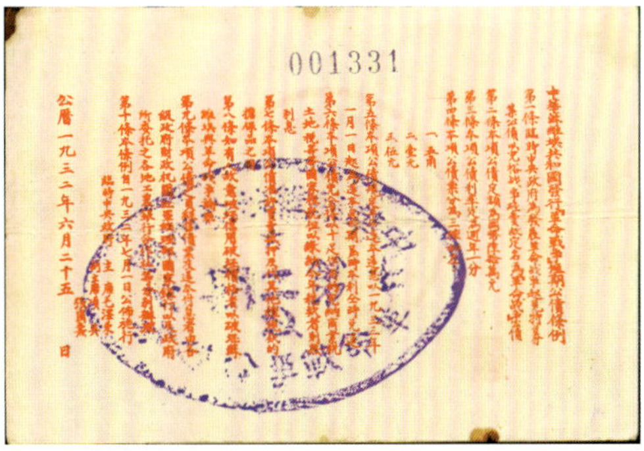

☆☆☆☆ 130×85

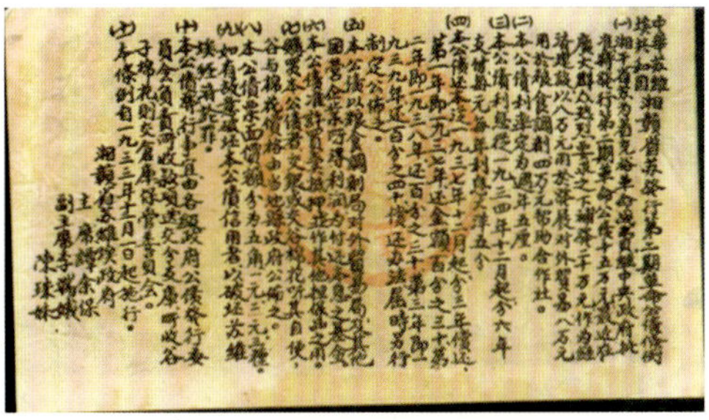

☆☆☆☆ 115×66

三、“中华苏维埃共和国”经济建设公债券

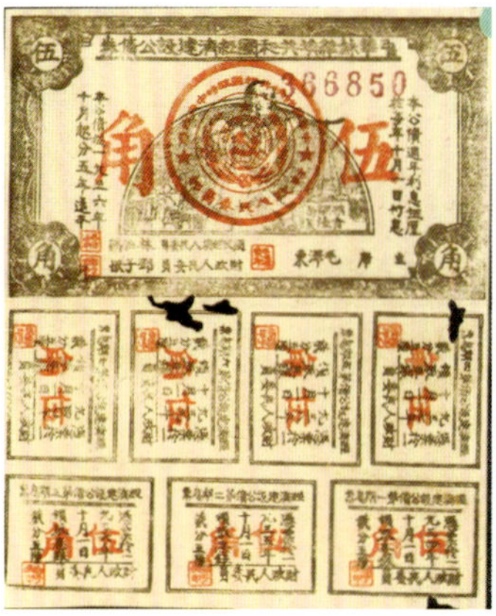

☆☆☆☆ 118×99

☆☆☆☆ 124×114

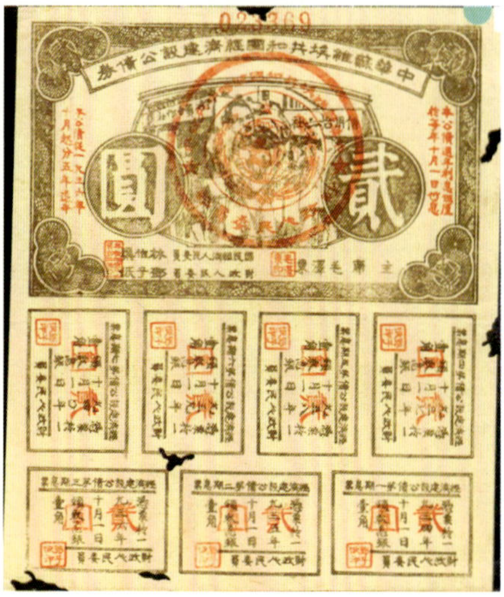

☆☆☆☆ 147×125

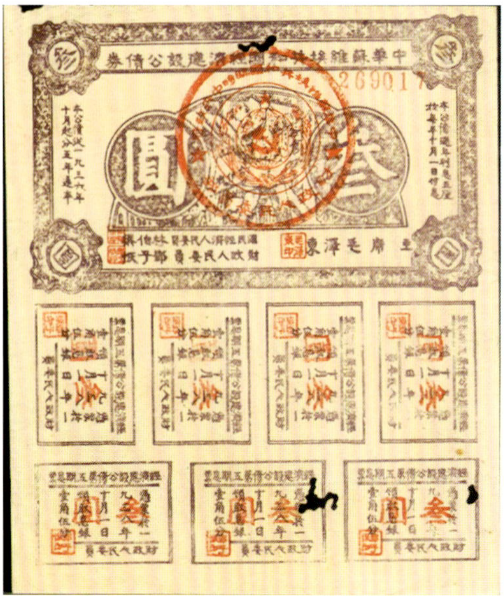

☆☆☆☆ 158×138

☆☆☆☆ 169×144

四、“中华苏维埃共和国国家银行”湘赣省分行

1933年2月，根据苏区中央局指示，将“中华苏维埃共和国”湘赣省工农银行更名为“中华苏维埃共和国国家银行”湘赣省分行，行长由谭余保担任。该行发行有铜元券及银元券五种，1934年10月，红军撤出根据地后停止发行。

"中华苏维埃共和国国家银行"湘赣省纸币

☆☆☆☆ 102×50

☆☆☆☆ 90×55

五、赣东北省苏维埃银行闽北分行

赣东北省苏维埃银行闽北分行成立于1931年12月。行址设在福建崇安县大安乡，行长徐福元、邓文才。闽北分行银元票流通于福建闽北苏区，1933年停止发行银元券。

赣东北省苏维埃银行闽北分行银元票

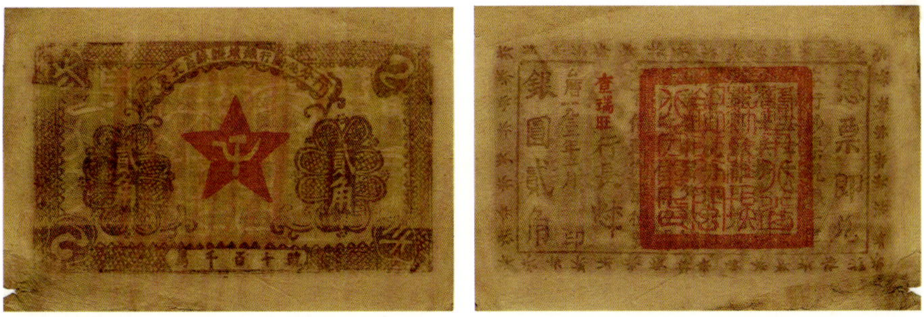

☆☆☆ 108×72

☆☆☆ 112×68

六、湘鄂赣省工农银行

湘鄂赣省工农银行成立于1931年11月，总部在江西省修水县上杉乡，银行主要负责人为李国华、刘文初等。该行发行的“湘鄂赣省工农银行券”（铜元券、银元券）于 1934 年 6 月红军战略转移时，即停止发行。

湘鄂赣省工农银行纸币

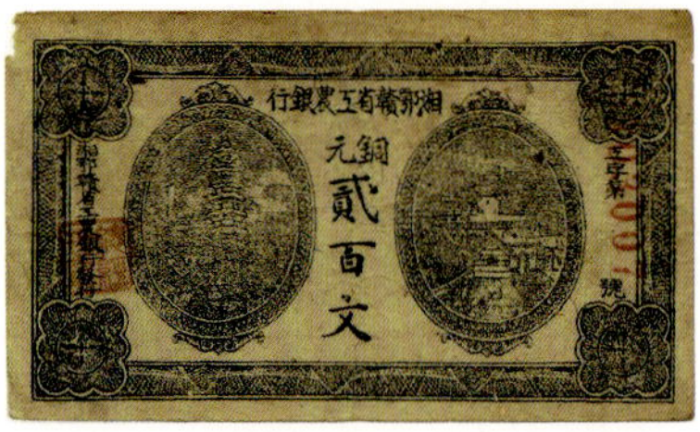

☆☆☆ 99×57

☆☆☆☆ 118×74

☆☆☆☆ 125×73

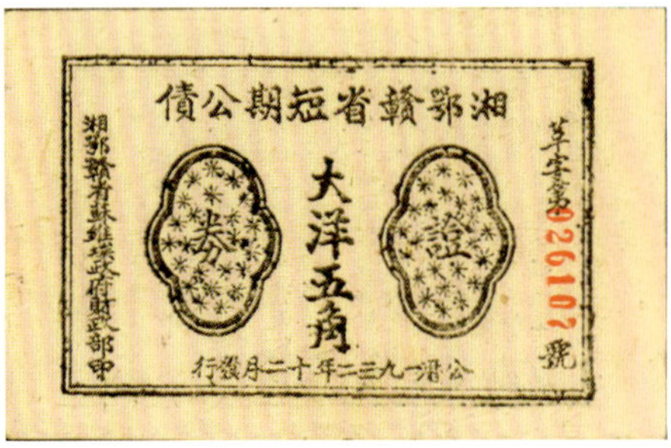

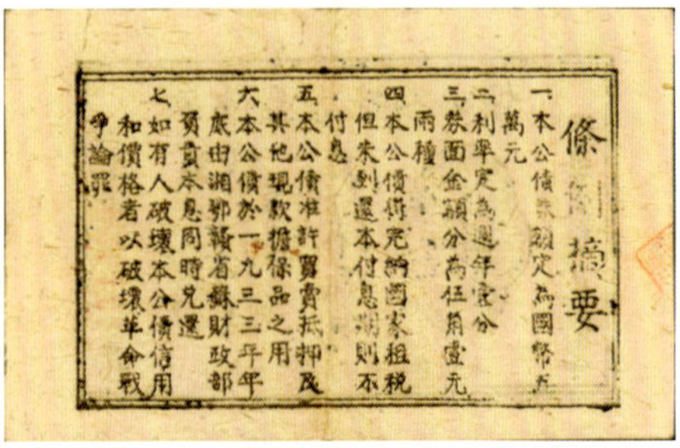

☆☆☆☆ 128×81

七、川陕省苏维埃政府工农银行

川陕省苏维埃政府工农银行成立于 1933 年 12 月 4 日，总部在四川通江县，行长郑义斋。该行发行纸币有铜元券两种、银元券一种，另有布币券五种。1935 年 4 月，红四方面军撤离根据地后，即停止发行。

川陕省苏维埃政府工农银行布币

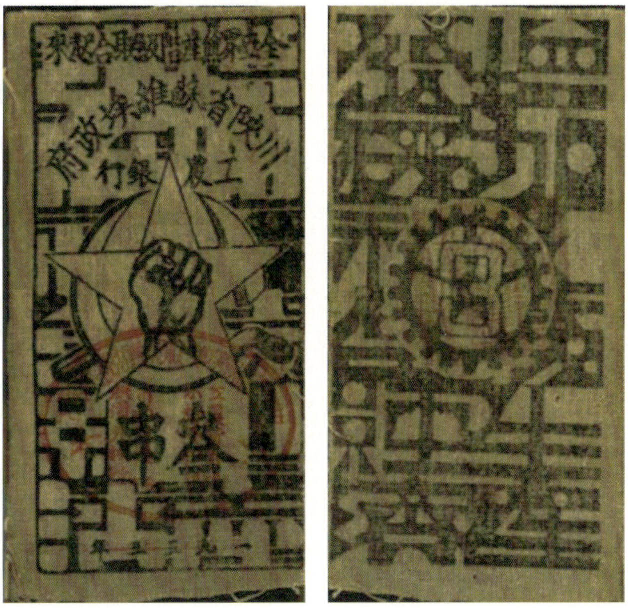

☆☆☆☆☆ 160×82

苏维埃“布币”见证历史

1933 年 12 月 4 日，川陕省苏维埃政府工农银行成立，总部设在今四川省通江县，行长郑义斋。工农银行发行了川陕省苏维埃政府工农银行铜币券两种、银元券一种及布币券五种。由于当时条件十分艰苦，纸张十分缺乏，只好采用当地百姓自己织的粗布印制成“布币”。中华苏维埃布币虽然十分粗糙，但独树一帜，深得当地百姓和部队的拥护，对稳定经济、巩固当时的工农政权、支持革命战争起到了巨大的作用。中华苏维埃布币正面印有象征红色政权的五角星和镰刀、锤子。上方印有“全世界无产阶级联合起来”的字样，背面则将“发展经济、增加生产”的口号拼成图案。此布币具有十分浓郁的时代特征，是珍贵的革命历史文物。

八、闽浙赣省苏维埃银行

闽浙赣省苏维埃银行成立于 1932 年，总部在江西横峰县枫树坞，行长张其德。该行发行纸币有银元券两种、铜元券一种。1934 年 10 月，红军北上，即停止发行。

闽浙赣省苏维埃银行纸币

☆☆☆☆ 97×58

☆☆☆☆☆ 139×76

九、鄂东南工农兵银行

1930 年 8 月，鄂东革命委员会在湖北阳新县太子庙成立。同年 9 月，创办鄂东农民银行（鄂东总行），1931 年初鄂东农民银行改为鄂东南工农兵银行。鄂东南工农兵银行行址设在湖北省阳新县龙港镇，银行经理刘杰三、陈迪光。该行发行的“鄂东南工农兵银行铜币券”计有四种面值，该币于 1932 年 3 月由鄂东工农银行收回，并发行新的铜币券。1932 年 3 月鄂东南工农兵银行更名为鄂东工农银行。

鄂东南工农兵银行纸币

☆☆☆☆ 132×91

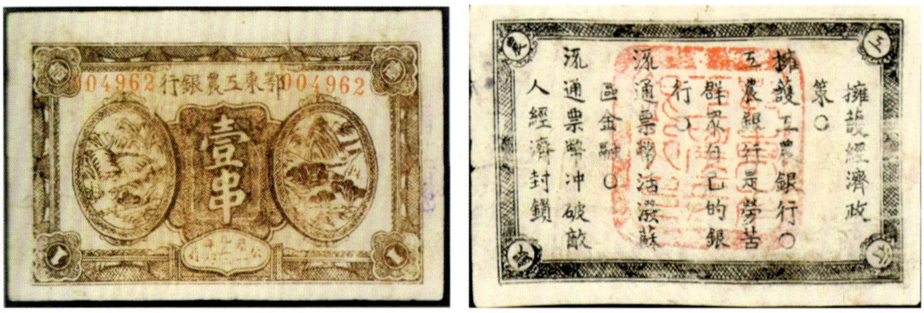

☆☆☆☆ 115×74

十、鄂东南工农银行

鄂东南工农银行于 1932 年 5 月由鄂东工农银行更名而成立。该行成立后发行有铜元券三种、存款券一种，流通于鄂东南苏区。1933 年，红军在第五次反“围剿”战争中失利，该行即停止发行。

鄂东南工农银行纸币

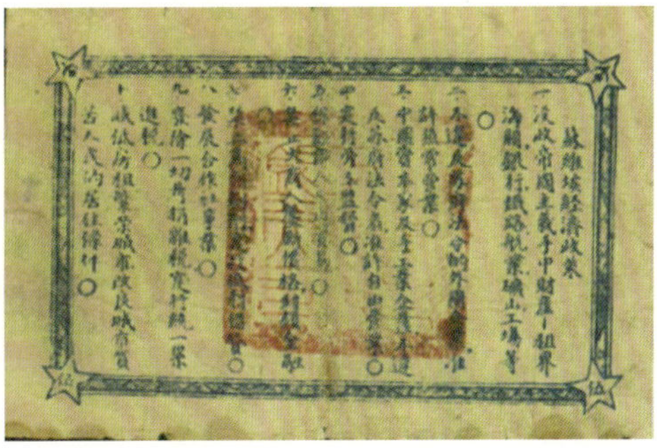

☆☆☆☆　　134×91

极具革命时期风格的“苏区票”

“鄂东工农银行”是中国共产党早期所建立的苏维埃政权银行之一，成立于1932年3月，发行了“鄂东工农银行铜币券”，流通于鄂东苏区（今湖北阳新一带），后该行又决定于1932年5月将行名改为“鄂东南工农银行”，同时限定于同年4月15日前将鄂东工农银行券全部收回，改以发行“鄂东南工农银行券”。该券背面所列的苏维埃经济政策比“鄂东工农银行”时的标语式口号更为详尽。苏维埃经济政策共有十条：

一、没收帝国主义手中的财产、租界、海关、银行、铁路、航业、矿山、工厂等。

二、不违反苏政府法令的外国企业准许照常营业。

三、中国资本家及手工业企业不违反苏府法令者，准许自由营业。

四、实行劳工监督。

五、保证商人自由贸易。

六、禁止商人垄断价格、封锁金融。

七、禁止高利剥削，实行低利借贷。

八、发展合作社事业。

九、废除一切苛捐杂税，实行统一累进税。

十、减低房租，繁荣城市，改良城市贫苦人民的居住条件。

这些经济政策立场鲜明，简洁易记，因而受到了苏区广大老百姓的拥护和支持。

1933年，在蒋介石所发动第五次“围剿”时，鄂东南工农银行券停止发行。该券发行时间不长，存世极少。其背后所列的苏区经济政策，极具时代特征。

第九章　日本军国主义发动侵华战争时期的货币、债券

1931 年 9 月 18 日，日本军国主义在我国沈阳挑起事端行侵略之实，侵占了东北大片土地。扶植溥仪登基，成立了伪满洲国。此后，日军又采取蚕食政策，发动“七七事变”和“八一三事变”，先后成立了“华北临时政府”、“冀东防共自治政府”、“蒙疆联合自治政府”等伪政权。为了发动侵略战争，日本军国主义倾其全国之力，动员其全国百姓要为战争的巨大支付勒紧裤腰带。

1937 年，日本军国主义为了支付巨额的战争费用，制造所谓“支那事件”，发动对中国的侵略战争和“大东亚战争”，并大量发行“战时债券”、“支那事变储蓄债券”、“大东亚战争国库债券”、“战时报国债券”等，以各种名目将巨大的战争支付转嫁到本已十分贫困的日本人民身上，许多日本兵或战死或被俘时，身上还藏着这些血迹斑斑的债券……

一、“支那事变”储蓄债券

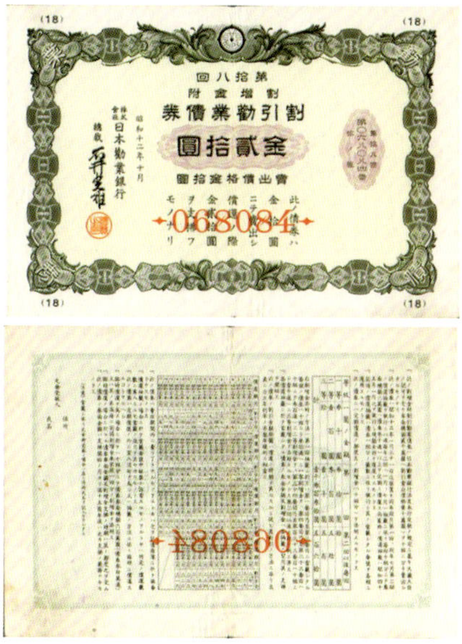

☆☆ 245 × 168

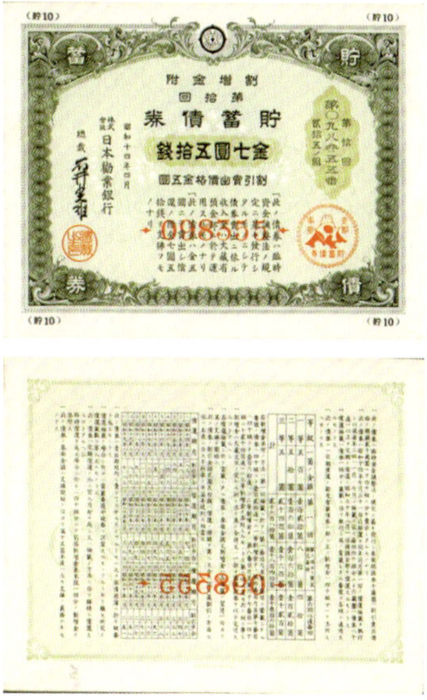

☆☆ 170 × 130

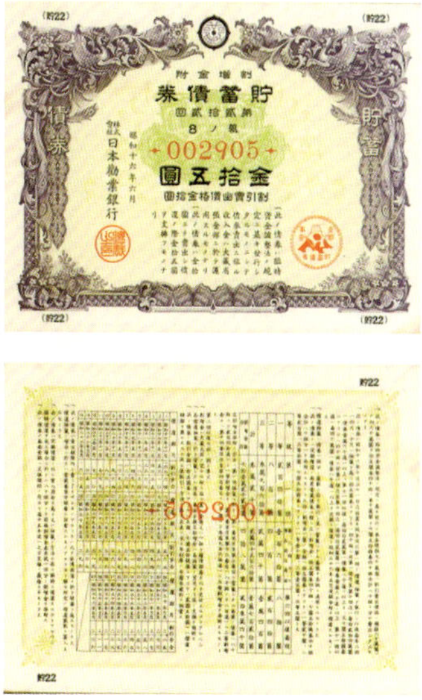

☆☆ 168 × 127

二、“大东亚战争”国库债券

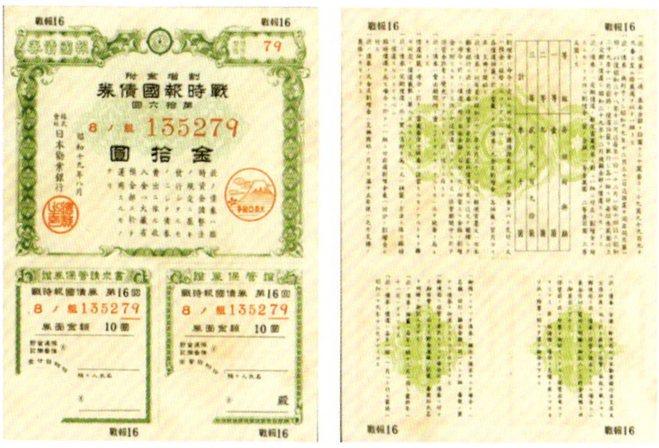

☆☆ 169 × 127

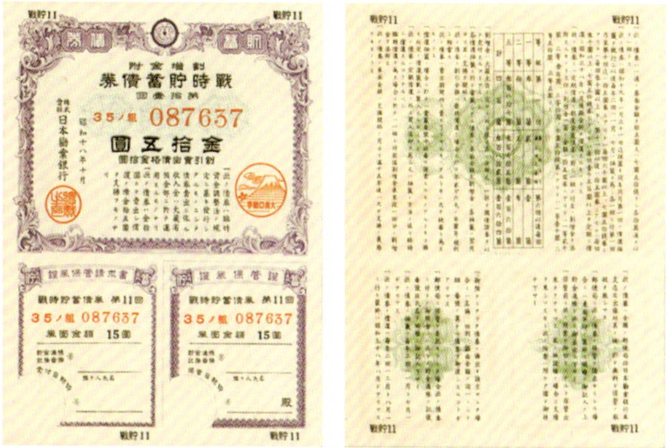

☆☆ 170 × 127

☆☆ 184×129

☆☆ 182×128

三、战时报国债券

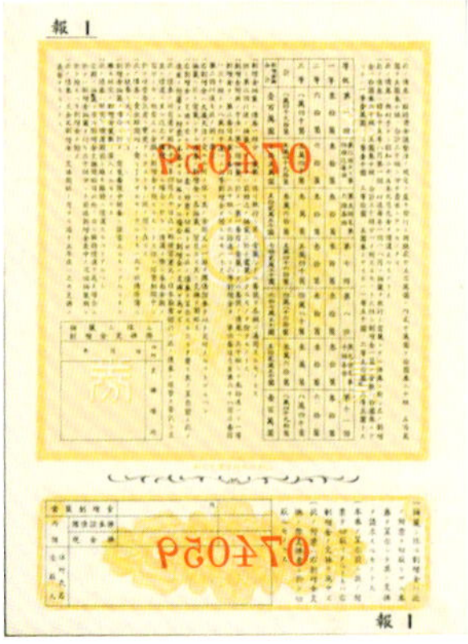

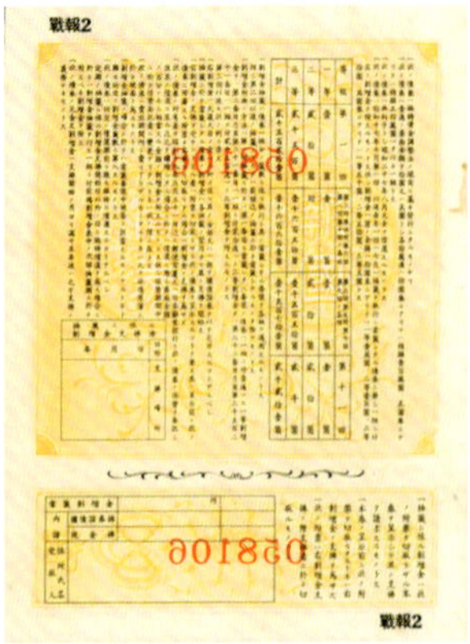

☆☆ 167×127

☆☆ 167×127

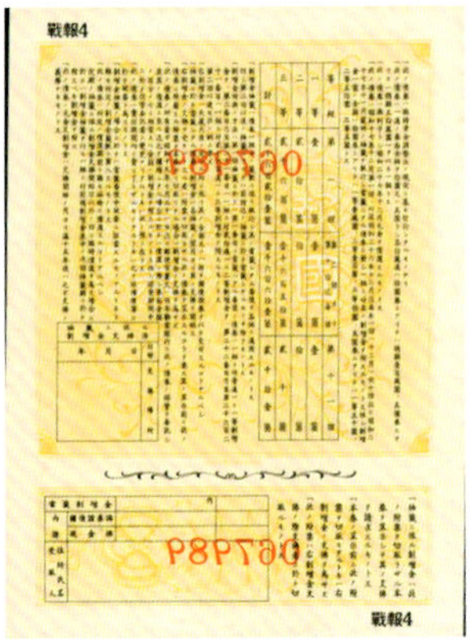

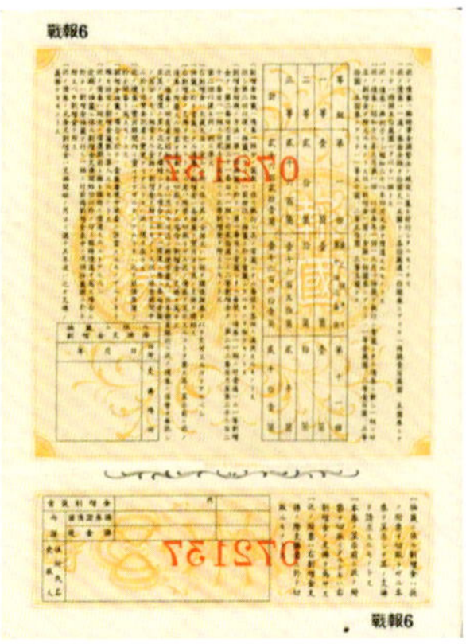

☆☆ 167×127

☆☆ 167×127

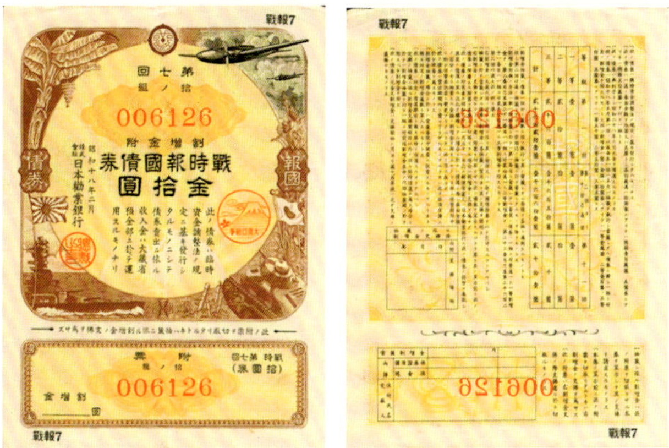

☆☆ 126×169

四、特别报国债券

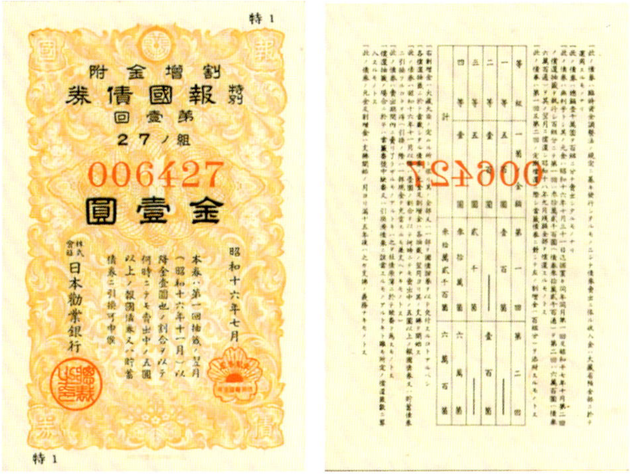

☆☆ 127×83

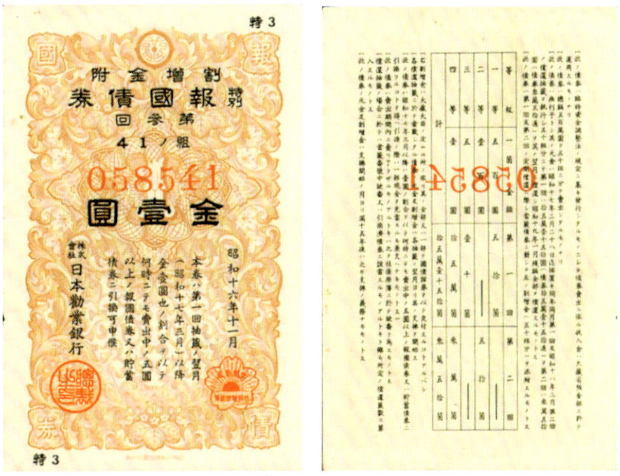

☆☆ 127×83

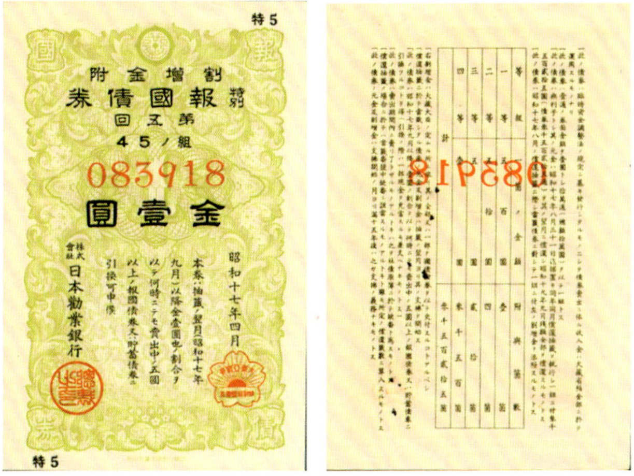

☆☆ 127×83

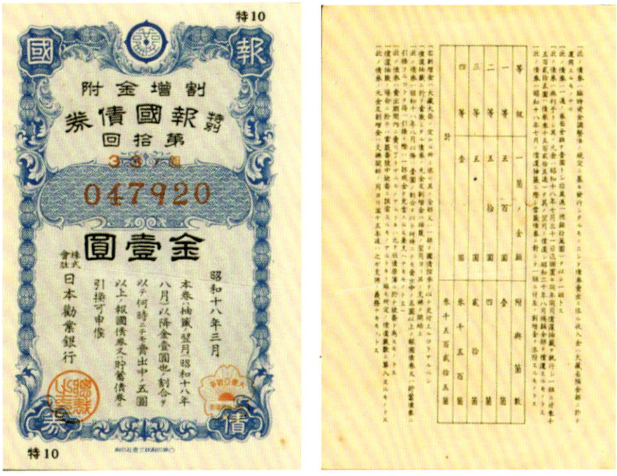

☆☆ 127×83

五、日本侵华期间扶植日伪政权所发行的货币

1. 满洲中央银行

满洲中央银行纸币

☆☆ 95×47

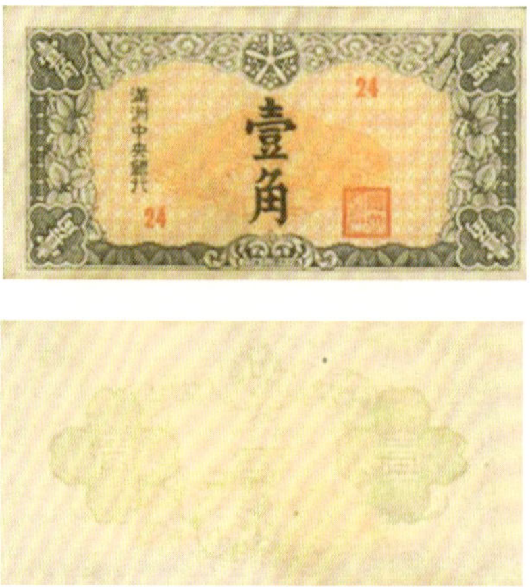

☆☆ 103×52

☆☆ 117×63

☆☆ 118×63

☆☆☆ 118×63

☆☆☆☆ 121×69

☆☆ 127×68

☆☆ 127×68

☆☆☆ 142×81

☆☆☆☆　151×85

☆☆☆☆　161×92

☆☆☆☆☆　181×103

☆☆　137×73

☆☆　149×80

☆☆☆　164×90

☆☆☆　164×90

☆☆☆　164×90

错版币

☆☆☆☆ 117×61

金属币（铜币、镍币、陶币）

大同二年铜币五厘

1933年

大同二年铜币一分

1933年

康德元年铜币五厘

1934年

大同三年铜币五厘

1934年

大同三年铜币一分

1934年

大同二年白铜币五分

1933年

大同三年白铜币五分

1934年

康德元年白铜币五分

1934年

康德元年白铜币一角

1934年

康德二年铜币五厘

1935年

康德二年铜币一分

1935年

康德二年白铜币五分

1935年

康德三年铜币五厘

1936年

康德三年铜币一分

1936年

康德三年白铜币五分

1936年

康德四年铜币五厘

1937年

冀东政府铜币五厘

1937年

康德四年铜币一分

1937年

冀东政府铜币一分

1937年

冀东政府铜币一分

1937年

康德四年白铜币五分

1937年

冀东政府镍币一角

1937年

冀东政府镍币二角

1937年

康德五年铜币一分

1938年

康德六年铜币五厘

1939年

康德六年铜币一分

1939年

康德六年白铜币五分

1939年

康德六年双龙铜币一角

1939年

康德六年白铜币一角

1939年

康德七年铝币一分

1940年

康德七年铝币五分

1940年

康德七年白铜币一角

1940年

康德七年铝币一角

1940年

康德八年铝币五分

1941年

康德八年铝币一角

1941年

康德九年铝币一角

1942年

伪满洲国陶币五分

康德十一年（1944年）

伪满洲国陶币五分

康德十一年（1944年）

伪满洲国陶币一分

康德十二年（1945年）

伪满洲国陶币一分

康德十二年（1945年）

满洲帝国政府发行“必胜储蓄券”

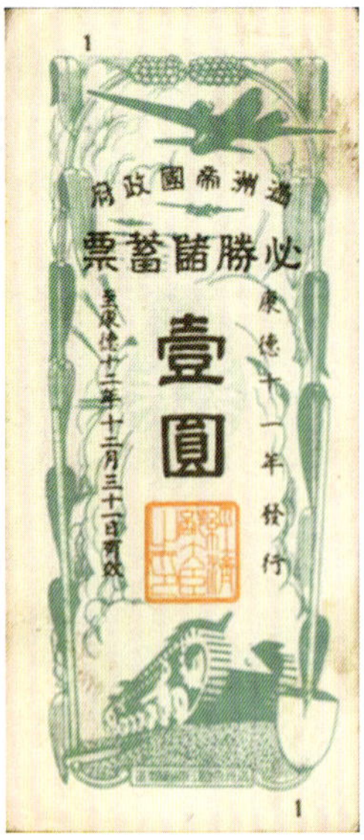

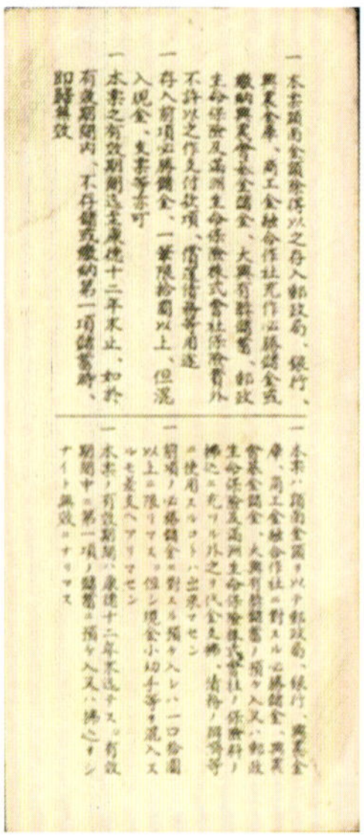

☆☆☆ 100×45

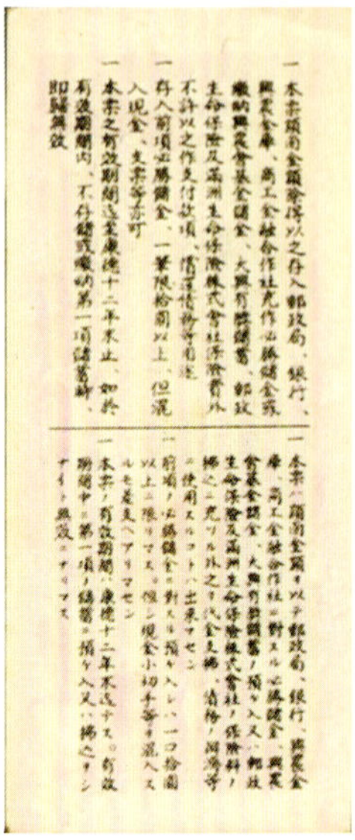

☆☆☆ 100×45

大日元帝国梦的帮凶

1931 年，日本军国主义蓄意挑起、制造了“九一八事变”，利用其武器上的优势和蒋介石的不抵抗政策侵占了东北三省大片土地。日本侵略者为了制造“合理”的借口，建立全面侵华的战略据点，1932 年 3 月 1 日，经过密谋后，扶植逊帝溥仪在沈阳成立伪满洲国傀儡政权。同年 7 月 1 日，日军吞并了东北地区四大银行“东三省官银号”、“吉林永衡官银钱号”、“黑龙江省官银钱号”以及“边业银行”后，公布《满洲中央银行法》、《货币法》、《旧货币清理法》等一系列法规，组建成立“满洲中央银行”，并在东北三省强制发行“伪满洲中央银行券”。

伪满洲中央银行总行设于伪满洲国“首都”“新京”（今长春）市内大街，原吉林永衡官银号长春分号旧址，并在奉天（今沈阳）、吉林、齐齐哈尔、哈尔滨等地设立分行。在东北地区县以上城市设立支行。总裁由伪财政部总长熙洽的亲信、原吉林省财政厅长荣厚担任，副总裁由日本人山成乔六担任。

伪满洲中央银行由日本关东军直接控制，决策服从于日本大藏省，主要任务是为日本提供“开发满洲”的资金，为日军侵华提供军费。其所发行的伪满洲中央银行币是日元的附属物。日本军国主义企图在全面占领中国后，计划在东亚地区建立一个以日元为主导的大日元帝国集团。伪满洲中央银行成为了日本大日元帝国梦的帮凶和工具。

2. 蒙疆银行

1937 年 10 月，在日本军国主义操纵下，在山西北部 13 县和大同、绥远等地建立所谓“蒙古联合自治政府”和“蒙疆联合委员会”。日本军国主义利用伪政权将察南银行和绥远平市官钱局等吞并后，成立由其控制的“蒙疆银行”，并发行纸币、金属币。

蒙疆银行纸币、金属币

☆☆ 102×57

☆☆ 105×60

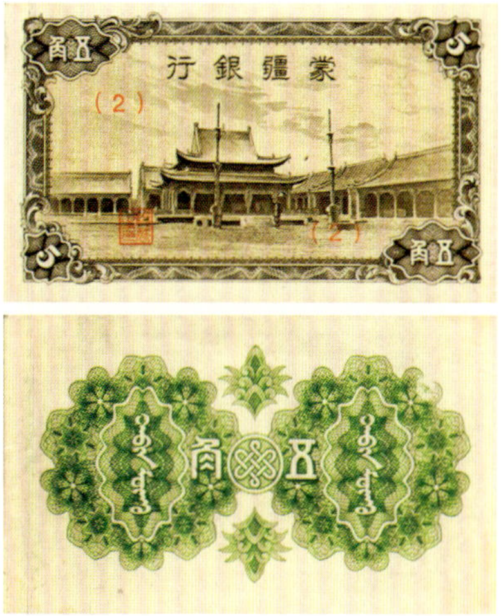

☆☆☆☆ 110×64

☆☆☆ 108×65

☆☆ 121×68

☆☆ 150×69

☆☆ 156×74

☆☆ 160×78

☆☆ 164×82

☆☆　144×78

☆☆☆　165×84

☆☆☆　166×87

蒙疆银行镍币五角

1938年

蒙疆银行镍币五角

1938年

“蒙疆”——日本侵华时所造

所谓“蒙疆”，是日本在侵略中国后用的一个地理名词，泛指察哈尔南部、山西北部以及绥远东部地区。日本帝国主义侵占我国内蒙、山西、河北等部分地区后，操纵成立了所谓“蒙疆联合自治政府”。“蒙疆银行”是将察南银行和绥远平市官钱局等吞并后的产物，成立于 1937 年 10 月 13 日。“蒙疆银行”除发行纸币外，还委托伪满洲银行代其铸造了五角、一角、五分三种镍币和一分、五厘两种铜币，但只有五角镍币一种进入市场流通，其他只有样币。

“蒙疆”是日本军国主义侵华期间别有用心制造出来的产物，充分暴露了日本军国主义企图在我国实行分而治之的野心。

3. 中国联合准备银行

中国联合准备银行纸币、金属币

☆☆☆　96×52

☆☆　96×52

☆☆　96×52

☆☆ 101×55

☆☆ 101×55

☆☆ 104×59

☆☆ 103×56

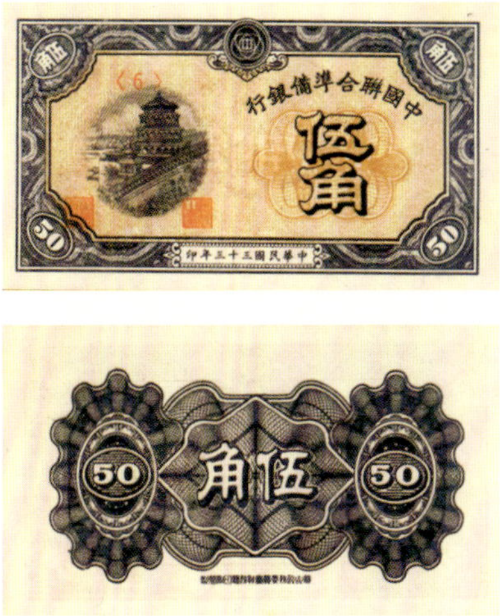

☆☆ 100×57

☆☆ 111×60

☆☆☆ 119×49

☆☆☆ 125×55

☆☆☆ 183×93

☆☆☆ 148 × 72

☆☆ 125 × 65

☆☆ 146 × 70

☆☆☆ 155 × 76

☆☆☆ 150 × 75

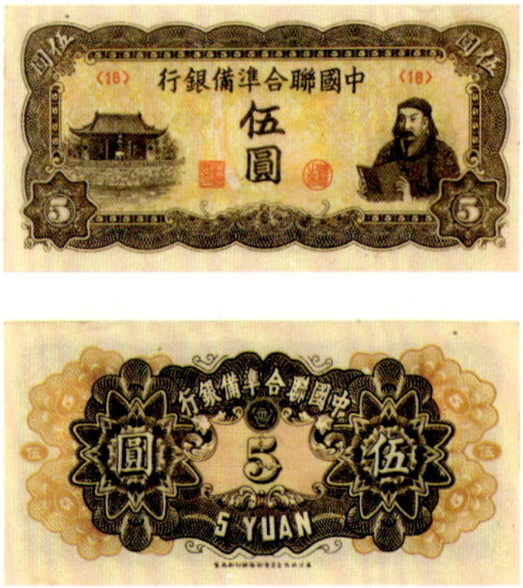

☆☆ 140 × 69

☆☆☆ 164 × 83

☆☆☆ 160 × 86

☆☆☆ 150 × 75

☆☆☆ 156 × 78

☆☆ 162 × 84

☆☆☆☆ 158 × 83

☆☆☆☆ 178×95

☆☆☆ 169×89

☆☆ 167×78

☆☆ 168×78

☆☆☆ 181×99

☆☆☆☆ 177×97

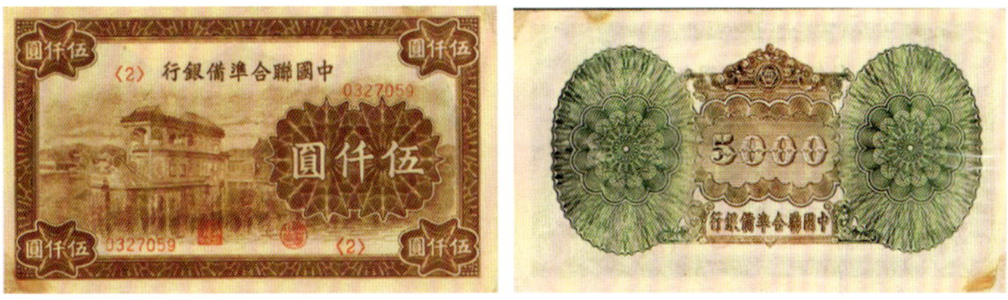

☆☆☆☆☆ 175×99

“中联银行”铝币一角

1942年

“中联银行”铝币一角

1942年

汉奸王克敏与“中联币”

1937 年 7 月 28 日，日本侵略军占领北平（今北京），12 月 14 日，扶植汉奸王克敏成立伪中华民国临时政府（后改称“华北政务委员会”）。1938 年 2 月 10 日，王克敏通过伪中华民国临时政府公布《中国联合准备银行条例》。次日，中国联合准备银行（简称“中联行”）正式成立。总行设在北京东郊民巷 30 号，并在天津等地设有分支行 24 处，在日本东京设了办事处。“中联行”的资本为 5 000 万元，临时政府出资 1 250 万元（由日本兴业银行、朝鲜银行、横滨正金银行调入）。另在王克敏的压力下，当时的中国银行、交通银行、河北省银行等八家银行出资 1 250 万元。1938 年 3 月 10 日，“中联行”正式对外营业，并发行了“中联币”，面值有：半分、一分、五分、一角、二角、五角、一元、五元、十元、五十元、一百元、五百元、一千元、五千元共十四种；金属铸币一分、五分、一角三种。

1945 年 8 月，抗战胜利后，该行由国民政府中央银行接收。八年中，该行共发行“中联币”1 423 亿余元。

4. 中央储备银行

中央储备银行纸币

☆☆ 75×44

☆☆ 107×53

☆☆ 107×53

☆☆ 112×58

☆☆ 113×67

☆☆ 125×67

☆☆ 125×67

☆☆ 126×68

☆☆ 150×78

☆☆ 148×77

☆☆ 131×67

☆☆ 157×80

☆☆☆☆ 167×83

☆☆☆ 185×94

☆☆ 152×78

☆☆ 170×84

☆☆ 170×84

☆☆☆ 184×93

☆☆ 184×93

☆☆ 166×83

☆☆ 187×94

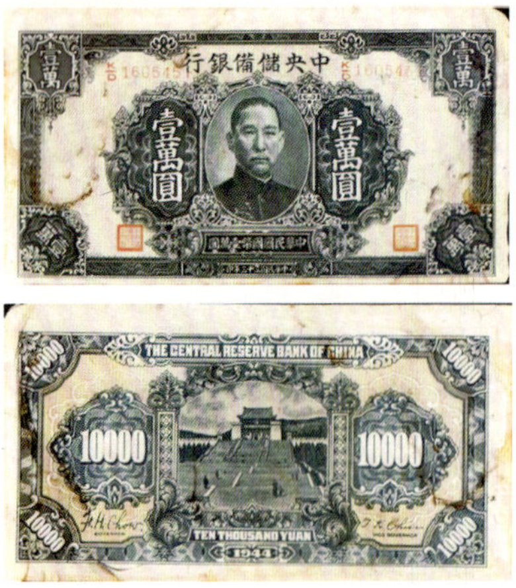

☆☆☆ 183×96

☆☆☆ 166×65

☆☆☆ 166×64

“中储券”的由来

1938年12月，汪精卫投靠日本后，在日本人的操纵下，于1940年3月20日，在南京成立伪南京国民政府，同时撤销华北的“临时政府”和南京的“维新政府”。自立“国旗”，设立银行，发行货币。1940年12月17日，汪精卫与日本秘密签订了《关于设立中央储备银行之备忘录》，19日公布了《中央储备银行法》、《整理货币暂行办法》等条例。经过一段时间的筹备，“中央储备银行”（简称“中储行”）于1941年1月5日在南京成立。伪财政部长周佛海兼任银行总裁，资本为一亿元。“中储行”成立后即发行“中储券”，面额有：一分、五分、一角、二角、五角、一元、五元、十元、一百元、二百元、五百元、一千元、五千元、一万元共14种，另外还在日本印了五万元和十万元票。待运到中国时，日本已宣告无条件投降。

“中储券”的特色之一是正面均以孙中山像或中山陵、背面则以中山陵作为主图，以盗用孙中山的崇高威望欺骗世人，充分暴露了日本军国主义和汉奸们的心虚。

5. 日汪勾结，以“诱降策反”破坏抗日

中央银行券改“军队归来证”

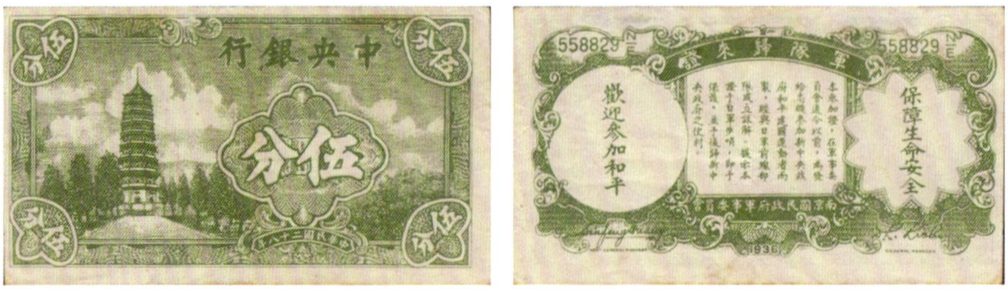

☆☆☆☆ 87×48

☆☆☆☆ 148×74

日汪勾结，以“诱降策反”破坏抗日的罪证

1938年秋，抗日战争进入相持阶段，日本侵略者由于战线过长，兵力和物资供应缺乏而陷入困境中。在这种形势下，日本开始改变对华侵略的策略，由开始时的“速战速决”，企图一举灭亡中国的政策变为

“以华养华”、“以华制华”的策略。日本为实施这一策略，在政治上采取以“诱降”为主，军事上采取“打击”为辅，日本的这一政策转变，在国民党内部产生了巨大影响，以汪精卫为代表的亲日派，就是在这一形势下积极展开了对日的投降活动。

正当全国人民在抗日统一战线的领导下奋起团结抗战之时，汪精卫与日本军国主义相互勾结，于1939年8月在上海召开伪“国民党第六次全国代表大会”，是年底汪精卫和日本签订了卖国密约——《日支新关系调整纲要》。汪精卫在日本军国主义的支持下于1940年3月20日在南京成立伪南京国民政府，自立“国旗”，和已迁都重庆的国民政府唱对台戏，并设立银行，发行货币。

为破坏中国人民团结抗战，为配合日军实行“诱降策反”战略，汪伪政府利用中央银行券印制成“军队归来证”，在抗日前线散发，企图涣散军心，破坏抗日，充分暴露了其汉奸的真面目。

“军队归来证”背面左边标题为“欢迎参加和平”，右边标题为“保障生命安全”，中间文字：

本参加证，在军事委员会通令以前，为发给志愿参加新中央政府和平建国运动者而制，经与日军前线部队成立谅解，提示本证于日军步哨，即予保护，并于后归新中央政府之便利。

日本侵略者则配合汪精卫的投降卖国，也采取了一系列的“诱降策反”行动，在抗日前线，在占领区内实行“宣抚”（宣传、安抚）政策，大日本司令官还印制了“投降票”、“优待证”，四处散发，进行诱降，在该“投降票”和“优待证”上均写有：

绝对释放投诚者!!（绝对不杀投诚者!!）凡华军士兵，无意抗战，树起白旗，或高举两手，携带本证，前来投诚归顺日军者，日军对此必予以充分给与，且代谋适当职务，要回故乡去的人给与路费与通行证，以示优待！聪明士兵，盍与平和!!

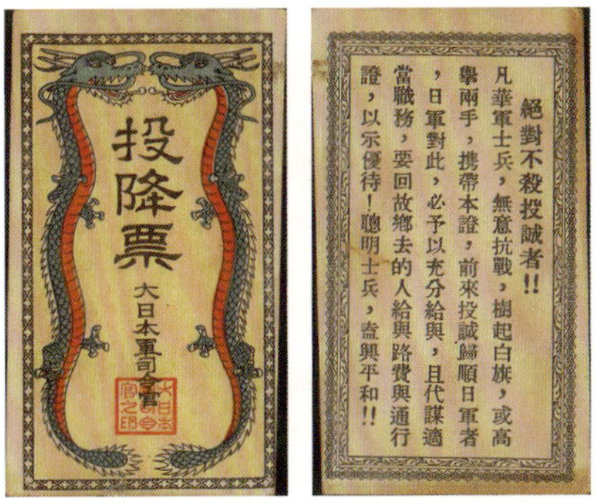

☆☆☆☆ 73×41

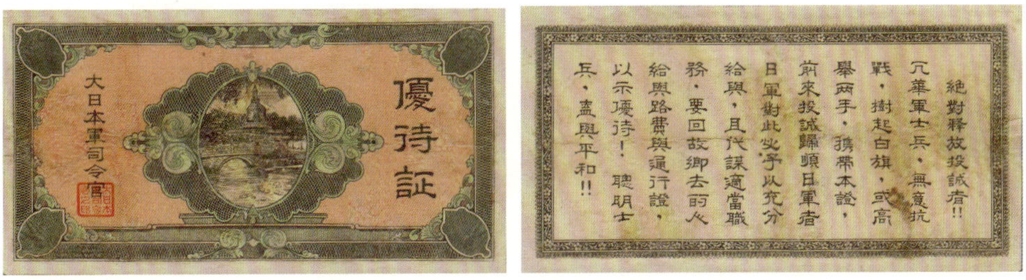

☆☆☆☆ 170×88

汪精卫的伪南京国民政府军事委员会印发的“军队归来证”和大日本军司令官印发的“投降票”、“优待证”真可谓异曲同工，配合密契。不但充分暴露了汪精卫的汉奸嘴脸，也成了汪伪集团破坏抗日罪行的铁证，从另一个侧面则反映了日本军国主义在侵华期间所采取的战略是全方位的。不仅有军事侵略，同时也采取了“心理战术”。

六、日本侵华期间在中国发行的军票

抗日战争初期，日本银行纸币已在华北一带流通。“八一三”事变后，上海等地先后沦陷，该行纸币又流通于上海、华中一带。到 1938 年 8 月，日本银行担心它的纸币在华流通会影响到日本国内的战时金融政策，随后规定收回其在华发行的日本银行券，改发行由日本帝国政府印制的军用票。这是日本帝国主义把战争负担转嫁到中国人民身上，榨取中国人民财富的一种恶毒手段。到 1943 年 4 月 1 日，日本军用票停止发行，改用伪“中储券”来代替。

日本全面侵华时期发行的军用票

☆☆ 95 × 45

☆☆ 100 × 48

☆☆ 106 × 51

☆☆ 147 × 70

☆☆ 118 × 57

☆☆ 158 × 76

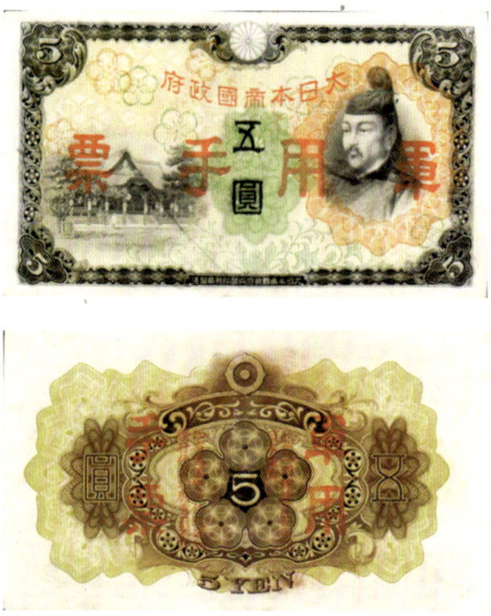

☆☆ 131 × 74

☆☆☆ 144 × 86

☆☆☆ 133 × 74

☆☆☆ 161×93

☆☆☆ 161×93

没有任何发行保证的日本“军用手票”

日本“军用手票”是日本帝国主义在侵略战争中强制发行的一种具有征用性和掠夺性的、没有发行保证的“钞票”。

1937 年，日本发动侵华战争初期，在日沦陷区所使用的是“日本银行券”，后因发行过滥，日钞贬值，物价飞涨，日本侵略者为了将侵华战争的庞大军费转嫁给中国人民，实施“以战养战”的方针，决定以日本政府名义发行“军用手票”。

1938 年 11 月 1 日，日本侵略者制订了《华中华南使用军用手票办法》，规定侵华军队在上述地区停止使用“日本银行券”，改为一律使用“军用手票”。随后，日本侵略者还采取了许多强制的办法，强迫中国人民使用“军用手票”。例如：只有使用军用手票才能买到战时配给的米、盐、肉以及香烟、布匹等，同时还硬性规定汇价。1938 年 11 月 9 日，在日军占领下的广州，规定日本军用票 100 元等于日本银行券 50 元、港币 100 元、法币 200 元、广州各银行发行的纸币 300 元。发行没有任何保证的“军用手票”，充分暴露了日本侵略者的侵略本性。抗战胜利，日本投降后，老百姓手中的“军用手票”统统成了废纸。

日本侵略者强制百姓到日资商店购物的“商品券”

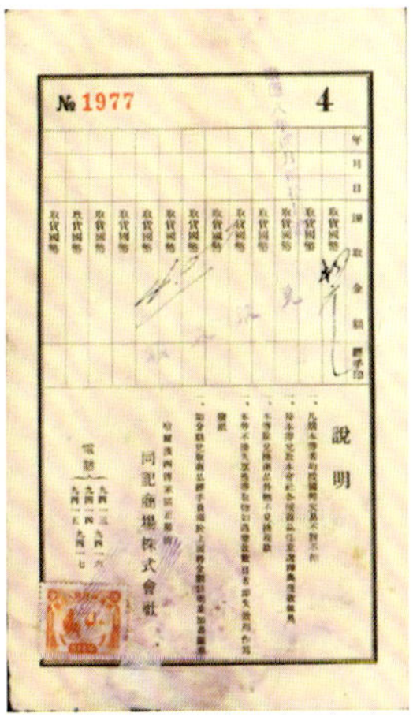

☆☆ 197×117

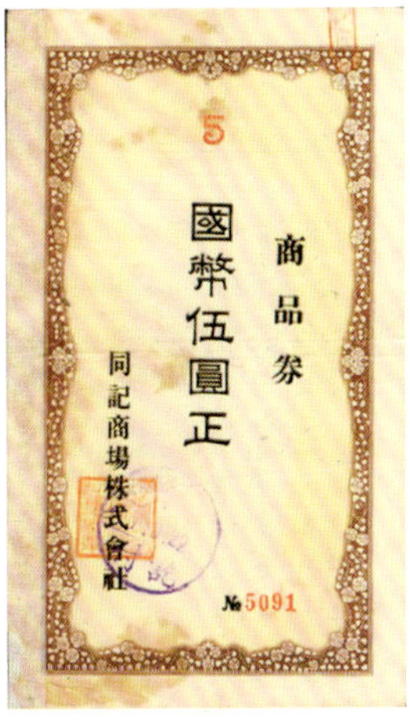

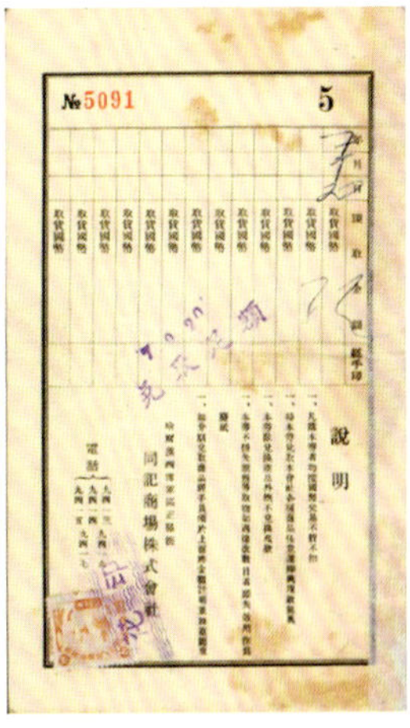

☆☆ 197×117

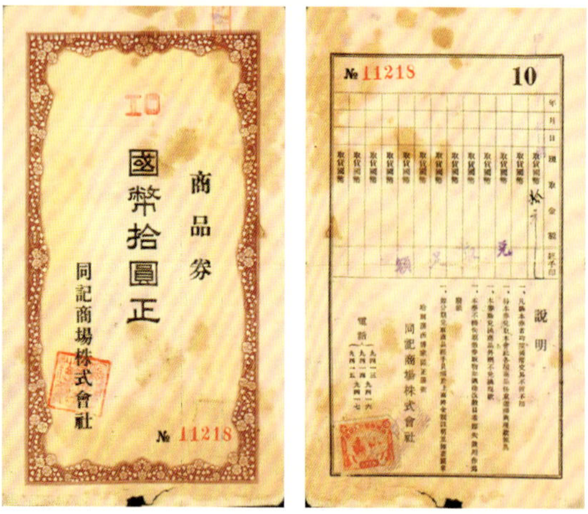

☆☆ 197 × 117

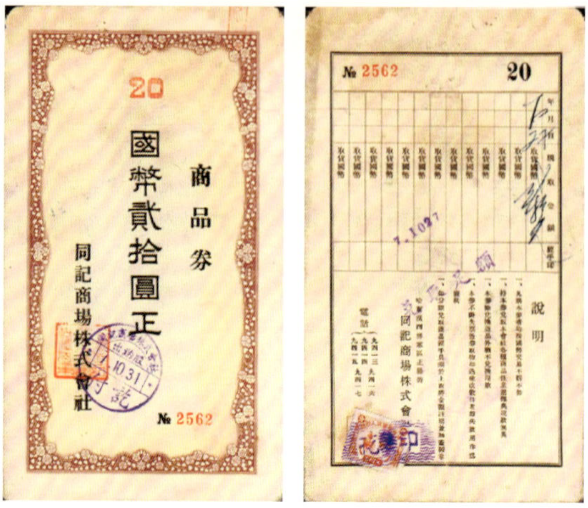

☆☆ 197 × 117

☆☆ 197 × 117

日本全面侵华时期发行的号外军用票

☆☆ 103 × 64

☆☆☆ 103 × 64

☆☆ 119 × 57

日本在太平洋战争时期发行的军用票

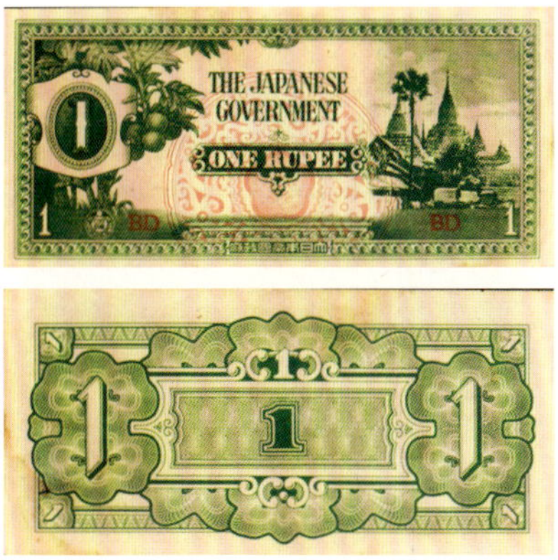

☆☆ 140×66

☆☆ 161×77

☆☆ 150×73

☆☆ 160×78

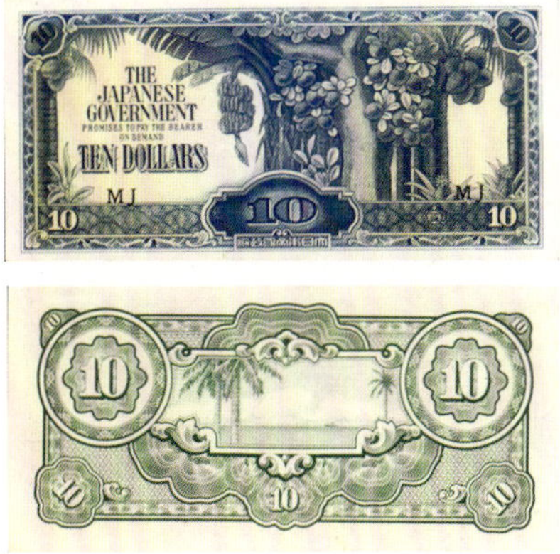

☆☆ 162×76

☆☆ 168×81

第十章　中国人民抗日及解放战争时期的货币、债券

1937 年，抗日战争开始后，共产党领导的八路军和新四军挺进敌后，开辟了大片敌后抗日根据地，建立了抗日民主政权。从 1938 年起，除中央所在地的陕甘宁边区外，又在华北敌后广大地区先后建立了晋察冀、晋冀鲁豫、晋绥、山东等抗日根据地；在华中先后建立了苏北、苏中、浙东、皖中等八个抗日根据地；在华南建立了东江和琼崖抗日根据地。这些根据地都分别建立了自己的银行，发行了自己的货币，有力地巩固和发展了抗日根据地。为打败日本帝国主义，夺取全中国的解放作出了重大贡献。

一、陕甘宁边区银行（延安光华商店）

陕甘宁边区银行成立于 1937 年 10 月 1 日，由中华苏维埃人民共和国国家银行西北分行改名而成。总行设在陕西延安，行长曹菊如。

陕甘宁边区银行由 1914 年 2 月 18 日起至 1944 年 7 月止所发行的“陕甘宁边区银行币”在陕甘宁边区全境通用。

延安光华商店代价券

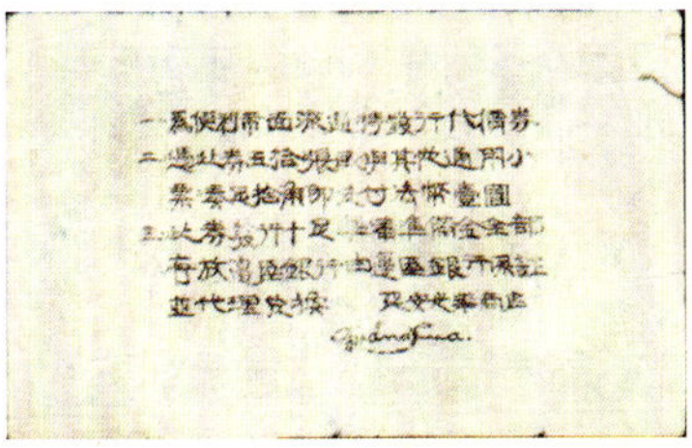

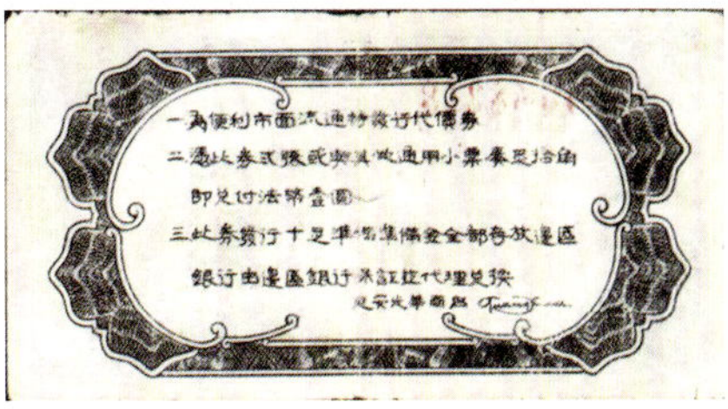

☆☆☆☆ 71 × 44 ☆☆☆☆ 125 × 66

☆☆☆☆ 122 × 54

独一无二的“柒角伍分”纸币

1936 年，西安事变后，国共两党实现了第二次合作，一致共同抗日。国民政府还将红军的一部分军队改编成八路军（由国民政府列支军饷）开赴前线抗日。共产党为了不给蒋介石任何破坏共同抗日的借口，1938 年初，令原属苏维埃政权的“陕甘宁边区银行”暂停发行边币（陕甘宁边区纸币）。将原边区贸易局和光华书局合并，成立“光华商店”。1938 年 6 月，边区政府授权以光华商店名义发行代价券，以解决边区经济、贸易需求和部队给养。

“光华商店代价券”共六款。其中 1940 年发行的一款面额为“七角五分”的代价券，在我国货币史上也是独一无二的。

☆☆☆☆☆ 129×54

☆☆☆☆ 91×50

陕甘宁边区银行纸币

☆☆☆☆ 134×77

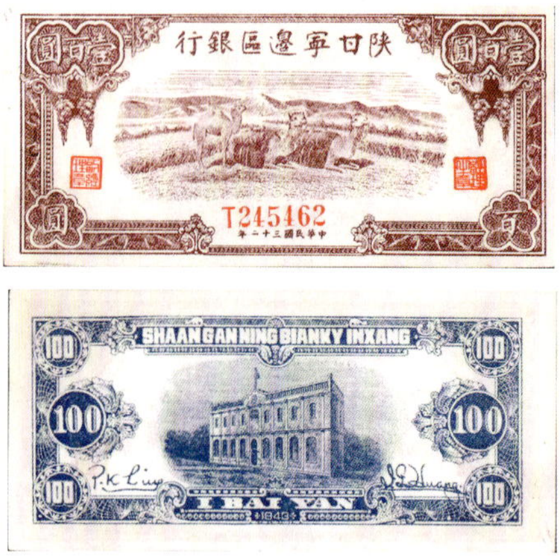

☆☆☆☆ 123×58

陕甘宁边区贸易公司商业流通券

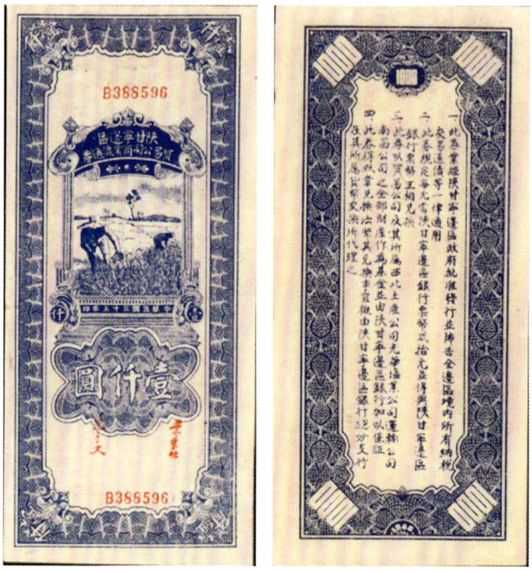

☆☆☆☆ 164×76

陕甘宁边区的“边币”与“边券”

在抗日战争中，由共产党领导的八路军、新四军深入敌后，在日军占领区创立了许多大大小小的根据地，由于敌后根据地极为分散且均处于四面受敌的环境中，因而货币发行十分复杂、困难。各个根据地大都设有金融机构，发行具有自己独特风格的货币。随着根据地的扩大和连成一片，成立了当时的抗日指挥中心——陕甘宁边区。1937 年 10 月，原“中华苏维埃共和国国家银行西北分行”改名为“陕甘宁边区银行”，行址就设在延安，行长曹菊如。银行成立之初，一方面缺乏资金，另一方面国民政府又不同意边区银行发行钞票，为了抗日的大局，边区政府只好先行成立了内部隶属于边区银行的“延安光华商店”，其时恰逢严重缺乏辅币，边区政府令光华商店发行分币、角币的“代价券”作为辅币使用，既顾全了大局，又解决了边区的军政财经所需。1941 年皖南事变后，国共分裂，国民政府对陕甘宁边区实行经济封锁，为了维持边区经济，继续抗日，陕甘宁边区决定从 1941 年起发行边币，即陕甘宁边区货币。

1944 年 7 月，陕甘宁边区政府授权陕甘宁边区银行发行“陕甘宁边区贸易公司商业流通券”，并定为边区本位币。该券流通于陕甘宁边区，并一直延续到解放战争时期。

陕甘宁边区政府优抚券

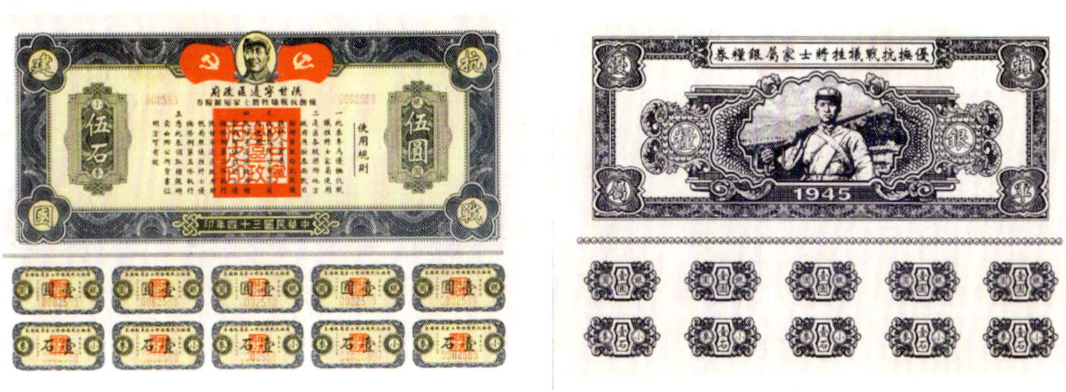

☆☆☆　　281 × 198

深得民心的“优抚券”

1945 年 1 月，陕甘宁边区政府为安抚在抗日战争中牺牲的将士家属，发放了“优抚抗战牺牲将士家属银粮券”。该券正面有毛泽东画像、陕甘宁边区政府的五点使用规则和边区政府的红色大方印。后有战士扛枪画像，副券为“银元券”和“小麦券”，按规定，每人每月可向政府领取一块银元和小麦一石。

在八年抗日战争中，我国有许许多多的优秀青年、爱国志士为了保家卫国，反击侵略者，浴血奋战在抗日前线。“为有牺牲多壮志，敢教日月换新天”是他们热忱爱国的写照。抗日战争接近胜利之时，陕甘宁边区政府就对牺牲将士的家属进行优抚，无疑是一件深得民心的善举。该券为红色政权留下的不可多得的历史文物，极具收藏价值。

二、晋察冀边区银行

晋察冀边区纸币

☆☆☆ 103×58

☆☆☆ 110×65

☆☆☆ 110×65

☆☆☆ 163×76

☆☆☆ 160×79

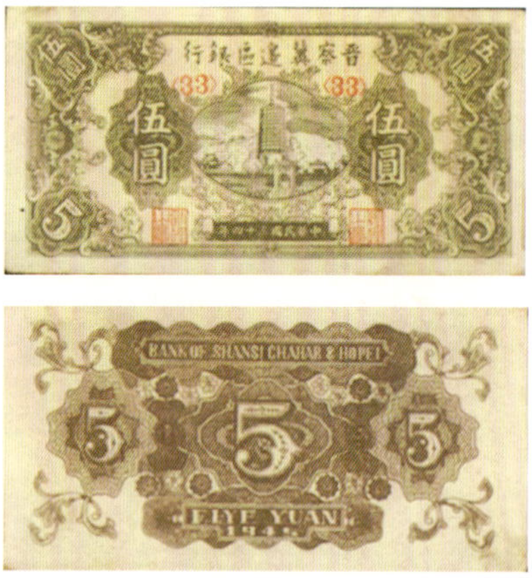

☆☆☆ 120×60

☆☆☆ 131×69

☆☆☆ 131×69

☆☆☆ 152 × 79

☆☆☆☆ 128×68

☆☆☆☆ 128×65

☆☆☆☆ 134×69

☆☆☆☆ 130×67

☆☆☆☆ 132×69

☆☆☆☆ 132×70

☆☆☆ 125×64

☆☆☆☆ 130×68

☆☆☆☆ 128×66

☆☆☆☆ 133×68 ☆☆☆☆ 148×77 ☆☆☆☆ 123×50

☆☆☆☆ 123×48

☆☆☆☆ 123×48

晋察冀边区政府生产建设公债券

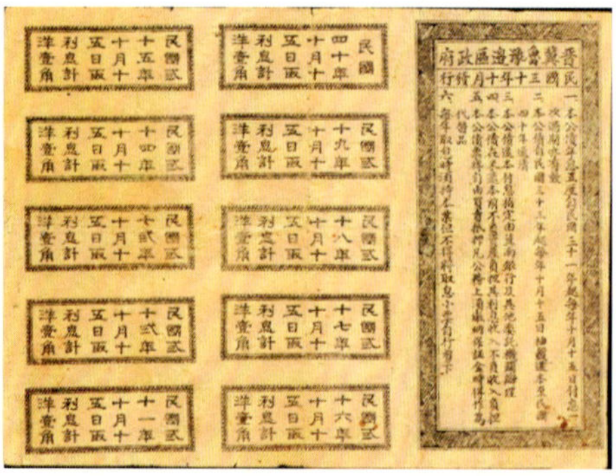

☆☆☆☆ 168×124

晋察冀边区政府优抚券

☆☆☆ 269×191

晋察冀边区的"边币"和"生产建设公债券"

晋察冀边区银行是抗日战争时期众多革命根据地银行之一，成立于 1938 年 3 月 20 日，成立时行址设在山西省王台县石咀村，因战争原因银行所在地曾多次转移。抗日战争胜利后，边区银行总部迁至张家口，晋察冀边区银行发行的钞票流通区域极广，由张家口以北到热河及辽宁西南部，西至太原、大同，东至山东德州以及天津等地，约有 3 000 多万人口使用边区所发行的货币。1947 年 11 月 12 日，石家庄解放。晋察冀边区和晋冀鲁豫边区连成一片，二区银行合并组成华北银行。1948 年 12 月 1 日，华北银行、北海银行、西北农民银行三行合并组成新中国的第一家国家银行——中国人民银行。

晋察冀边区银行币由于流通区域广，而各地区经济和战事发展有一定差异，因此，该币发行时都加盖了流通辖区，如"冀热辽币"、"冀中币"等，分别在各自辖区内流通使用。

1941 年 10 月，晋察冀边区政府还发行了"晋察冀边区生产建设公债券"。背面印有发行条例，正面署名的有：晋察冀边区政府主席杨秀峰、副主席薄一波、副主席兼财政厅长戎伍胜。

三、上党银号

上党银号成立于 1938 年 8 月，行址设在山西省沁县南沟村，经理薄一波，副经理侯振亚。1939 年 10 月，冀南银行成立后，上党银号即告结束。

上党银号纸币

☆☆☆☆ 127×57

☆☆☆☆ 118×61

☆☆☆☆ 128×64

四、冀南银行

1938 年 1 月，刘伯承、邓小平率 129 师从晋东南进入冀南平原。1939 年 10 月 15 日，在山西黎城县小寨村将上党银号改组为冀南银行，行长高捷成，政委熊光炳。所发行的冀南银行币流通于整个晋冀鲁豫根据地。

冀南银行纸币

☆☆☆ 74 × 41

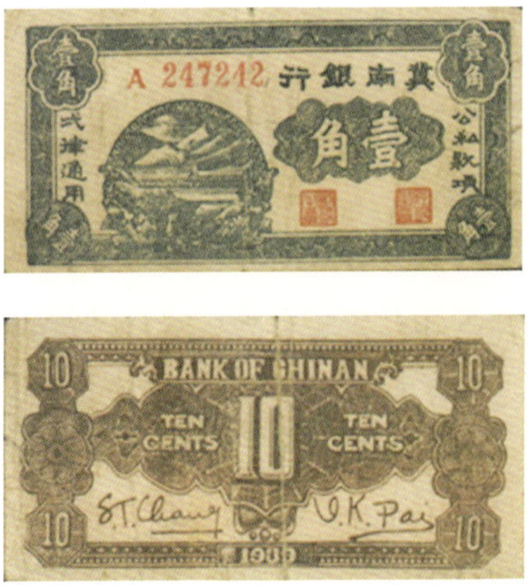

☆☆☆ 102 × 51

☆☆☆ 116 × 60

☆☆☆ 118 × 62

☆☆☆ 135 × 76

☆☆☆ 133 × 72

☆☆☆ 150 × 73

☆☆☆ 145 × 70

☆☆☆ 115 × 52

☆☆☆ 141×67

☆☆☆ 124×58

☆☆☆ 141×68

☆☆☆ 107×54

☆☆☆ 104×53

☆☆☆ 105×55

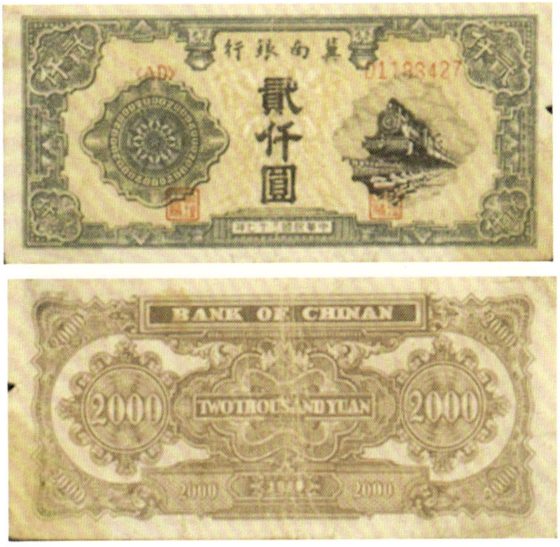

☆☆☆☆ 125×60

五、长城银行

1948 年 2 月，长城银行成立并收兑了热河省银行所发行的纸币，长城银行行址设在宁城县，行长史立德，副行长申玉洁。

长城银行纸币

☆☆☆　142×60

☆☆☆☆　149×60

☆☆☆☆　151×60

☆☆☆　155×63

☆☆☆☆　165×60

六、东北银行

东北银行成立于1945年11月12日，行址设在原沈阳市大西关前伪满洲中央银行旧址内，总经理叶季壮，副经理王企之。东北银行发行的“东北银行地方流通券”一直沿用至1951年3月，后由中国人民银行以人民币1元等于东北银行币9.5元的比价收兑。

东北银行纸币

☆☆☆　116×59

☆☆☆　123×64

☆☆☆　126×64

☆☆☆ 118×60

☆☆☆ 125×64

☆☆☆ 150×72

☆☆☆ 130×54

☆☆☆ 139×60

☆☆☆ 150×75

☆☆☆ 150×60

☆☆☆☆ 149×61

☆☆☆ 136×56

☆☆☆ 165×56

☆☆☆☆　164×58

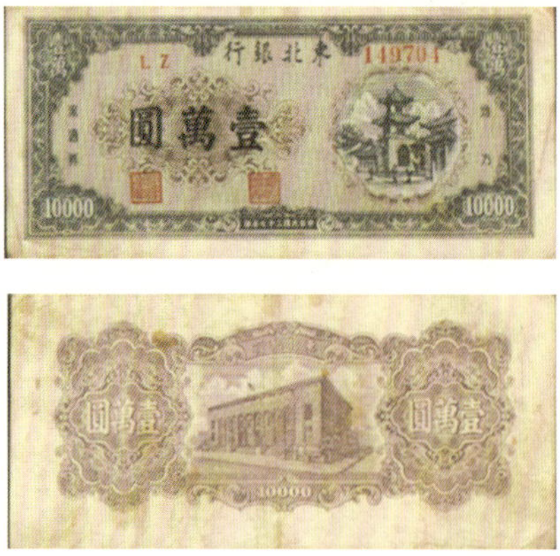

☆☆☆☆　150×68

☆☆☆☆　151×60

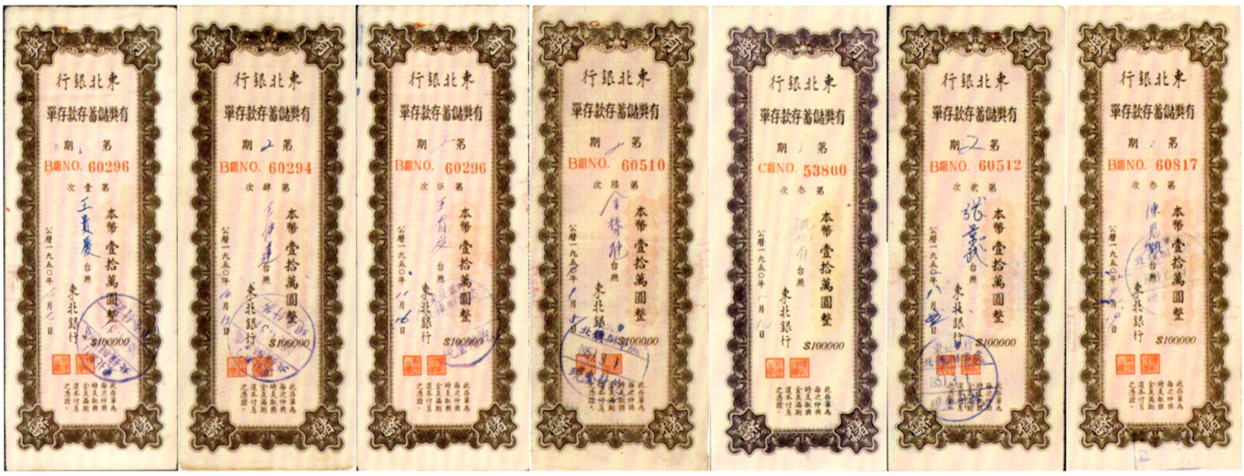

☆☆☆　188×74

七、北海银行

北海银行券发钞记事

抗日战争时期，山东胶东地区不但英雄辈出，抗日根据地的金融秩序和经济建设工作也十分出色，而且还为中国人民银行的建立作出了重要的贡献，其中值得称道的是：现在“中国人民银行”创建时的三大基石之一，就是当年建于山东省掖县的北海银行。

掖县是山东最早建立抗日民主政权的地区，1938 年 3 月，郑耀南等人发动玉皇顶起义，创建了胶东抗日游击三支队，并建立了掖县抗日民主政权。为了解决当时货币之混乱，县抗日民主政权决定成立县财经委员会，统一管理全县的金融秩序和经济工作。“北海银行”就在这一背景下应运而生。北海银行成立于 1938 年 12 月 1 日，因当时根据地已扩展至蓬莱和黄县，掖县、蓬莱、黄县均处胶东北部，西临渤海，当地有“南山松不老，北海水长流”之说，故取名北海银行。

北海银行自成立以来发行了各种面额的纸币有 100 余款，这些北海币历经抗日战争、解放战争，跟随着华东野战军的足迹，活跃于中原、华东各地，流通于陇海（铁）路南北、津浦（铁）路东西，为中华民族的抗日战争、解放战争立下了不朽的功勋。

在迎接全国解放的胜利进军中，根据中共中央的决定，北海银行于 1948 年 12 月与“华北银行”、“西北农民银行”合并，在今河北省石家庄市组建成立“中国人民银行”。

北海银行从创建到被合并组建中国人民银行，在战争中历经了光辉的 11 个年头，至此，北海银行才完成了它的历史使命。

北海银行纸币

☆☆☆ 116×63

☆☆☆ 120×60

☆☆☆ 106×51

☆☆☆ 124×62

☆☆☆ 131×66

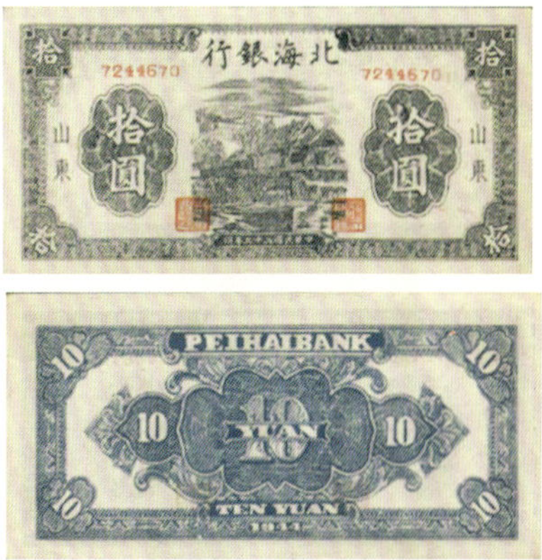

☆☆☆ 131×63

☆☆☆ 122×64

☆☆☆ 129×63

☆☆☆ 145×73

☆☆☆ 128×64

☆☆☆ 131×64

☆☆☆ 129×64

☆☆☆ 130×65

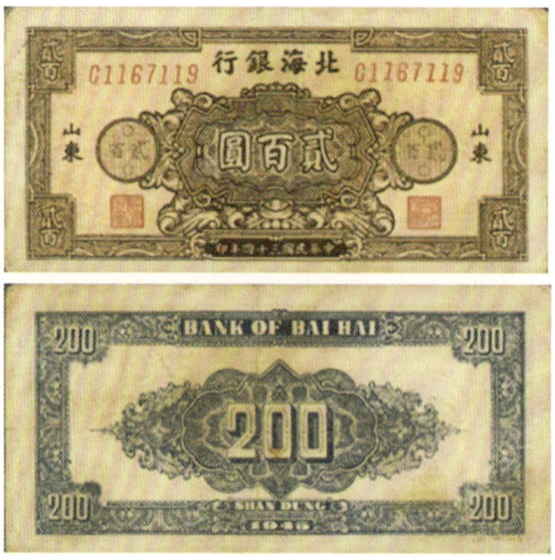

☆☆☆ 131×65

☆☆☆ 130×63

☆☆☆ 99×48

☆☆☆ 130×54

☆☆☆ 126×52

八、鲁西银行（鲁西行署）

1940年初，肖华、杨勇率部建立鲁西根据地。1940年春，在山东聊城东平湖成立鲁西银行，经理吕麟。同年5月发行了“鲁西银行币”。1946年1月1日，鲁西银行被冀南银行合并。

鲁西银行纸币

☆☆☆ 93 × 50

☆☆☆ 153 × 69

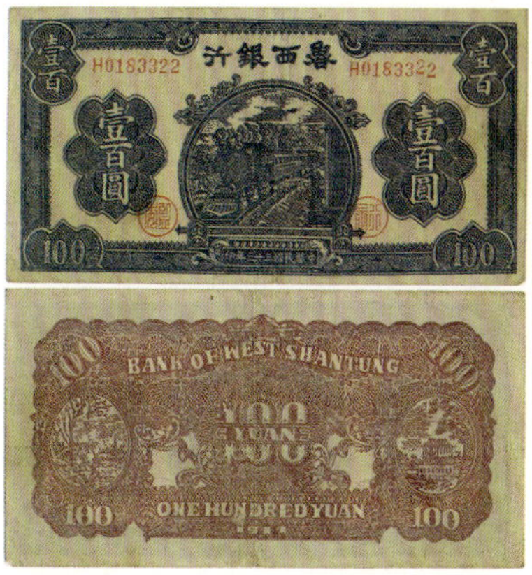

☆☆☆ 132 × 68

☆☆☆ 94 × 55

鲁西行署纸币

☆☆☆ 106 × 62

☆☆☆ 107 × 61

☆☆☆ 119 × 66

九、豫鄂边区建设银行

豫鄂边区建设银行成立于1941年春，总行设在湖北京山小花岭，行长任仲修。豫鄂边区建设银行币主要流通于大别山根据地。该行还在信南、襄南、鄂中、黄冈、鄂东设有分行。该币于1945年11月新四军主力转移前收回。

豫鄂边区建设银行纸币

☆☆☆　105×55

☆☆☆　160×53

☆☆☆☆　121×62

十、华中银行

解放战争时期的“华中币”

抗日战争爆发后，新四军先后在华中地区建立了跨苏、浙、皖、豫、鄂五省的华中抗日根据地，建立了苏北、苏中、苏南、淮南、淮北、皖江、鄂豫、浙东八个战略区。1945年8月，日本投降后，中国革命进入了新的历史时期，为了争夺抗日胜利果实，蒋介石又发动了内战。其时，苏皖两省的解放区即将连成一片，人员往来、物资交流日益频繁，根据地各自发行货币的做法已不适应斗争形势和解放区经济建设的需要。为此，中共中央华中局决定撤销各根据地先后所建立的江浙银行、淮南银行、淮海银行、淮海地区银行、盐埠银行、淮北地方银号、豫鄂边区建设银行、惠农银行、江南银行、大江银行、浙东银行等，同时成立一个覆盖整个华东地区的“华中银行”，并发行“华中币”。华中币流通于华中解放区，设计图案切合时代特征，给人以联想和展望，很受解放区百姓的欢迎。

华中银行于1945年8月1日在今江苏省淮安市盱眙县张公铺成立，是年9月随苏皖边区政府迁至淮阴，行长陈穆，副行长徐雪寒。

1948年，中共华东局决定以北海银行币为华东解放区的本位币，华中银行币与北海银行币以1:1的固定比价混合流通于华东解放区。直至1948年12月，中国人民银行成立后才将该币收回。

华中银行纸币

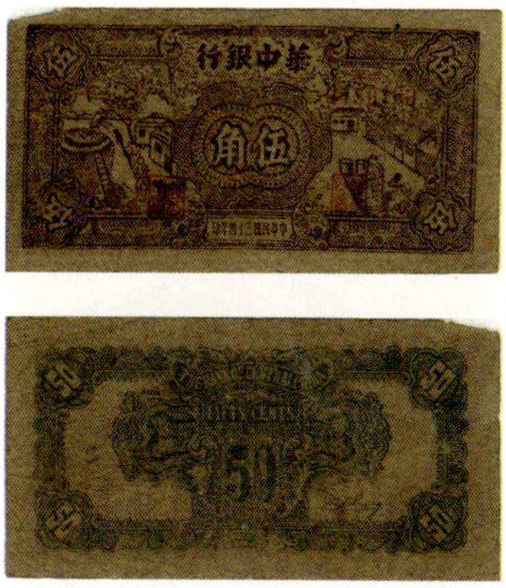

☆☆☆☆ 110×51

☆☆☆ 180×54

☆☆☆ 115×56

☆☆☆☆ 131× 65

☆☆☆☆ 132×68

☆☆☆☆ 129×68

☆☆☆ 146×63

☆☆☆☆ 148×63

☆☆☆ 99×52

☆☆☆☆ 162×71

☆☆☆☆ 128×63

☆☆☆ 100×46

☆☆☆ 129×68

☆☆☆☆ 129×53

☆☆☆☆ 129×55

☆☆☆☆ 123×55

十一、中州农民银行

中州农民银行成立于 1948 年 8 月，行址设在河南省宝丰县，总经理陈希愈。中州农民银行币主要流通于湖北境内长江以北、河南境内陇海线以南、安徽境内津浦线以西、陕西商洛地区以东的广大地区。

1949 年 3 月，中国人民银行中原区分行成立，以人民币 1 元比中州币 3 元兑收。

中州农民银行纸币

☆☆☆ 90×45

☆☆☆ 93×50

☆☆☆ 96×47

☆☆☆ 112×55

☆☆☆ 116×57

☆☆☆ 118×54

☆☆☆ 113×56

☆☆☆ 142×67

☆☆☆ 129×56

十二、西北农民银行

盖掉“晋”字的“西北农民银行币”

1937年9月，贺龙、关向应率领八路军120师进入西北地区，创建晋绥边区根据地。1940年初，晋绥边区在晋西北建立了“晋西北行政公署”，同年5月将兴县农民银行改组并在此基础上成立了“晋西北农民银行”，同时发行了“晋西北农民银行币”，在晋西北流通使用。两个月后，晋绥边区行署根据抗日战争形势发展和适应整个晋绥边区货币流通的需要，决定将晋西北农民银行扩展为“西北农民银行”，并改发行“西北农民银行币”作为晋绥边区的本位币。为了加快发行西北农民银行币和节省原材料等目的，西北农民银行决定，把原已印好尚未发行的晋西北农民银行币一元币，将币面上的“晋”字用圆点油墨盖上，当成西北农民银行币发行，此币也作为西北农民银行的首发币。

1947 年 11 月，中共中央西北局为了统一陕甘宁边区和晋绥边区的币制，决定将陕甘宁边区银行和西北农民银行合并，整合成为整个大西北服务的新的“西北农民银行”。

用黑圆点油墨将“晋”字盖掉的西北农民银行币因其发行时间最早，发行量也较少，并且是西北农民银行币的鼻祖，存世极少，已成为珍稀的收藏品种。

西北农民银行纸币

☆☆☆☆ 114×62

☆☆☆☆ 135×73

☆☆☆ 154×76

☆☆☆☆ 140×71

☆☆☆ 146×68

☆☆☆☆ 128×59

☆☆☆☆ 126×60

☆☆☆☆ 102×45

十三、关东银行

关东银行成立于1947年4月19日，由原大连银行改组而成。1948年11月14日，关东银行开始发行“关东银行币”，流通于东北广大地区。1950年6月15日，该行并入东北银行，停止发行关东币。

关东银行纸币

☆☆☆☆ 124×64

☆☆☆☆ 133×73

☆☆☆☆ 143×85

☆☆☆☆ 158×92

☆☆☆☆☆ 193×94

十四、浙东银行

浙东银行成立于1945年4月1日，行址设在浙江省余姚县，发行“浙东币”。
1945年10月，新四军北撤前，该行以物资收回浙东币并将其焚毁。

浙东银行纸币

☆☆☆☆ 97×60

☆☆☆☆ 124×67

☆☆☆☆ 151×80

十五、江淮银行

江淮银行的“抗币”

1941年1月，皖南事变后，新四军在江苏盐城重建军部。江淮银行是中共中央华中局第一次扩大会议后开始筹建的江苏地区人民银行，行名是由刘少奇确定的，意为：面向大江南北，横跨淮河两岸。该行于1941年4月1日在江苏盐城正式成立。行长由军部财经部长朱毅兼任，副行长由财经部副部长李人俊、军区供给部长骆耕漠兼任。建行初期筹划印钞时即逢日军“扫荡”、“清乡”，给银行的印钞和发行工作带来了很大的困难。开始印钞时一元币相对较多，大额币相对缺乏，为了调剂大额钞票，稳定当地经济，粉碎日军扫荡，决定将部分一元币在其正面加盖“作五元”和在背面加盖“作抗币五元”的注明。这种利用原币进行“改额”的钞票是在特殊环境下所产生的，十分罕见。“抗币”更是新四军在华北地区人民支持下，打击日本侵略者的有力武器和历史见证。

江淮银行纸币

☆☆☆☆ 127×63

☆☆☆☆ 102×54

☆☆☆☆ 102×54

十六、嫩江省银行

1946 年 6 月 1 日，由东北银行吉江分行改为嫩江省银行并发行银行币。该币面值四种，流通于齐齐哈尔市及嫩南、嫩北解放区境内。该币于 1948 年 5 月停止使用，由东北银行所发行的东北银行币兑收。

嫩江省银行纸币

☆☆☆☆ 141×65

☆☆☆☆ 150×72

十七、冀中区献县农村合作社

1938 年 4 月，在冀中平原安平县成立了冀中行政主任公署，由吕正操兼主任。1939 年 7 月，冀中发生洪涝，各县以农村合作社名义发行流通券，进行生产自救。献县农村合作社流通券，就是在这种情况下产生的。

冀中区献县农村合作社流通券

☆☆☆ 54×97

十八、冀中第五行政区银钱局

冀中第五行政区包括雄县、固安、新城、永新、坝县、安次、静海七个县。1939 年，行政区以银钱局名义发行辅币券，流通该区全境。

冀中第五行政区银钱局流通券

☆☆☆ 103×55

十九、南方人民银行

南方人民银行成立于 1949 年 7 月 8 日，行址设在广东省揭西县河婆镇。南方人民银行币面值六种，流通于华南解放区全境。1949 年 12 月，中国人民银行以人民币 1:250 的比价对其进行收兑。

南方人民银行纸币

☆☆☆ 128×64

二十、滇黔桂边区贸易流通券

1949 年，人民解放军在广西、贵州、云南边境建立滇黔桂边区和滇黔桂边区纵队，同时设立边区政府贸易局，局长是金明。为方便军需和政府财政开支、活跃边区贸易，以贸易局名义发行流通券，面值两种，流通于滇黔桂边区境内。

滇黔桂边区贸易流通券

☆☆☆☆　　146 × 60

二十一、胶东各县地方流通券（栖霞、掖县）

1940—1943 年，胶东各县为了弥补北海银行辅币不足，经北海区参议会批准，各县可发行辅币券。1946 年，由北海银行发行货币兑收各县所发行的地方流通券。

胶东各县地方流通券

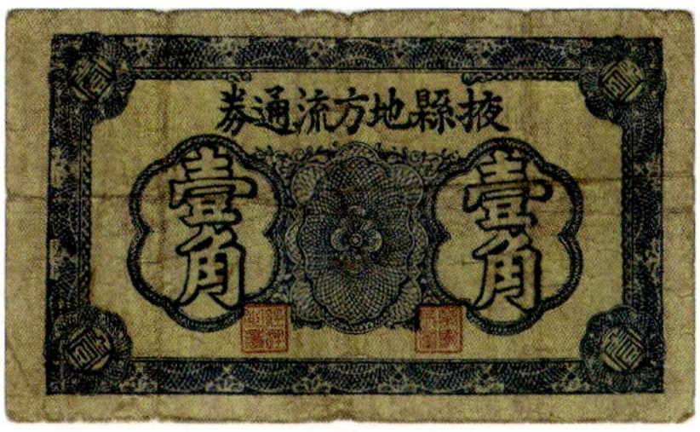

☆☆☆　　104 × 60

☆☆☆　　130 × 76

二十二、香河县流通券

解放战争初期，冀东行署为弥补冀热辽币发行之不足，于 1946 年 1 月批准下辖各专署、县发行地方流通券。规定地方流通券与晋察冀边区币等价使用，并限于各自辖区内使用。

香河县流通券

☆☆☆☆　　150 × 77

二十三、抗战时期山东国民党各军事集团及地方武装发行的流通券

1940 年抗日战争进入到战略相持阶段。山东沦陷后，国民党鲁苏战区的部队或地方武装被日军分割在敌占区内。由飞机空投或陆地运送经费、军饷已基本断绝。为了解决军需和购买粮食的问题，以于学忠为首的鲁苏战区各部都先后自行发行流通券。

平度县地方经济建设流通券

☆☆☆　133×73

☆☆☆　133×73

☆☆☆　133×73

山东省第五区流通券

☆☆☆　138×76

莱阳地方经济合作社流通券

☆☆☆　143×68

☆☆☆　137×72

永和县经济合作社联合社合作券

☆☆☆ 114×59

昌邑六区兑换券

☆☆☆ 118×68

☆☆☆ 144×71

☆☆☆ 139×68

临朐县第四区流通券

☆☆☆ 132×73

利源号兑换券

☆☆☆ 144×82

☆☆☆ 136 × 74

海阳县农村经济救济券

☆☆☆ 149 × 85

威海卫行政区流通券

☆☆☆ 153 × 88

山东第二星区民生救济券流通券

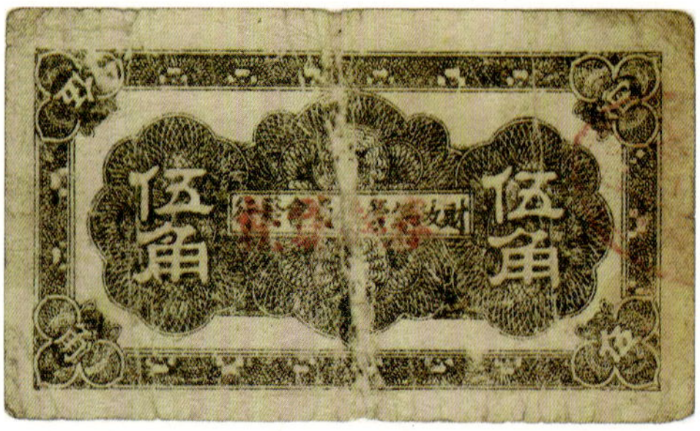

☆☆☆ 100 × 57

第四区维持金融委员会流通券

☆☆☆ 143×70

二十四、其他抗日团体发行的流通券

农民交换有价证券局大洋券

☆☆☆ 121×63

☆☆☆ 129×69

平遥北石渠乡兑换券

☆☆☆ 106×62

岚县财政局兑换券

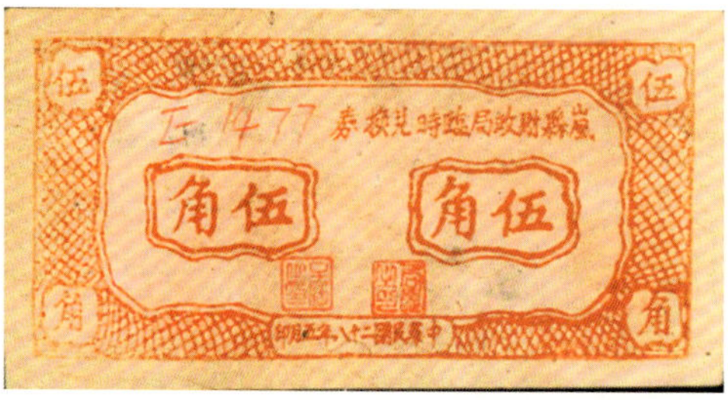 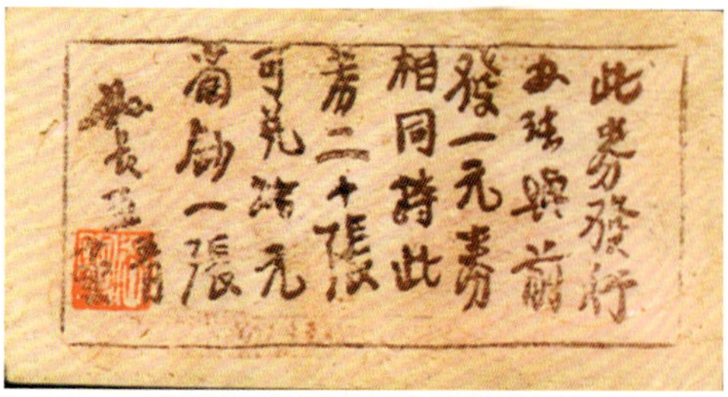

☆☆☆ 114 × 58

始兴县代用券（广东抗日及解放战争期间革命根据地发行的货币）

☆☆☆☆ 108 × 55

山东省第十七行政区兑换券

☆☆☆ 139 × 68

☆☆☆ 148 × 70

宁都县银行银元券

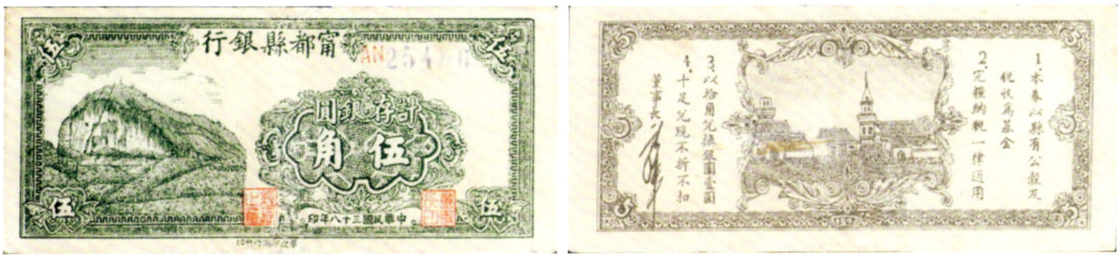

☆☆☆ 126×55

中国远征军“军票”

☆☆ 149×73

☆☆ 157×78

☆☆ 169×81

☆☆☆ 172×90

☆☆☆ 180×98

中国远征军“军票”之谜

抗日战争期间，中国组建了一支由罗卓英将军率领入缅的“远征军”。中、英两国于1941年12月23日在重庆签署了《中英共同防御滇缅路协定》。太平洋战争爆发后，日军在短时间内席卷了东南亚，随即矛头直指缅甸。

当时的缅甸为英国殖民地。由于英军轻视中国军队的力量，过于高估自己，同时也不愿外国军队深入自己的殖民地，一再阻延中国远征军入缅，直至英军在仁安羌被日军围困，才被迫向中国远征军求援。中国远征军入缅作战后，除解英军仁安羌之困外，与日军浴血奋战1 500余公里，取得了“同古保卫战”、“斯瓦阻击战”、“东枝收复战”等战争的胜利，使日军遭到沉重打击，远征军由此声威大震。

1948年秋，坊间有所谓：“远征军入缅初期，为解决军费所需，国民政府决定在一组1936年的中央银行券上加盖藏文，作为中国远征军在缅作战期间的‘军票’。后因地域关系，未能协调妥善，乃携回销毁云云。”以致该币曾一度“洛阳纸贵”，许多集钞者不惜花高价竞相争购，以能获得整套“军票”为快。

纸币收藏家王松麟先生获悉后以其亲访原国民政府财政部钱币司司长，并结合其他确凿史料，在1984年《中国钱币》第四期上著文以大量史实和实物对比分析，有理有据确认这种所谓加盖藏文“军票”纯属臆造，提醒广大收藏者切莫上当。笔者认为：历史是真实的，中央银行的纸钞也不是假的，只是有人利用了这段历史，以所谓“加盖藏文”，哗众取宠，谋取暴利。王松麟先生实事求是的精神是收藏界的典范。

中华民国军需公债券

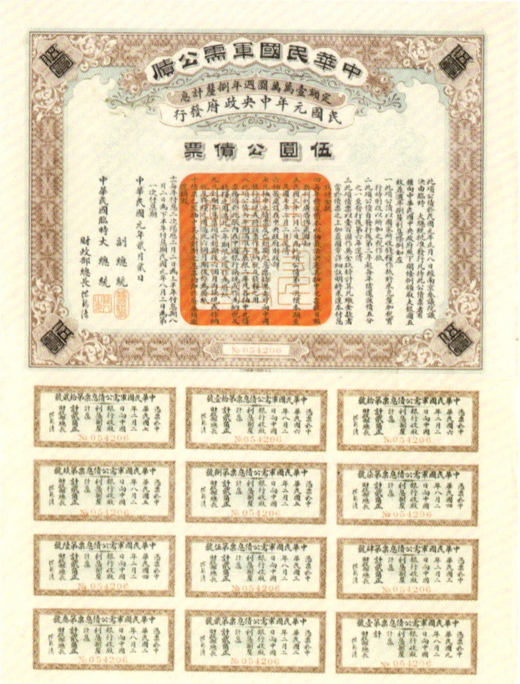

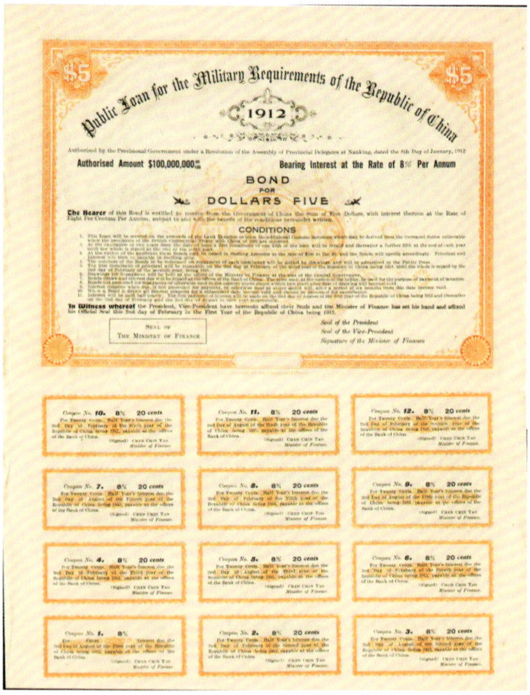

☆☆☆　　345×265

二十五、苏联红军司令部在中国发行的军票

苏联红军在东北发行“红军票”

1945年8月8日，苏联红军应国民政府之请出兵东北后，为解决苏军的经费问题，国民政府和苏联政府签订了《中苏友好共同对日作战协定》，同意苏军在东北境内发行军用票（简称“红军票”），面额有：一元、五元、十元、一百元四种。由于在和苏军订立条约时，事前没有在钞票印额上作出规定，也没有要求苏方将军票版及发行号码知会中方，从而给苏军滥发军票提供了契机。苏军进入东北后不久，在人们还不习惯使用红军票时，日本就宣告无条件投降。1946年6月，苏军撤离东北后，东北行营经济委员会制定了收兑红军票的办法，以东北银行券1∶30的比率，对红军票进行回收。其时大连的苏军军营区为防止被禁止流通的一百元券回流涌入，采取了在一百元票面上加贴小票的做法加以控制。

苏联红军"红军票"

☆☆ 122×68

☆☆ 138×74

☆☆ 156×82

☆☆ 169×94

☆☆☆ 169×94

第十一章　“中国人民银行”成立和第一套人民币的发行

一、“人民币”的前身和币称的由来

1947 年是国共内战以来最关键的一年，由于国共谈判完全破裂，内战全面爆发。9 月，人民解放军开始战略反攻，至年底共歼国民党军队 112 万。国共势力对比发生了根本性转变，国民党由优势转变为劣势，在战场上从主动进攻转变为被动挨打，全国解放指日可待。

12 月 2 日，还在陕北的毛泽东收到其时担任中共中央财经部长、华北人民政府主席的董必武关于由南汉宸负责筹建全国性统一银行的电报，并建议行名就叫“中国人民银行”。周恩来说：“南汉宸意见，建立全国统一的银行和货币势在必行。”毛泽东听了笑着说：“情形还真有点像八国联军进北京，我们晋察冀用的是边币，晋冀鲁豫用的是冀南币，山东用的是北海币，东北用的是东北币，西北用的是农民币，一旦打进天津、北平去，可不就是七八种货币一起上市嘛！不过现在就成立全国统一的银行，是不是还为时早了一些？”周恩来按毛泽东的意思给董必武回了电报。董必武收到中央电报后把即将成立全国性银行的工作放缓，先行在平山县成立了“中国人民银行筹备处”，由南汉宸任主任。

因行名叫中国人民银行，南汉宸建议：“我们的货币就叫‘人民币’。”董必武听后说：“这个名字就很好，说明了我们银行、货币的性质，既是人民的，那就不是某个地区的、部门的，而必定是全国性的、全国人民的。”

1948 年 12 月 1 日，中国人民银行在石家庄正式成立，并发行了第一套人民币。

晋察冀边区银行币（边币）

冀南银行币（冀南币）

北海银行币（北海币）

东北银行币（东北币）

西北农民银行币（农民币）

中国人民银行的第一套人民币

二、在战争中发行第一套人民币

到了 1948 年秋，国民党在军事上节节败退，大势已去，而共产党所领导的各个解放区范围却越来越大，且多已连成一片，全国解放已胜利在望。为了适应新形势发展的需要，中共中央决定在新中国建立之前先行成立中国人民银行。1948 年 12 月 1 日，在今河北省石家庄市，由华北银行、北海银行、西北农民银行合并组建中国人民银行，由南汉宸任行长，并在战争中陆续发行了第一套人民币。

第一套人民币的发行为稳定解放区经济，支援全国的胜利解放作出了重要的贡献。由于该币发行与流通时间横跨了新中国建立前后两个不同的历史时段（1948—1955 年），因此其在中国货币史上具有十分重要的地位。

第一套人民币共有 12 种面额 60 款。“中国人民银行”六字为当时担任华北人民政府主席的董必武题写。

中国人民银行第一套人民币

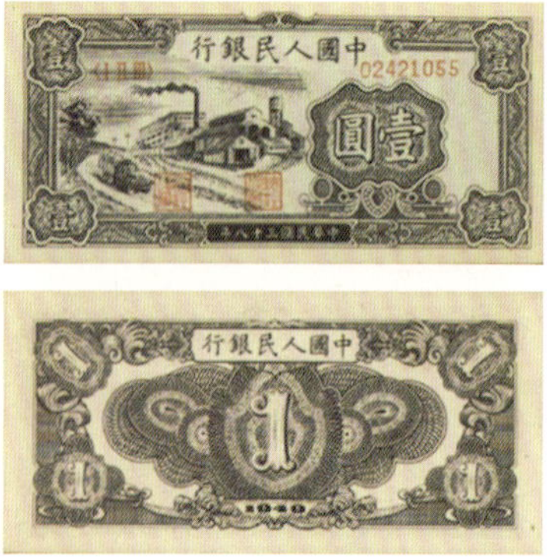

☆☆ 116×56

☆☆ 114×54

☆☆ 116×56

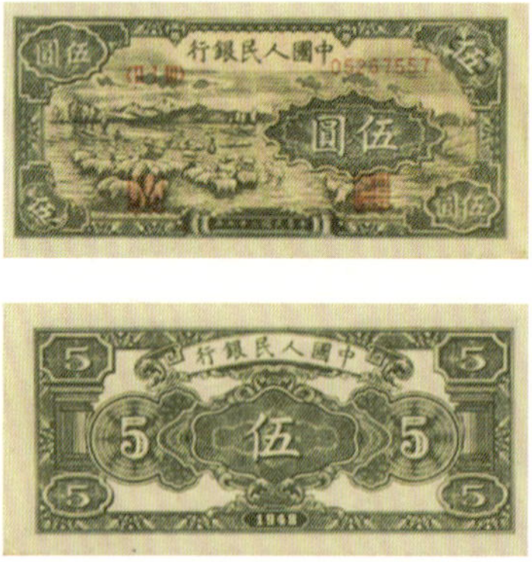

☆☆ 115×56

☆☆☆☆ 127×60

☆☆ 115×56

☆☆ 122×64

☆☆ 122×64

☆☆☆ 122×64

☆☆ 122×64

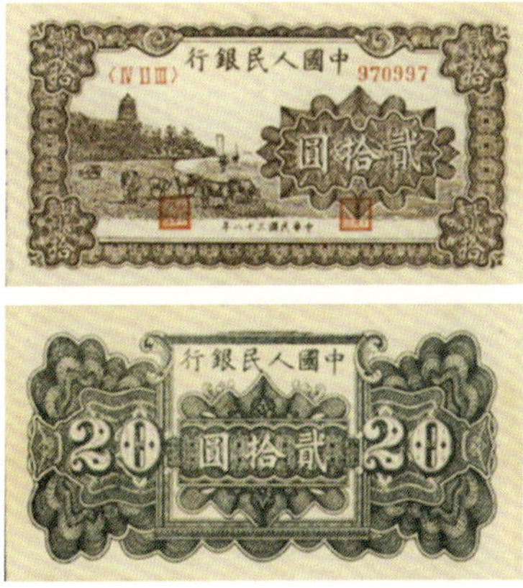

☆☆☆ 122×64

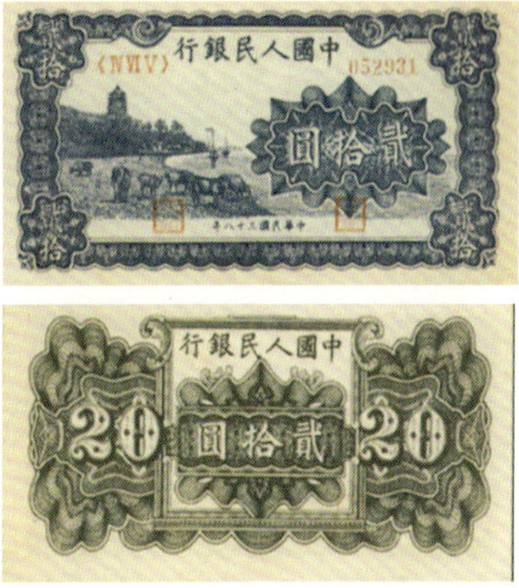

☆☆☆ 122×64

☆☆ 122×64

☆☆☆☆ 122×64

☆☆☆ 122×64

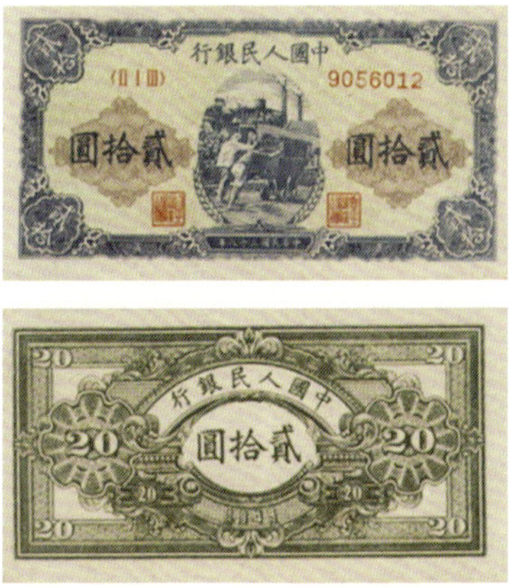

☆☆☆ 122×64

☆☆☆☆ 122×64

☆☆☆☆ 134×70

☆☆☆☆ 134×70

☆☆☆ 134×70

☆☆☆☆ 135×67

☆☆☆☆ 132×68

☆☆☆☆ 133×70

☆☆ 135×70

☆☆☆ 135×70

☆☆☆☆ 135×70

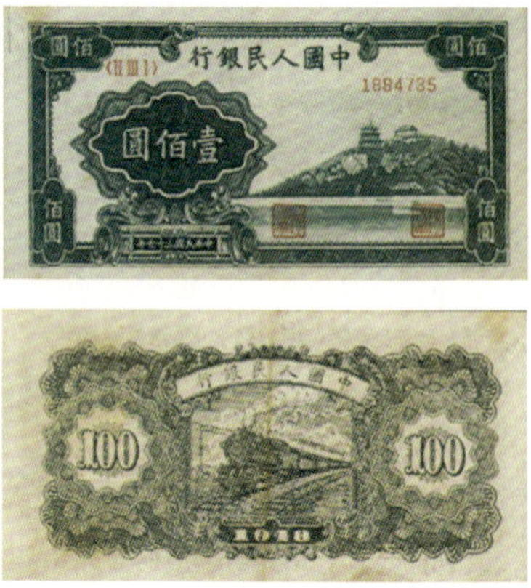

☆☆☆ 133×69

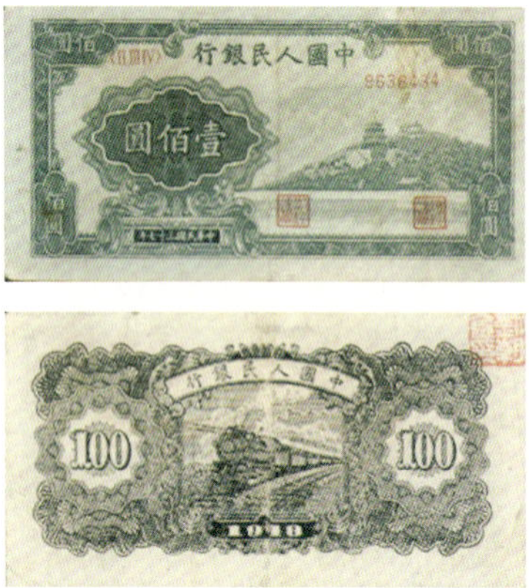

☆☆☆ 133×69

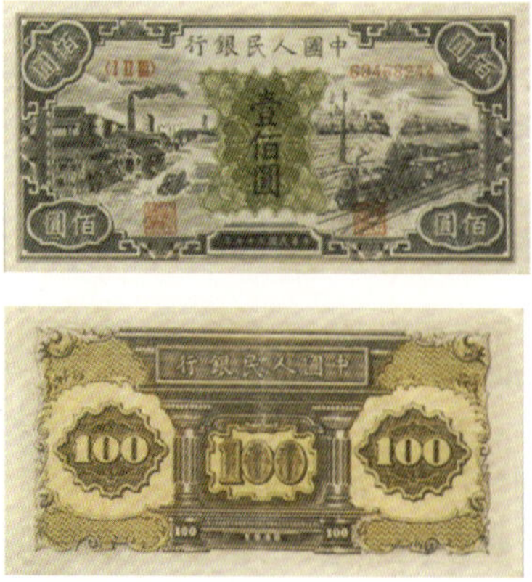

☆☆☆ 133×69

☆☆☆ 133×69

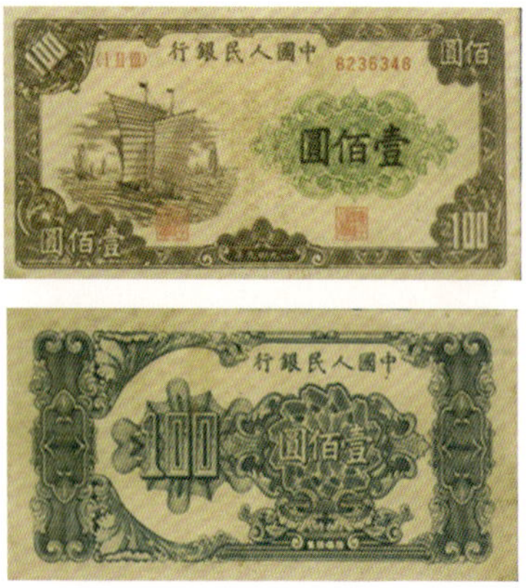

☆☆☆☆ 133×69

☆☆ 133×69

☆☆ 132×69

☆☆☆ 135×70

☆☆☆ 134×70

☆☆☆ 134×70

☆☆ 134×70

☆☆☆ 134×70

☆☆☆ 133×70

☆☆☆ 133×70

☆☆☆☆ 134×70

☆☆☆ 134×70

☆☆☆ 134×70

☆☆☆☆☆ 134×70

☆☆ 134×70

☆☆☆☆ 140×75

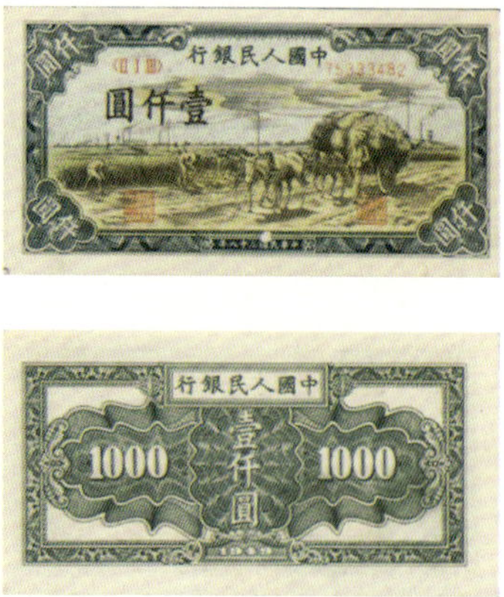

☆☆☆ 134×70

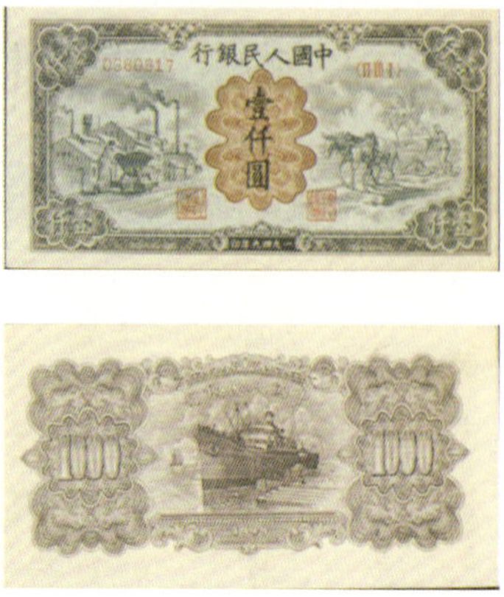

☆☆☆ 134×70

☆☆☆☆☆ 134×70

☆☆☆☆ 150×62

☆☆☆ 140×75

☆☆☆☆☆ 140×70

☆☆☆☆ 140×75

☆☆☆☆☆☆ 140×70

☆☆☆ 140×75

☆☆☆ 140×75

☆☆☆☆☆☆ 134×70

☆☆☆☆☆☆ 140×75

☆☆☆☆☆ 140×75

☆☆☆☆☆ 140×75

第十二章　中华人民共和国成立和人民币的发行

1949 年 10 月 1 日，在北京天安门城楼上举行了开国大典。随着毛泽东主席：“中华人民共和国中央人民政府今天成立了！”的庄严宣告，一个新的时代开始了。新中国成立初期，我国仍在使用1948 年解放战争时期陆续发行的第一套人民币。随着国民经济的恢复任务的顺利完成，自 1953年起，我国进入了有计划的经济建设时期。由于第一套人民币面额过大及其他原因，给经济建设和人民生活带来不便。为适应计划经济发展的需要，进一步健全和巩固新中国的货币制度，中国人民银行决定由 1955 年 3 月 1 日起发行第二套新版人民币（俗称第二套人民币），新版人民币以一元折合旧版人民币一万元的比价收兑第一套人民币。第二套人民币于 1953 年完成设计试制工作，故简称为“五三版”。第二套人民币的图案由著名美术家罗工柳、周令钊等人共同设计而成。其中高面额券由苏联代为印制。第二套人民币的问世，彻底解决了旧中国留下来的通货膨胀问题，结束了我国货币制度的紊乱历史，使我国货币制度从第一套的初步统一，发展到巩固稳定的健全阶段，成为新中国第一套完整的货币。第二套人民币于 1955 年 3 月 1 日向全国发行。

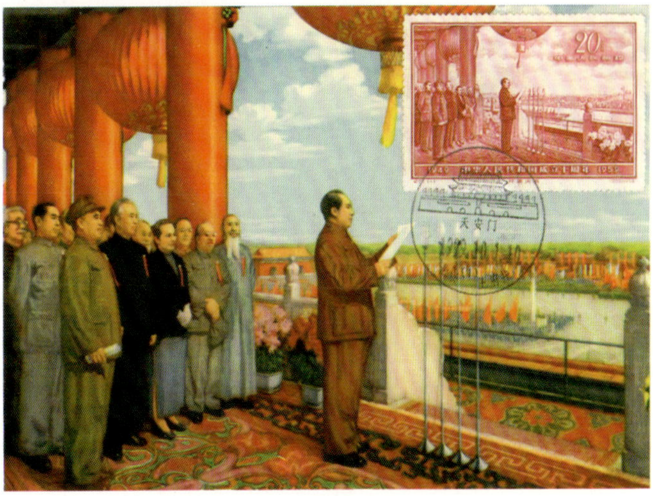

毛泽东在天安门主持开国大典

一、中国人民银行第二套人民币

☆ 90 × 42

☆☆ 90 × 42

☆ 95 × 45

☆☆ 95 × 45

☆ 100 × 47

☆☆ 100 × 47

☆☆ 115×52

☆☆ 120×55

☆☆ 125×57

☆☆☆ 150×67

☆☆☆ 150×67

☆☆☆ 155×70

☆☆☆☆ 160×73

☆☆☆☆☆ 165×75

☆☆☆ 165×75

☆☆☆☆☆ 210×85

二、中国人民银行第三套人民币

第三套人民币于1959年确定设计方案，因此也被称作“五九版”，于1962年4月15日开始在全国发行。从1962年4月20日发行枣红色一角币开始，至1980年4月15日发行一角、二角、五角和一元金属币止，共发行一角币三种，二角币、五角币、一元币、二元币、五元币、十元币各一种，包括金属币在内共十三种。第三套人民币是我国目前发行的流通时间最长的一套纸币。

☆☆☆ 113×51

☆☆☆☆ 105×50

☆ 105×50

☆ 105×50

☆ 105×50

☆ 105×50

☆☆ 110×50

☆☆ 110×50

☆☆ 110×50

☆☆ 131×57

☆☆ 131×57

☆☆☆ 135×57

☆☆☆ 142×63

☆☆☆ 142×63

☆☆☆ 157×72

☆☆☆ 157×72

三、中国人民银行第四套人民币

第四套人民币于1980年完成设计工作，因此也称“八〇版”。第四套人民币发行方式是采取“一次公布，分次发行”的办法，自1987年4月27日起首先发行五角币和五十元币。1988年5月1日起发行二角币、一元币、二元币、一百元币。第四套人民币共计发行一角、二角、五角、一元（三种）、二元（二种）、五元、十元、五十元（二种）、一百元（二种）共九种面额十四个品种。

☆ 115 × 52

☆ 120 × 55

☆ 125 × 58

☆ 140 × 63

☆ 140 × 63

☆ 145 × 63

☆ 145 × 63

☆ 150 × 70

☆ 150 × 70

☆☆ 160 × 77

☆☆ 165 ×77

春天的信息

第三套人民币是目前我国流通时间最长的一套人民币。在此期间中国人民银行提出要设计发行一套新的人民币，1967 年 7 月提出，期间经过“文化大革命”，粉碎“四人帮”，十一届三中全会以及国家实行改革开放等政治运动，几经反复修订，最终于 1985 年 5 月定案，前后历经十八年，第四套人民币终于在 1987 年 4 月 27 日在全国发行。其中五十元面额人民币的出现给人面目一新的感觉，除首次发行五十元、一百元大面额钞票外，正面主图还首次将知识分子和工人、农民并列一起成了国家的主人，还上钞票了。一些历经文革沧桑的老知识分子，望着崭新的五十元面额钞票时，两手发抖，热泪盈眶……

第四套人民币五十元钞票的出现，对知识分子来说无疑是一声春雷，传来了春天的信息，令广大知识分子欢欣雀跃、奔走相告。党的十一届三中全会，宣告了“十年动乱”的结束，提出了改革开放、建设现代化国家的宏图。知识分子与工人、农民并列，成为国家的主人，并首次将其印在与百姓息息相关的钞票上加以体现，具有十分深刻的现实意义和政治意义。

四、中国人民银行第五套人民币

第五套人民币的发行公布于 1999 年 6 月 30 日，详见是年国务院第 268 号令，发行于 1999 年 10 月 1 日。第五套人民币共有纸币一百元、五十元、二十元、十元、五元、一元和金属币五角、一角八种面额。

130 ×63

135 ×63

140×70

145×70

150×70

156×77

钞票上的毛泽东主席像

毛泽东（1893—1976 年），湖南湘潭人，伟大的马克思主义者，无产阶级革命家、战略家和理论家，中国共产党党员，中国人民解放军和中华人民共和国的主要缔造者和领导人。

毛泽东主席的肖像印在钞票上，首创者为抗日战争时期华中抗日根据地的江淮银行，以后所见到的还有华中银行、长城银行、东北银行所发行的钞票上。1949 年，人民解放军在广西、贵州、云南边境建立的“滇黔桂边区贸易局”所发行的流通券上也印上毛主席的肖像。中华人民共和国成立后，中国人民银行在设计人民币时，据说都曾建议将毛主席肖像印在人民币上，但都遭到毛主席的拒绝。直至毛主席逝世后，在第四套人民币首次发行一百元大面额钞票时，才将毛泽东、周恩来、刘少奇、朱德的肖像并排印在钞票上。1999 年 6 月 30 日，国务院颁布发行第五套人民币时，人们才发现整套人民币都是毛主席的肖像，在我国印钞史上能获此殊荣者除孙中山先生外，就是毛主席了。

127 × 63

149 × 61

151 × 60

131 × 60

145 × 60

165 × 77

150 × 70

156 × 77

五、中华人民共和国发行的流通金属币

铝镁合金币

一分铝镁币

1955年

五分铝镁币

1955年

一分铝镁币

1982年

二分铝镁币

1982年

二分铝镁币

1984年

五分铝镁币

1984年

二分铝镁币

1985年

二分铝镁币

1986年

五分铝镁币

1986年

一分铝镁币

1987年

二分铝镁币

1987年

五分铝镁币

1988年

二分铝镁币

1989年

一分铝镁币

1991年

五分铝镁币

1991年

铝币

一角铝币

1991年

一角铝币

1992年

一角铝币

1993年

一角铝币

1994年

一角铝币

1995年

一角铝币

1996年

一角铝币

1997年

一角铝币

1998年

铝合金币

一元铝合金币

1999年

一角铝合金币

2000年

一角铝合金币

2001年

一元铝合金币

2001年

铜锌合金币

一角铜锌币

1980年

二角铜锌币

1980年

五角铜锌币

1980年

一角铜锌币

1981年

二角铜锌币

1981年

五角铜锌币

1981年

五角铜锌币

1985年

铜镍合金币

一元铜镍币

1980年

一元铜镍币

1981年

一元铜镍币

1985年

黄铜币

五角黄铜币

1992年

五角黄铜币

1994年

五角黄铜币

1995年

五角黄铜币

1996年

五角黄铜币

1997年

五角黄铜币

1998年

五角黄铜币

1999年

镍币

一元镍币

1992年

一元镍币

1993年

一元镍币

1994年

一元镍币

1995年

一元镍币

1996年

一元镍币

1997年

一元镍币

1998年

第十三章　中华人民共和国发行的人民币特种票券

人民币特种票券的发行是在人民币诞生后由中国人民银行、财政部、地方政府或授权专业银行发行的一种本身具有内在价值并可在全国或限定的局部地区、特殊地区发行和使用的有价证券。

一、中国人民银行期票

1961 年，中国人民银行一些省分行曾发行过一批期票。这种期票所用纸张及印制水平均有不同。横式竖式均有，均无浮水印，防伪能力较差。

中国人民银行四川省分行期票

☆☆ 104×48

☆☆ 102×49

☆☆ 107×51

☆☆ 113×53

☆☆☆ 116×55

中国人民银行广东省分行期票

☆☆ 130×39

☆☆ 154×43

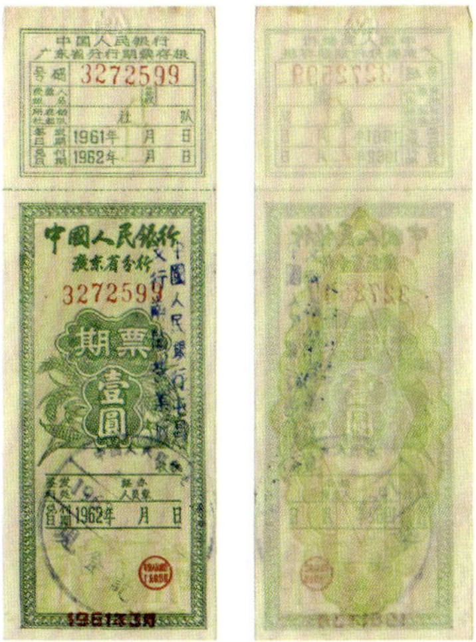

☆☆ 118×40

中国人民银行辽宁省分行期票

☆☆ 126×61

☆☆ 132×67

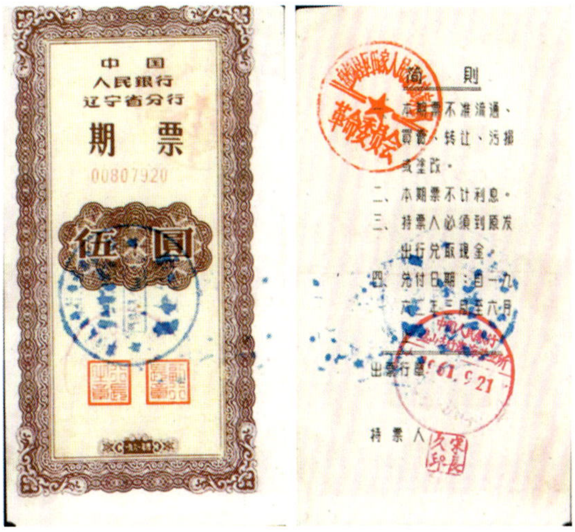

☆☆ 149×81

中国人民银行浙江省分行期票

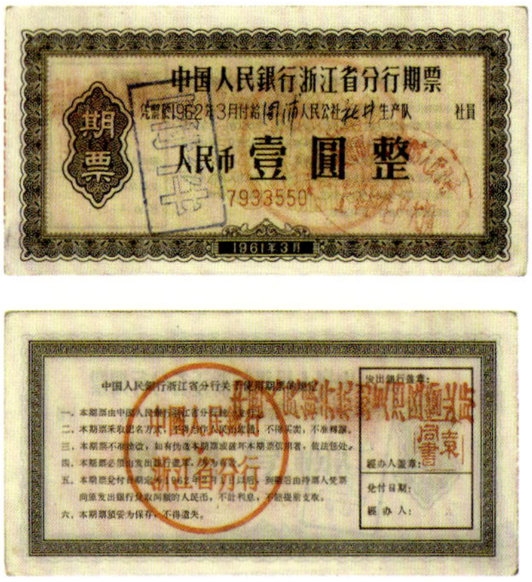

☆☆☆ 125×62

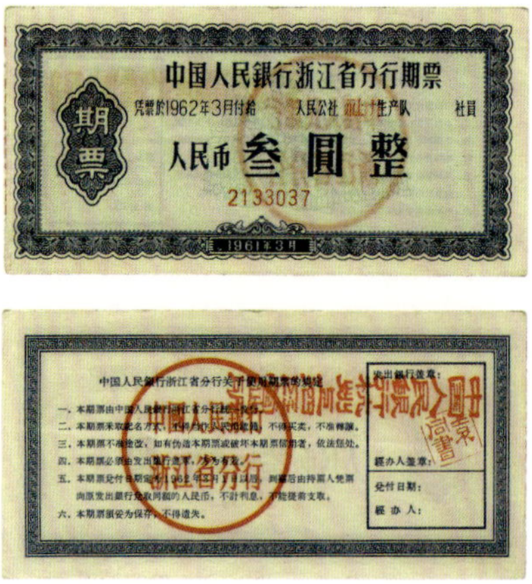

☆☆☆ 123×61

☆☆☆ 121×61

☆☆☆ 124×62

“一平二调”话“期票”

在新中国的历史进程中，曾经有过一段影响波及全国城乡的“人民公社”化运动的高潮。

何为“人民公社”，现代人不一定了解，此事还需从头说起。话说 1958 年 8 月，遵照毛主席的关于“人民公社好”的指示，中共中央作出了《关于在农村建立人民公社问题的决议》。一时之间全国掀起了轰轰烈烈的人民公社化运动。“人民公社”奉行“政社合一”的体制，既是国家政权的基层组织又是农村集体经济的基层核算单位。由于“公社”拥有主宰公社内生产的指挥权和分配权，权力大且过于集中，不久即在全国各地出现了“一平二调”的“左”倾错误；“公社”可以无偿调用各生产队的劳力、生产资料和各种物资，调用农民个人所拥有的生产、生活工具，“公社”还实行粮食供给制，村村办起了公共食堂，农民享受“共产主义式”的“吃饭不用花钱”……但仅维持了很短一段时间，粮食已供不应求，公共食堂纷纷关闭，继而在全国出现了饥荒和困难，这种平均主义和无偿调拨的“大锅饭”做法，后来被称为“一平二调”或称为“刮共产风”。显然，这些做法既不符合生产力发展规律，又违反了等价交换和按劳分配的社会主义分配原则，严重挫伤了农民的积极性，加上其他因素，自 1959 年至 1961 年，农业生产连续三年出现大幅度下滑，造成了全国性的三年经济困难时期。

1958 年 12 月，党的八届六中全会总结了“一平二调”的错误，提出要在人民公社内实行三级核算体制，通过了《关于人民公社若干问题的决议》，纠正了“左”倾路线的错误，并要求：“对成立人民公社以来，平调社队和社员个人的各种财物必须在 1960 年内，至迟在 1961 年春耕以前，全部退赔偿付清理。”为此国家还专门拿出 25 亿元人民币作为全国的退赔补贴专款。

为了配合此项“退赔偿付”行动，全国各省人民银行纷纷自行设计印制“期票”，发行方法是：各县在四级干部会议上确定分配给各公社期票数，退赔单位和公社再进行具体分配，落实到户。银行根据退赔单位开的清单给退赔户开付期票。后来由于国家连续遭受严重的自然灾害和经济困难，同时还由于货币发行过多，物资供应不足等原因，此项“退赔偿付”工作一直延至 1969 年才全部兑付完毕。

二、军用代金券

军用代金券

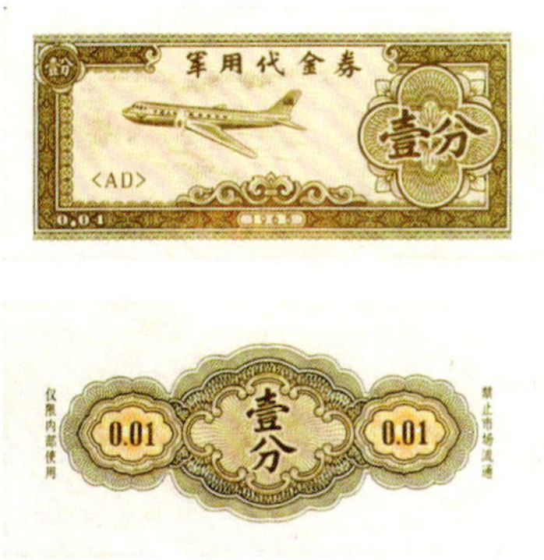

☆☆☆ 89×42

☆☆☆ 89×42

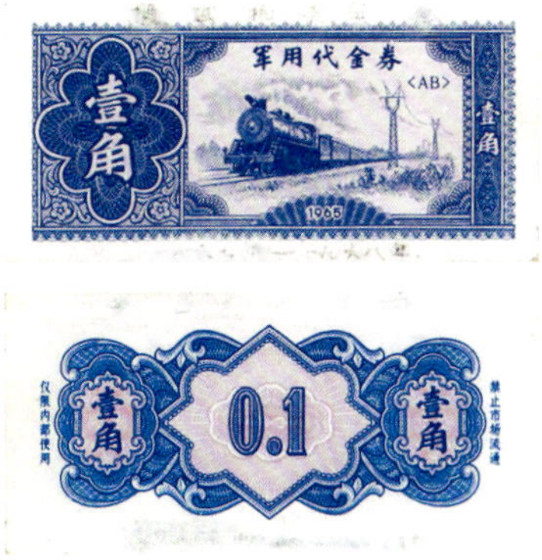

☆☆☆ 104×50

特殊用途的“军用代金券”

1964年8月5日，美国制造了震惊世界的“北部湾事件”，并以此为借口，对越南北部进行轰炸，应越南政府之请，中国政府决定派兵秘密进入越南，帮助越南进行抗美战争。

1965年，中国军队开始秘密进入越南，由于是秘密出国作战，全部人员均以“中性”包装，一切和中国人民解放军字样相关的东西全部不准带出。为解决部队干部的工资、战士的津贴问题，中国人民银行发行了一套“军用代金券”，面值分为一分、五分、一角、一元和五元共五种，和人民币等值。从券面上无法判断发行者是谁，同时还规定此券不准兑换越币。回国时由中国人民银行负责兑换后收回销毁。1966年，美国军队将战火延伸至老挝，中国军队又进入老挝参战，也使用此“代金券”。直至援越、援老任务完成，该券由中国人民银行兑换成人民币后，收回销毁。由于回收彻底，流入民间的数量极少，现已成了货币收藏的珍品。

三、中国银行发行“外汇兑换券”

外汇券发行始末

1959年至1961年间，在我国由于受极“左”思潮影响，政策上发生偏差。同时还由于连续发生严重的自然灾害，造成经济和生活上的严重困难。主要困难是粮食供应紧张，生活、生产物资严重缺乏，令许多生活必需品市场供应紧张，百姓在购买时均需凭各种“购物券”配额供应。为了照顾短期来华的外国人、短期回国探亲的华侨、港澳台同胞、驻华外交和民间机构及其常驻人员的日常生活不受影响，同时还为了进一步加强国家对外汇的管理，防止外汇流失，打击外汇投机，禁止外币在本国市场流通，保持和改善国家的外汇收支平衡，1980年4月1日，中国银行经国务院批准，开始发行“外汇兑换券”（简称“外汇券”）。外汇券以外国人、华侨、港澳台同胞等持有外币的人士为兑换对象，这些人凭“外汇券”可到指定的商店购物或作支付费用，并准在国内指定范围内与人民币等值流通。

根据中国银行颁发的《外汇兑换券暂行管理办法的规定》：外汇券共有九种面额，一角、五角、一元、五元、十元、五十元、一百元（其中五十元和一百元券又分1979年版和1988年版两种），“外汇券”发行15年后，随着国家改革开放和经济建设的进一步发展，市场物资供应的不断丰富，在市场上再实行两种货币已不合时宜了，经国务院批准，中国银行决定自1996年7月1日停止兑换“外汇券”。至此，在我国境内使用长达15年之久的“外汇券”全部退出流通领域，完成了它的历史使命。

“外汇券”以山水及名胜风景为设计主体，印制精美，故深受广大集钞者的喜爱。

中国银行“外汇兑换券”

☆ 128×48

☆ 134×52

☆ 153×58

☆☆ 158×63

☆☆ 165×67

☆☆☆☆ 170×70

☆☆ 170×70

☆☆☆☆ 170×70

☆☆☆ 170×70

四、财政部发行的“国家经济建设公债”券（1954—1958年）

建国初期，我国经过了三年经济恢复期，于1953年开始了第一个五年计划，进入了有计划大规模经济建设时期。由于第一个五年计划摊子铺得过大，基本建设规模也远远超出了国家财力的许可范围。为了解决“一五”的资金缺口，中央人民政府决定由财政部在全国发行公债，由于此次发行的公债主要用于国家经济建设，故定名为“国家经济建设公债”。

国家经济建设公债券

☆☆☆　137×68

☆☆☆　150×75

☆☆☆　160×78

☆☆　158×131

☆☆☆　181×169

☆☆☆　139×128

☆☆☆　150×139

☆☆ 145×95

☆☆ 149×96

☆☆☆ 158×86

☆☆ 159× ×98

☆☆ 132×81

☆☆ 137×84

☆☆ 148×89

☆☆ 141×86

☆☆ 132×80

☆☆ 136×84

☆☆ 141×86

☆ 135×75

☆☆ 139×80

☆☆ 149×89

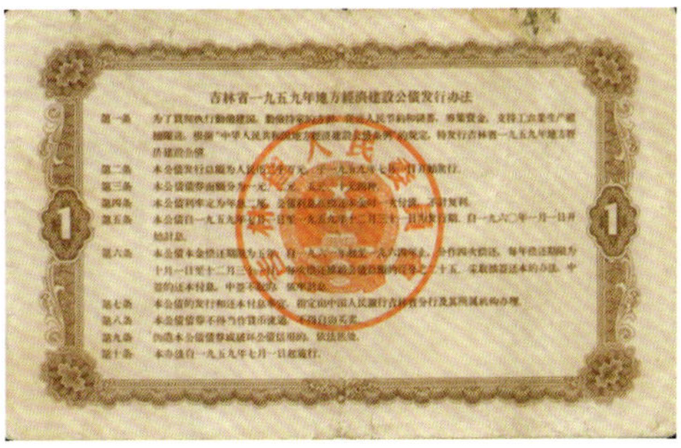

☆☆☆ 160×100

五、国库券（1981—1997 年）

我国自 1959 年到 1980 年的 22 年中，由于受到“左倾”思潮影响而没有发行债券。1954 年至 1958 年发行的“国家经济建设公债”也于 1968 年全部还清。1965 年初，我国已提前还清了前苏联和东欧各国的债务。于是《人民日报》在 1969 年 5 月 11 日宣布中国已成为世界上第一个“既无内债又无外债的国家”。

粉碎“四人帮”以后，国家实行改革开放政策，人们越来越认识到公债对经济建设的作用。于是，又开始了新中国公债史上的大规模发行公债时期。到 1998 年国库券实行凭证式、记账式的方法发行后，沿用了近 50 年的实物国库券终于成为历史。

国库券

☆ 139 × 75

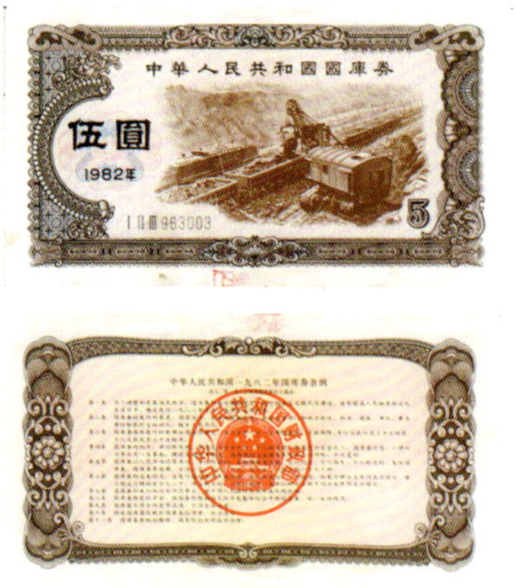

☆ 140 × 75

☆ 141 × 64

☆ 141 × 64

☆ 141 × 64

☆ 141 × 64

☆ 141 × 64

☆ 141 × 64

☆ 141 × 64

☆ 159 × 84

☆ 149 × 80

☆ 141 × 64

☆ 141 × 64

☆ 141 × 64

☆ 141 × 64

☆ 141 × 64

☆ 141 × 64

☆ 141 × 64

☆ 141 × 64

☆☆ 155 × 72

☆☆ 155 × 72

☆☆ 155×72

☆☆ 169×75

☆☆ 155×70

☆ 142×64

☆ 142×64

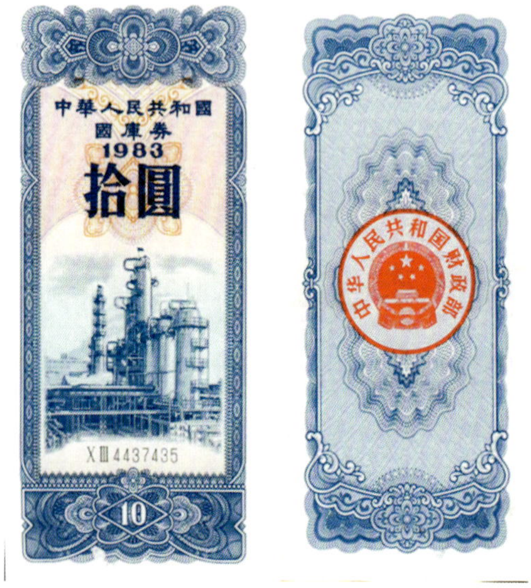

☆ 142×64

☆ 142×64

六、其他有价证券

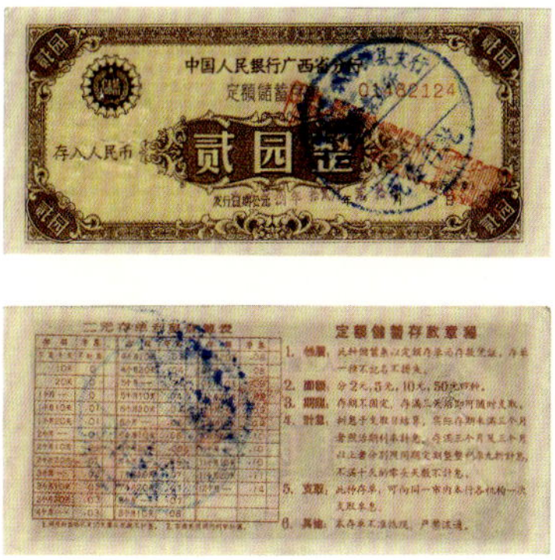

☆ 122×53

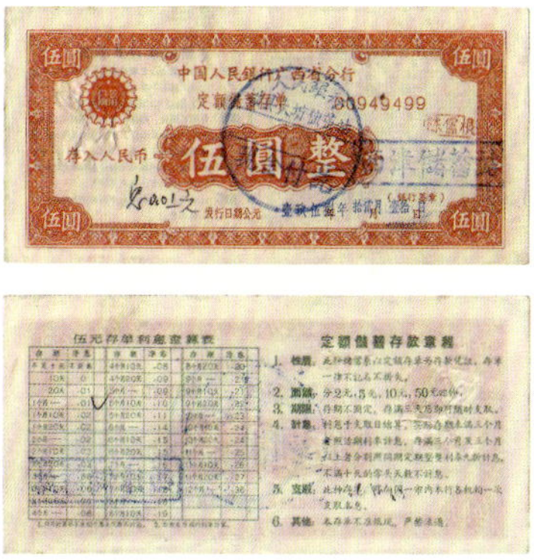

☆ 125×59

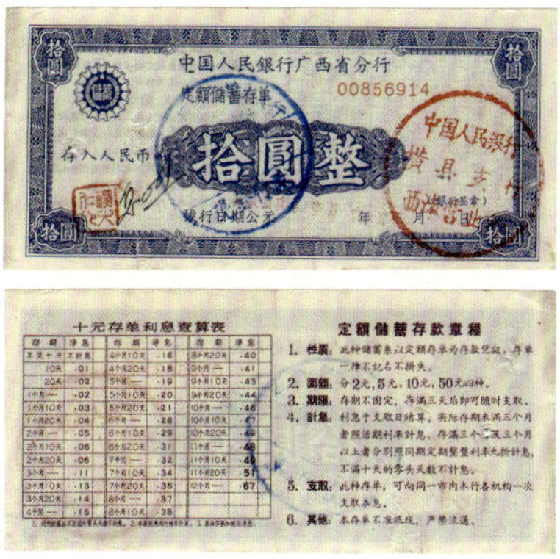

☆ 135×62

☆ 129×54

☆ 129×54

☆ 154×65

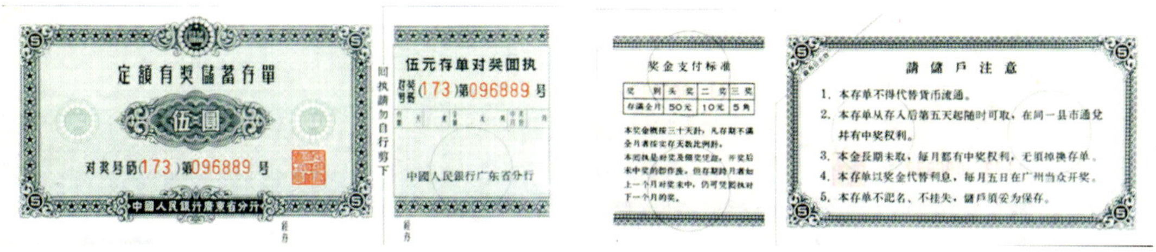

☆ 155×64

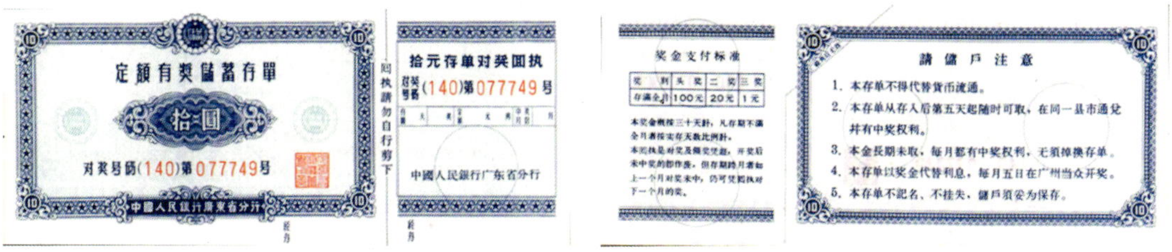

☆ 155×64

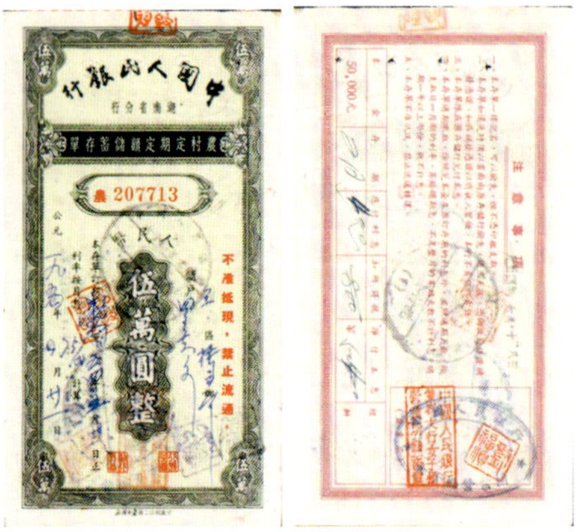

☆ 148×83

☆ 146×50

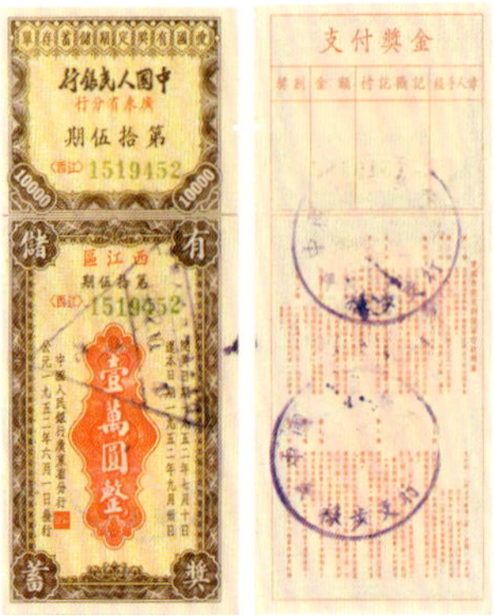

☆ 123×50

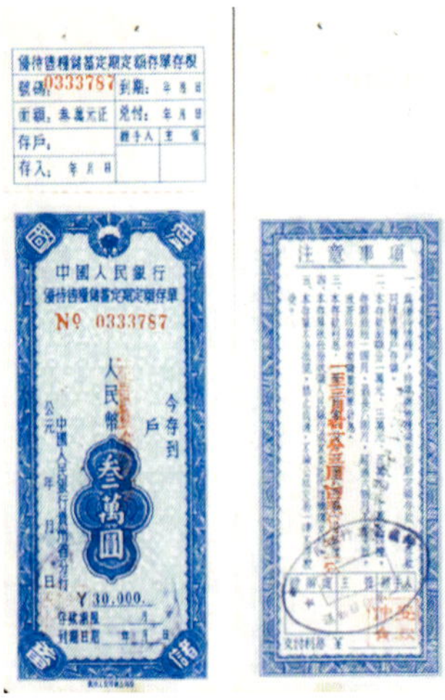

☆ 179×59

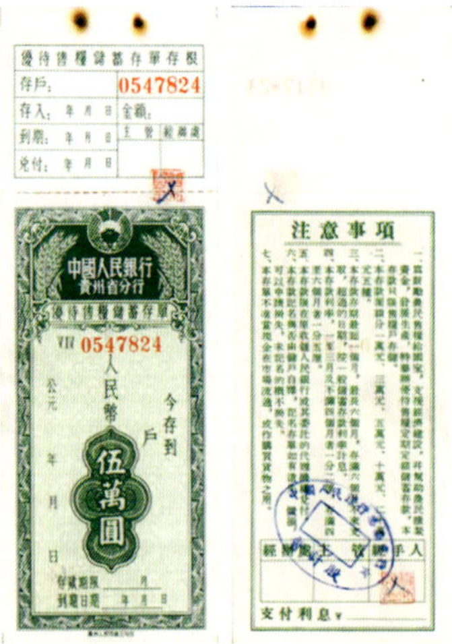

☆ 170×59

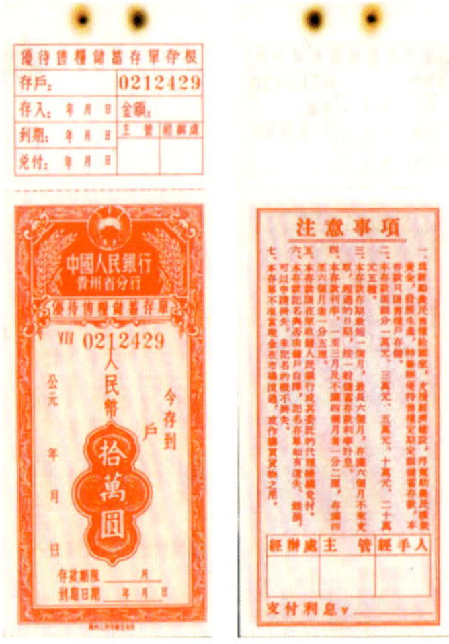

☆ 170×59

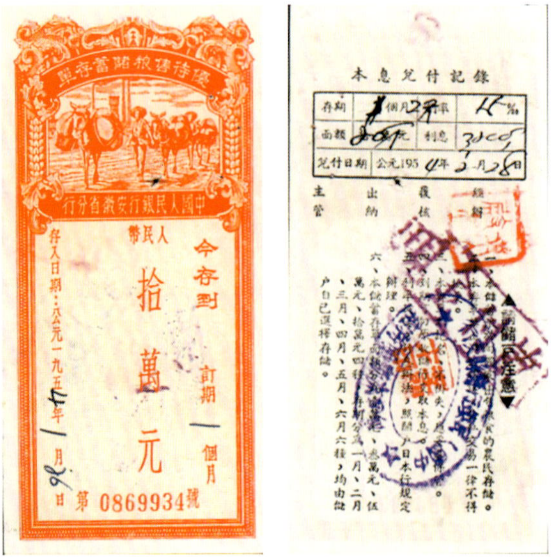

☆☆ 152×100

☆☆ 159×75

☆☆ 152 × 100

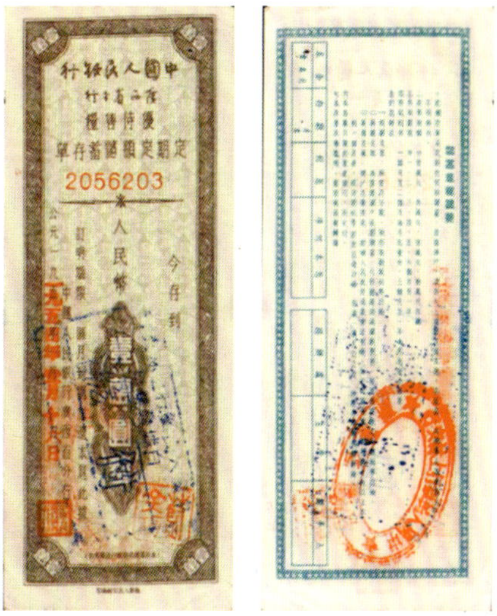

☆ 134 × 53

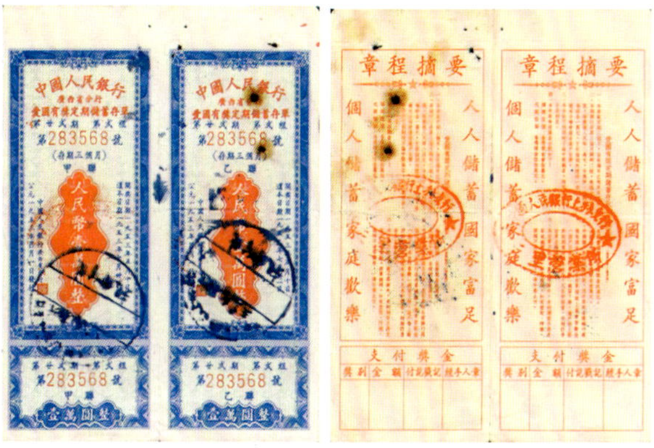

☆ 135 × 102

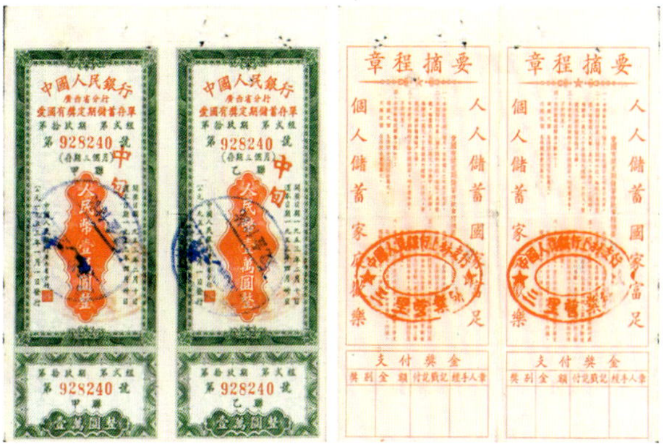

☆ 135 × 102

☆ 105 × 105

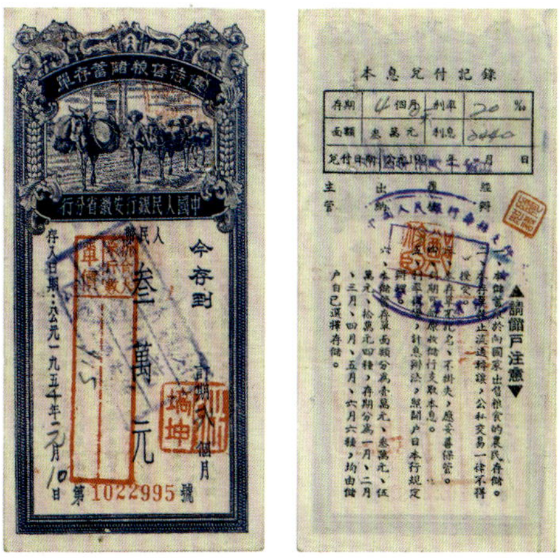

☆ 120 × 60

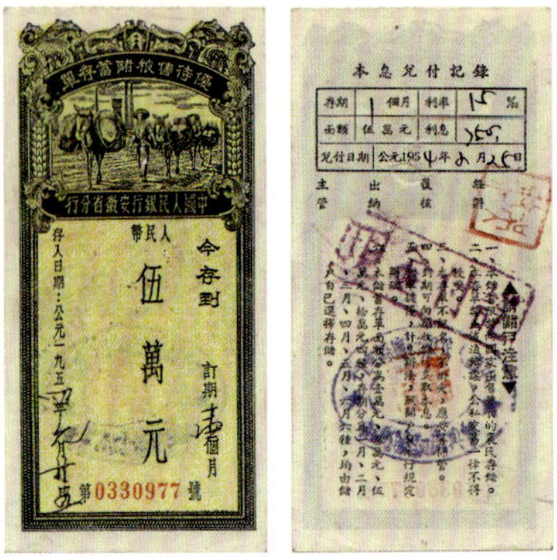

☆☆ 120×60

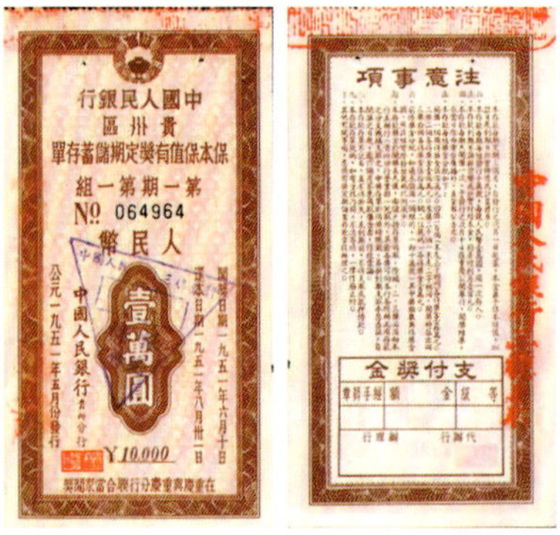

☆ 119×64

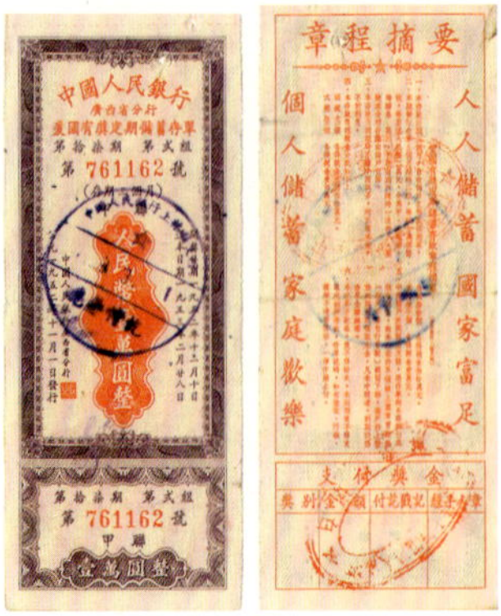

☆ 126×51

☆ 118×66

☆ 118×66

☆ 131×66

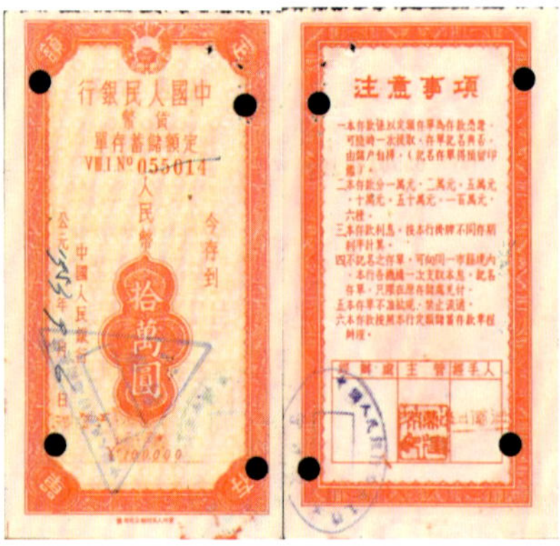

☆☆ 117×64

☆☆ 193×93

☆☆ 188×79

☆ 35×65

☆☆☆ 171×168

☆☆☆

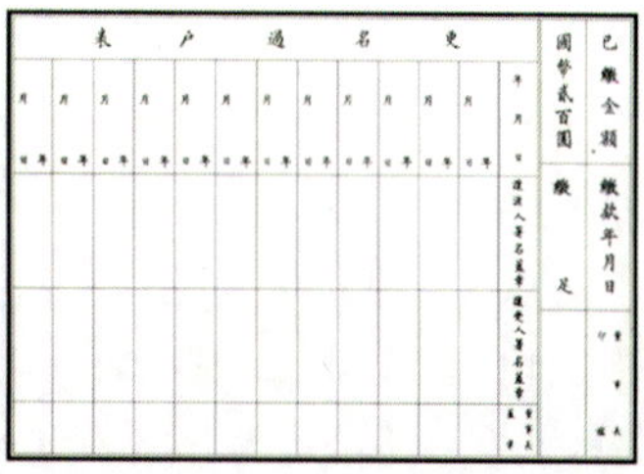

264×199

☆

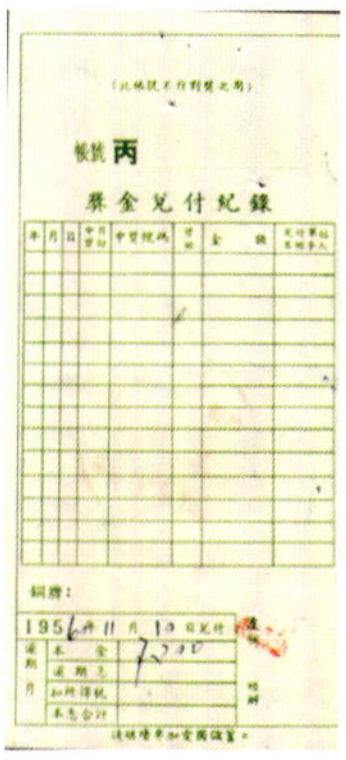

132×61

☆☆☆

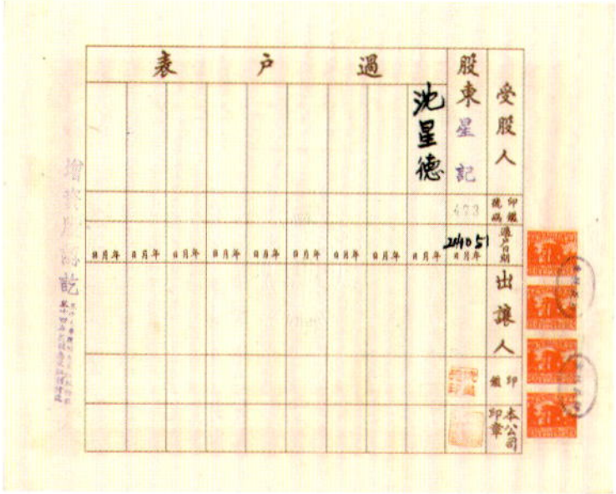

269×206

展望未来——人民币国际化

迄今为止，中国人民银行共发行了五套人民币，可以说人民币的历史就是新中国的发展史。人民币印制精美、币值稳定，深受国人的欢迎和信赖，同时也越来越受国际社会的重视和关注。

人民币经过60多年的变迁，今天其地位不但直接影响到我国的经济建设和人民生活，同时也影响到世界的经济结构和金融秩序。这说明我国的综合国力已得到了极大的提升，人民币在国际上的地位已是举足轻重了。美元、欧元一统天下的日子已屈指可数，现今“人民币”国际化已成为全世界热议的话题。

展望未来，我们深信：随着我国国民经济建设和现代化进程的不断推进，在不久的将来，人民币将会在国际货币舞台上成为一支崭新的生力军，成为人们所喜爱和乐用的国际货币之一，并在国际舞台上发挥其重要的作用。

第十四章　港、澳、台地区的货币

一、香港地区的货币

香港地区包括香港岛、九龙半岛和新界地区，总面积 1 045 平方公里，1840—1842 年第一次鸦片战争后，香港岛被英国强行占领，1860 年，英国殖民主义者又侵占了九龙半岛界限街以南地区和石澳岛。1898 年，英帝国主义又强迫清政府签订条约，把九龙和香港租给英国，租期为 99 年。1984 年 12 月 19 日，中英两国政府签署了《关于香港问题的联合声明》。1997 年 7 月 1 日，香港终于回到了祖国的怀抱。

1842 年 8 月 29 日（道光二十二年），清政府被迫与英政府签订《南京条约》。《南京条约》共十三款，其中第三款规定：“因大英商船远路涉洋，往往有损坏须修补者，自应给予沿海一处，以便修理及存守所有物料。今大清皇帝准将香港一岛给予大英国君主暨嗣后世袭主位者常远据守主掌，任便立法治理。”自此，香港岛被英国割占。

香港纸币（金属币）是指英帝国主义侵占及统治香港期间，香港政府及香港有关银行所发行的货币。

1984 年 12 月 19 日，在北京人民大会堂，中英两国政府首脑正式签署了中英关于香港问题的联合声明。联合声明确认中国政府将于 1997 年 7 月 1 日对香港恢复行使主权，并将根据《中华人民共和国宪法》第三十一条的规定，设立香港特别行政区。图为签字会场全景。

1. 汇丰银行

汇丰银行是英国的海外殖民地银行。汇丰银行香港总行成立于 1864 年，1865 年在上海设立分行。汇丰银行在中国的香港和上海等地发行货币，货币分为银两券和银元券两种，银两券面额有五两、十两、五十两和一百两共四款；银元券面额有一元、五元、十元、五十元、一百元和五百元共六款。

汇丰银行纸币

☆ 141×80

☆ 151×84

☆☆ 184×106

☆ 138×69

☆☆ 159×88

☆☆ 158×88

☆☆ 159×89

☆☆ 154×77

☆☆☆ 201×123

2. 香港政府辅币

香港政府币（简称“港币”）是当时香港政府发行的辅币，各种港币币面均印有“HONG KONG”字样。

港币面额有铜铸币（一分）和银铸币（一角、二角、伍角），纸币有一分、十分、一毫、一元四种。

港币除在本港流通外，还在广东省和华南地区流通。直至1949年中华人民共和国成立后，中国银行对流通在内地的港币进行收兑，用以向香港地区购买物资，而不允许其在市面上流通。

香港政府辅币券

☆☆☆ 74×42

☆☆☆ 84×47

☆☆☆ 84×47

☆ 88×41

☆☆ 102×50

☆☆ 102×50

☆☆☆ 125×79

☆☆☆ 125×78

3. 渣打银行（麦加利银行）

麦加利银行也称渣打银行，成立于1853年，总行设在伦敦，分行设于上海和香港。因上海分行第一任总经理名为麦加利，故此称为麦加利银行。在香港则称为渣打银行。该行原是一个普通的商业银行，以协助英商在印度、澳洲及中国等处的经商贸易和存放款、汇总等业务。现在仍是香港发钞行之一。

渣打银行纸币

☆☆ 141×79

☆☆ 149×82

☆☆ 150×83

☆ 151 × 83

☆ 138 × 69

☆ 138 × 69

☆ ☆ 159 × 89

渣打银行成立 150 年之际，发行世界首张面额为 150 元的纪念钞。

☆ ☆ 158 × 79

铜币

香港铜币一仙

1902年

英皇爱德华七世铜币一仙

1903年

英皇爱德华七世铜币一仙

1905年

香港铜币一仙

1919年

英皇乔治五世铜币一仙

1924年

英皇乔治五世铜币一仙

1925年

香港铜币一仙

1931年

香港铜币一仙

1933年

香港铜币一仙

1934年

香港铜币五仙

1949年

香港铜币五仙

1950年

香港铜币一毫

1951年

香港铜币五仙

1958年

香港铜币一毫

1958年

香港铜币五仙

1960年

香港铜币一毫

1961年

香港铜币五仙

1963年

香港铜币五仙

1965年

香港铜币五仙

1967年

香港铜币五仙

1971年

香港铜币五仙

1972年

香港铜币一毫

1975年

香港铜币二毫

1976年

香港铜币五仙

1977年

香港铜币二毫

1977年

香港铜币五毫

1977年

香港铜币五仙

1978年

香港铜币一毫

1978年

香港铜币二毫

1978年

香港铜币五毫

1978年

香港铜币五仙

1979年

香港铜币一毫

1979年

香港铜币二毫

1979年

香港铜币五毫

1979年

香港铜币二毫

1980年

香港铜币五毫

1980年

香港铜币一毫

1982年

香港铜币二毫

1982年

香港铜币一毫

1983年

香港铜币二毫

1983年

香港铜币一毫

1984年

香港铜币一毫

1985年

香港铜币一毫

1986年

香港铜币一毫

1987年

香港铜币一毫

1988年

香港铜币二毫

1988年

香港铜币一毫

1989年

香港铜币二毫

1989年

镍币

香港镍币五毫

1963年

香港镍币五毫

1966年

香港镍币五毫

1972年

香港镍币二元

1975年

香港镍币五元（菱形）

1976年

香港镍币一元（小）

1978年

香港镍币二元

1978年

香港镍币五元（菱形）

1978年

香港镍币一元（小）

1979年

香港镍币五元（菱形）

1979年

香港镍币五元（菱形）

1979年

香港镍币一元（小）

1980年

香港镍币二元

1980年

香港镍币五元（圆形）

1980年

香港镍币二元

1981年

香港镍币五元（圆形）

1981年

香港镍币二元

1982年

香港镍币五元（圆形）

1982年

香港镍币二元

1983年

香港镍币五元（圆形）

1983年

香港镍币二元

1984年

香港镍币五元（圆形）

1984年

香港镍币二元

1985年

香港镍币五元（圆形）

1985年

香港镍币二元

1986年

香港镍币五元（圆形）

1986年

香港镍币一元（小）

1987年

香港镍币二元

1987年

香港镍币五元（圆形）

1987年

香港镍币一元（小）

1988年

香港镍币二元

1988年

香港镍币五元（圆形）

1988年

香港镍币一元（小）

1989年

香港镍币二元

1989年

香港镍币二元

1993年

香港镍币五元（圆形）

1993年

香港镍币一元（小）

1994年

香港镍币一元（小）

1995年

香港镍币二元

1995年

香港镍币二元

1997年

银币

香港银币二毫

1867年

香港银币二毫

1967年

香港银币

1890年

香港银币

1868年

香港银币半元

1905年

二、澳门地区发行的货币

澳门总面积为32.8平方公里。1553年，葡萄牙殖民者以晾晒水渍货物为借口，强行上岸租点。鸦片战争后不断扩大势力范围并于1887年强行占领了整个澳门辖区。澳门是欧洲殖民主义者在远东地区建立的最早的殖民地。中国与葡萄牙政府于1987年达成协定，1999年12月20日澳门回归中国，并成立了澳门特别行政区。澳门币是指澳门回归前，澳门有关银行在澳门发行和流通的货币。

大西洋银行发行的澳门币

☆☆ 97×56

☆☆ 134×73

☆☆ 121×66

☆☆ 118×61

☆☆ 135×68

☆☆☆ 145×69

☆☆☆ 145×74

☆☆☆ 154×78

☆ 125×64

☆ 138×68

☆ 142×70

澳门"广源银号"银票

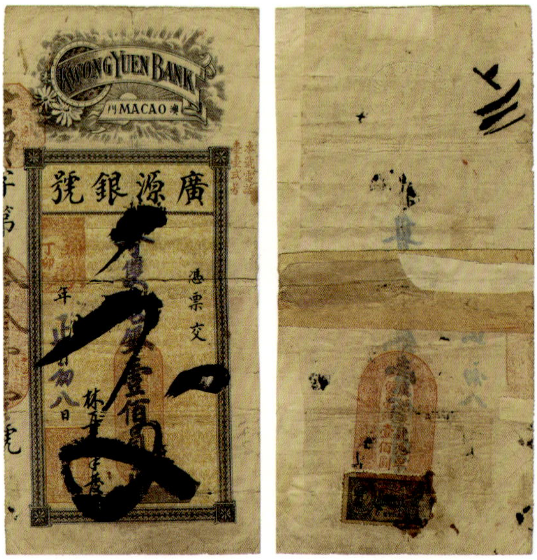

☆☆☆ 250×121

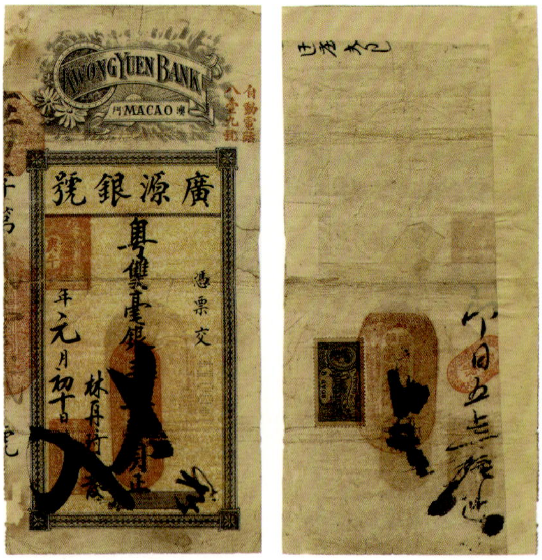

☆☆☆ 250×121

澳门"陈同昌银号"银票

☆☆☆☆ 223×160

铜币

澳门铜币五仙

1952年

澳门铜币一毫

1952年

澳门黄铜币一毫

1967年

澳门黄铜币一毫

1968年

澳门福字黄铜币一毫

1982年

澳门禄字黄铜币二毫

1982年

澳门禄字黄铜币二毫

1983年

澳门福字黄铜币一毫

1988年

澳门黄铜币一毫

1993年

澳门黄铜币五毫

1993年

镍币

澳门镍币五毫

1952年

澳门镍币一元

1982年

澳门镍币五元

1982年

澳门镍币一元

1983年

澳门镍币一元

1984年

澳门镍币一元

1992年

澳门镍币一元

1993年

澳门镍币五元

1992年

三、台湾地区发行的货币

台湾自古以来即为中国领土，1895 年被日本侵略者所占领，1945 年抗战胜利后回归祖国，1949 年国民政府在大陆战败后逃迁至台湾。台湾纸币是指民国政府在台湾发行的纸币。

日本投降后台湾银行发行的钞票

☆ 79×43

☆ 105×49

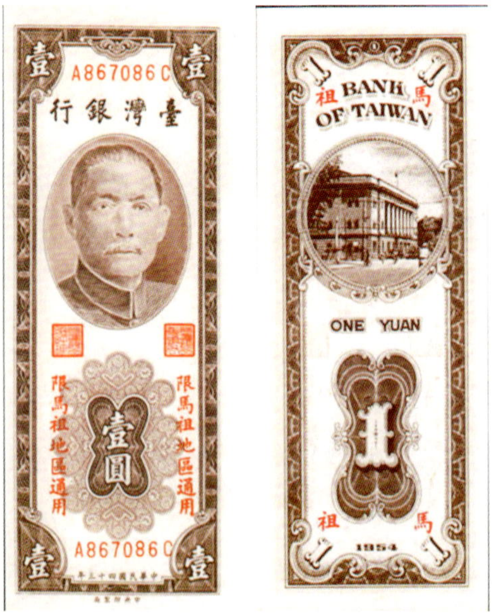

☆☆ 136×54

☆ 134×54

☆ 154×62

☆ 130×70

☆ 135×73

☆ 141×76

☆☆ 155×83

☆☆ 157×85

☆ 153×62

☆☆ 154×67

☆ 163×68

☆ 163×69

☆ 163×68

☆ 137×55

☆ 155×66

☆ 147×60

☆ 155×66

☆ 155×66

☆ 152×62

金属币

台湾圆银币五角

1949年

台湾圆银币一角

1949年

台湾圆银币

1949年

台湾圆银币二角

1950年

台湾花果图铜币五角

1967年

台湾花果图铜币五角

1970年

台湾蒋介石头像镍币五元

1973年

台湾梅花图镍币一元

1974年

台湾银行梅花镍币一元

1975年

台湾蒋介石头像铜币一元

1981年

台湾蒋介石头像镍币五元

1981年

台湾蒋介石头像镍币十元

1981年

台湾蒋介石头像镍币五元

1982年

台湾蒋介石头像镍币十元

1982年

台湾蒋介石头像铜币一元

1983年

台湾蒋介石头像镍币十元

1983年

台湾蒋介石头像铜币一元

1984年

台湾蒋介石头像镍币五元

1984年

台湾蒋介石头像镍币十元

1984年

台湾蒋介石头像镍币十元

1985年

台湾蒋介石头像镍币十元

1985年

台湾蒋介石头像镍币十元

1986年

台湾蒋介石头像镍币十元

1987年

台湾蒋介石头像镍币十元

1988年

台湾蒋介石头像镍币十元

1989年

台湾梅花图镍币五十元

1992年

台湾镍币五十元

1996年

第十五章　纪念币、观赏币、趣味币

一、民国时期纪念币（纸币、金属币）

纸币

☆☆☆☆☆ 158×83

“爱国纪念币”背后的渊源

陈炯明，字竞存，广东海丰人，原为孙中山的亲密战友，后因坚持“联省自治”、“和平协商统一中国”，与孙中山的“中央集权”、“武力谋求统一”的政治主张南辕北辙，最终分道扬镳，成为极具争议的历史人物。

陈炯明曾参加辛亥革命、护国运动和护法运动。历任广东都督、粤军总司令和广东省省长等职，任内号召禁烟、禁赌，提倡发展教育、新文化运动等，政绩显著。后因与孙中山政见不合，反目成仇，酿成政争，1922 年 4 月，被孙中山免去广东省省长、粤军总司令等职，其部属将领对此均有不服。部将叶举不听陈炯明之劝阻，于是年 6 月 16 日率兵炮轰越秀楼、包围广州总统府，迫使孙中山逃至永丰舰避难……

1924 年，孙中山重回广州，成立“广东革命政府”，并在广州创立“中央银行”（后改为广东省银行）。8 月 16 日，孙中山在广州市成立中央银行揭幕礼上发表演说，并选用了一款中央银行 1924 年委托美国钞票公司印制的五元券、十元券，在该券孙中山头像下端加印“孙大元帅奖赏”六字和黑色稻穗图案，票面左右两边分别印有“保存货币”和“爱国纪念”八个字。背面加印英文：COMMEMORATION NOTE 及 NOT FOR CIRCULATION（意为纪念币不作流通用），分别犒赏给“讨伐陈炯明叛变”有功的高级将领和军政人员。获得此殊荣者，感激涕零，将此“纪念币”视为“至宝”。由于此纪念币印制量极少，所以十分珍稀。

钞票上的抗日标语

在抗日战争期间，日本侵略者的残暴无耻和给中国人民所带来的苦难，成了激发中华民族团结救亡的总动员。战争，唤起了中国人民的觉醒，增进了民族的凝聚力，促进了中华民族的空前大团结。“一切为了胜利，一切为了前方”，“有钱出钱，有力出力”成了中华民族抗日救亡的自觉行动。从车夫到补鞋匠，从职员到学生，从儿童到老人都被动员了起来，为救亡运动出钱出力。当时的中央银行钞票上也被印上了抗日口号宣传抗日救亡，如“打倒日本军阀”、“抵制日货，对抗外敌”等。

抗日战争胜利后，流传着这样一首歌：“胜仗、胜仗、胜仗！日本跪下来投降，祝捷的炮声像雷响，满街爆竹烟火飞扬，遍山遍野是人浪，笑口高张，热泪如狂，向东望，看我们百万雄师，配合着英勇的盟军，浩浩荡荡，扫残敌，扫残敌，如虎驱羊，踏破那小扶桑，河山再造，日月重光……”十分形象地唱出了百姓无比喜悦的心情。

百姓为八年抗战取得胜利而兴高采烈，抗日战士由前线光荣归来，政府和商业机构为了犒劳从前线归来的战士，将“中央银行”券改成“利民兑换券”以方便和优待他们购物。钞票被用来宣传抗日和犒劳抗日将士也是抗日战争时期的一大发明。

☆☆ 124×62

☆☆ 147×75

☆☆☆ 165×82

金属币

袁世凯共和纪念铜币 1914年

洪宪开国纪念币铜元当十 1915年

省宪成立纪念币铜元当十 1922年

唐继尧纪念铜币二十文 1919年

唐继尧纪念黄铜币五十文 1919年

唐继尧纪念红铜币五十文 1919年

省宪成立纪念币铜元当二十 1922年

两湖巡阅使肖耀南纪念币 1924年

袁世凯纪念银币 1914年

二、中华人民共和国成立后发行的纪念币（纸币、金属币）

纸币 （塑料币）

☆☆ 165×80

我国发行首枚纸钞纪念币——中华人民共和国成立五十周年纪念币

1999年9月20日，中国人民银行为庆祝中华人民共和国成立五十周年，特别发行了一枚五十元面额的纸钞纪念币。在新中国成立三十五周年时我国曾发行过一组两枚金属纪念币，发行纸钞纪念币是新中国成立以来的首次。以五十元面额庆祝新中国成立五十周年，其寓意之深，不言而喻。

该币在设计上也很有特色，正背面主色均为表示喜庆的红色，正面左上方“50”后为中国人民银行行名，中间主景为毛泽东主席在开国大典上向全世界宣布“中华人民共和国中央人民政府今天成立了”那一刻的组图，包括天安门广场参加庆祝活动的人群。背面主景为国徽、地球、和平鸽、铜狮、华表等组成的图案，寓意建立一个和平的世界、和谐的地球，突显了中华民族的悠久历史和热爱和平的特性。

这枚纪念币的发行量为6 000万枚，是我国发行的首枚流通纪念纸钞。发行后掀起了收藏爱好者的收藏热潮，曾一度“洛阳纸贵”，是值得收藏的纪念币珍品。

☆☆ 166×80

中国发行首枚迎接新世纪塑料纪念钞

三千年一遇的“千禧龙年塑料纪念币”

2000年11月28日，中国人民银行首次发行了“迎接新世纪”100元面额塑料纪念钞。塑料钞是20世纪80年代始出现的，世界上首枚塑料钞出自澳大利亚，它不是采用传统特殊纸张印制，而是用无纤维高分子聚合物印造成的，是钞票印制的一大革新。中国人民银行在21世纪即将来临之际在我国发行的首款塑料“飞龙纪念钞”，具有划时代的意义。这枚塑料钞还具有防伪安全性能好，耐用性强，整洁度高，容易自动化综合处理，环保性能好等优点。

塑料纪念钞以橘黄为主色，正面以北京北海公园九龙壁的升龙为设计蓝图，只见大升龙从海中腾空而起，向着喷薄的火球，迎接千禧年、迎接新世纪的到来，背面主景为北京“中华世纪坛”。这腾飞的龙钞和“中华世纪坛”巧妙地表达了中华民族在三千年大轮回中，迎来第二个“千禧龙年”的喜庆日子的喜悦心情。“千禧龙年”发行“飞龙钞”，且还是我国设计、印制和发行的第一枚塑料钞，正是三千年一遇，世间仅有，珍贵无比，堪称人类文明史上绝无仅有的文化奇迹，是钱币爱好者三千年一遇，值得收藏的世纪珍品。

2008北京奥运纪念币

☆☆ 148.5×72

中国人民银行发行北京奥运纪念钞

☆☆ 143×71

澳门中行发行北京奥运纪念钞

☆☆ 143×71

香港中行发行北京奥运纪念钞

金属纪念币

共和国成立三十五周年纪念币

1984年

共和国成立三十五周年纪念币

1984年

共和国成立三十五周年纪念币

1984年

新疆自治区成立三十周年纪念币

1985年

西藏自治区成立二十周年纪念币

1985年

国际和平年纪念币

1986年

内蒙古自治区成立四十周年纪念币

1987年

第六届运动会纪念币

1987年

第六届运动会纪念币

1987年

第六届运动会纪念币

1987年

宁夏自治区成立三十周年纪念币

1988年

广西自治区成立三十周年纪念币

1988年

共和国成立四十周年纪念币

1989年

广东造钱币珍品纪念银币

1991年

广东造钱币珍品纪念银币

1991年

第十一届亚运会纪念币

1990年

第十一届亚运会纪念币

1990年

中国共产党成立七十周年纪念币

1991年

中国共产党成立七十周年纪念币

1991年

中国共产党成立七十周年纪念币

1991年

首届世界女子足球赛纪念币

1991年

首届世界女子足球赛纪念币

1991年

全民植树十周年纪念币

1991年

全民植树十周年纪念币

1991年

全民植树十周年纪念币

1991年

中国共产党成立七十周年纪念币

1991年

中国共产党成立七十周年纪念币

1991年

宪法颁布十周年纪念币

1992年

邓小平诞辰一百周年纪念币

2004年

宋庆龄诞辰一百周年纪念币

1993年

大熊猫纪念币

1993年

希望工程纪念币

1994年

朱德诞辰一百一十周年纪念币

1996年

香港回归纪念币

1997年

香港回归纪念币二毫

1997年

香港回归纪念币五毫

1997年

宝岛台湾——日月潭

2004年

宝岛台湾——鹅銮鼻

2004年

苏州古典园林

2004年

周口店北京人遗址

2004年

毛泽东诞辰一百周年纪念币

1993年

毛泽东诞辰一百周年纪念币

1993年

陈云诞辰一百周年纪念币

2005年

陈云诞辰一百周年纪念币

2005年

宝岛台湾敬字亭

2005年

青城山与都江堰

2005年

丽江古城

2005年

丽江古城

2005年

一元春节纪念币

2006年

世界文化遗产——龙门石窟

2006年

世界文化遗产——北京颐和园

2006年

2008年第29届奥运会纪念币一元

2008年

2008北京奥运会纪念币

2008北京奥运会纪念币

2008北京奥运会纪念币

2008北京奥运会纪念币

2008北京奥运会纪念币

2008北京奥运会纪念币

2008北京奥运会纪念币

2008北京奥运会纪念币

三、部分国家或地区的纪念币（纸币、塑料币、金属币）

纸币（塑料币）

☆☆☆☆ 155×76

澳大利亚发行世界首枚塑料钞

☆☆☆ 135×70

英国发行 HK97 英镑纪念香港回归中国

☆☆ 165×81

越南纪念胡志明诞辰一百周年

☆☆☆ 157×74

新加坡发行首张塑料钞

☆ 143×63

罗马尼亚银行发行首张塑料钞

☆☆ 181×92

南极洲首张钞票

☆ 145×72

泰国发行首张塑料币

☆ 145×72

泰国发行泰皇登基五十周年纪念币

☆☆　　　　165×105

泰国发行泰皇登基一百周年纪念币

☆☆　　　　159×158

泰国发行泰皇登基六十周年纪念币

四、观赏币

纸币

☆☆☆☆　　　　155×65

中央银行第一张一千元法币

☆☆☆☆　　　　153×70

加拿大早期样币一套（8 枚）

☆☆☆☆　　　　153×70

加拿大早期样币一套（8 枚）

☆☆☆☆　　　　153×70

加拿大早期样币一套（8 枚）

☆☆☆☆　　　　153×70

加拿大早期样币一套（8 枚）

☆☆☆☆　　　　153×70

加拿大早期样币一套（8 枚）

☆☆☆☆ 153×70

加拿大早期样币一套（8枚）

☆☆☆☆ 153×70

加拿大早期样币一套（8枚）

☆☆☆☆ 153×70

加拿大早期样币一套（8枚）

☆☆☆☆ 185×99

宣统皇权实际操控人——载沣观赏币

☆ 175×95

载沣观赏币

☆ 175×95

载沣观赏币

☆ 175×95

载沣观赏币

☆ 175×95

载沣观赏币

☆ 175×95

载沣观赏币

☆ 175×95

载沣观赏币

☆☆☆ 207×101

1908年德国纸币一百马克

☆☆☆ 149×90

南洋兄弟烟草公司“礼券”币

克林顿总统纯金箔纪念邮币

62×52

62×52

62×52

☆☆☆☆　144×62

克林顿就任美国总统纪念邮币

五、趣味币

趣味币，顾名思义就是有趣的钱币。趣味币有纸钞和金属币之分。纸钞是指带有特殊的号码，如00001或88888，或在印制过程中因各种原因产生的漏印、折白、折角、移位、印偏以及水印倒置、水印偏离等。金属币则有阴阳币、单面币、合面币、改版币等之分。它们都与正常的钱钞有一定的差异，因此也被称为错版币。

此外，近年来还出现一些面额很大的酷似真钞的仿真币，印制精美但不能在市场使用，如面额100万的美元和100万的加拿大元纸币，还有以纯金薄精制的纸币等，这些都属于趣味币的范畴。

156×65

167×78

142×67

146×69

151×71

附录　中国近代银行业大事记

公元	年份	干支	银行纸币发行大事记
1853 年	咸丰三年	癸丑	户部发行官票——大清宝钞
1854 年	咸丰四年	甲寅	英国丽如银行上海分行成立
1857 年	咸丰七年	丁巳	英国麦加利银行上海分行成立
1860 年	咸丰十年	庚申	户部官票、大清宝钞停发
1862 年	同治元年	壬戌	户部官票、大清宝钞停止流通
1865 年	同治四年	乙丑	英商汇丰银行上海分行成立
1885 年	光绪十一年	乙酉	迪化官钱局成立
1888 年	光绪十四年	戊子	喀什官钱局成立
1889 年	光绪十五年	己丑	德华银行上海分行成立
1893 年	光绪十九年	癸巳	日本横滨正金银行上海分行成立
1894 年	光绪二十年	甲午	陕西官钱号成立
1895 年	光绪二十一年	乙未	华俄道胜银行成立，台湾发行台南官银票
1896 年	光绪二十二年	丙申	湖北官钱局、豫泉官钱局、通济官钱局成立
1897 年	光绪二十三年	丁酉	中国通商银行成立
1898 年	光绪二十四年	戊戌	吉林永衡官帖局、华盛官帖局成立
1899 年	光绪二十五年	己亥	台湾银行成立、法国东方汇理银行上海分行成立
1900 年	光绪二十六年	庚子	福建官钱局成立
1901 年	光绪二十七年	辛丑	山东官银号成立
1902 年	光绪二十八年	壬寅	山西晋泰官银钱号、江西官钱局、直隶官银号成立，华比及美国花旗银行上海分行成立
1903 年	光绪二十九年	癸卯	裕苏、裕宁官钱局、广西官银号、湖南官钱局成立
1904 年	光绪三十年	甲辰	黑龙江广信公司、广东官银钱局成立
1905 年	光绪三十一年	乙巳	大清户部银行、四川浚川源银行、奉天官银号成立
1906 年	光绪三十二年	丙午	上海信成银行、热河官银号、裕皖官钱局、甘肃官钱局、信义储蓄银行成立
1907 年	光绪三十三年	丁未	浙江兴业银行、交通银行成立
1908 年	光绪三十四年	戊申	大清户部银行更名大清银行，贵州官钱局、浙江官钱局、黑龙江官银号、新疆官钱总局、四明银行成立
1909 年	宣统元年	己酉	北洋保商银行、贵州银行、东三省官银号成立
1910 年	宣统二年	庚戌	直隶省银行成立
1911 年	宣统三年	辛亥	辛亥革命孙中山在国外发行金币券，福建银行、富泰钱局成立
1912 年	民国元年	壬子	中国银行、湖南银行、湖南实业银行、广西银行、山西官钱局、富滇银行、山东银行、陕西秦丰银行成立
1913 年	民国二年	癸丑	奉天兴业总银行、甘肃官银号成立
1914 年	民国三年	甲寅	殖边银行、财政部平市官钱局成立
1916 年	民国五年	丙辰	袁世凯称帝，以“洪宪”年号发行货币

（续上表）

公元	年份	干支	银行纸币发行大事记
1917 年	民国六年	丁巳	热河兴业银行、陕西富泰银行成立、中法实业银行在中国设立分行
1918 年	民国七年	戊午	裕湘银行、中华汇业银行成立
1919 年	民国八年	己未	察哈尔兴业银行、山西省银行、中国实业银行、边业银行成立
1920 年	民国九年	庚申	广东省银行、绥远平市官钱局、东三省银行、农商银行、中华懋业银行、劝业银行成立
1921 年	民国十年	辛酉	江西银行、中南银行、震义银行、香港国民商业储蓄银行成立
1922 年	民国十一年	壬戌	四川美丰银行、福建美丰银行、华威银行成立
1923 年	民国十二年	癸亥	赣省银行、四川官银号、河南省银行、甘肃平市官钱局成立
1924 年	民国十三年	甲子	中央银行（广州）、蒙藏银行、商办陇东银号成立
1925 年	民国十四年	乙丑	中国垦业银行、江西地方银行、福建省银行、山东省银行、西北银行、粤南实业银行成立
1926 年	民国十五年	丙寅	广西省银行、中国丝茶银行成立
1927 年	民国十六年	丁卯	中国农工银行成立
1928 年	民国十七年	戊辰	中央银行（南京）、江苏农民银行、江西裕民银行、湖北银行、河南农工银行成立
1929 年	民国十八年	己巳	湖南省银行、河北省银行、甘肃农工银行成立
1930 年	民国十九年	庚午	江西建设银行、山东民生银行、陕西省银行成立
1931 年	民国二十年	辛未	中央银行发行关金券，中华苏维埃共和国国家银行、富陇银行、宁夏银行、山东平市官钱局成立
1932 年	民国二十一年	壬申	富滇新银行、绥西垦业银行、日伪满洲中央银行成立
1933 年	民国二十二年	癸酉	废两改元，察哈尔商业银行成立
1934 年	民国二十三年	甲戌	四川地方银行、晋绥地方铁路银号成立
1935 年	民国二十四年	乙亥	实行法币改革，中国农民银行、四川省银行、晋北盐业银号成立
1936 年	民国二十五年	丙子	安徽地方银行、日伪冀东银行成立
1937 年	民国二十六年	丁丑	陕甘宁边区银行、广西农民银行、西康省银行、日伪蒙疆银行成立
1938 年	民国二十七年	戊寅	晋察冀边区银行、北海银行、上党银号、日伪中国联合准备银行成立
1939 年	民国二十八年	己卯	冀南银行、新疆商业银行、日伪华兴商业银行成立
1940 年	民国二十九年	庚辰	西北农民银行、鲁西银行、绥远省银行成立
1941 年	民国三十年	辛巳	江淮银行、豫鄂边区建设银行、贵州省银行、日伪中央储备银行成立
1942 年	民国三十一年	壬午	全国纸币发行权集中到中央银行，淮北地方银行、盐阜银行、淮南银行成立
1943 年	民国三十二年	癸未	大江银行成立
1945 年	民国三十四年	乙酉	抗日战争胜利、华中银行、东北银行、浙东银行、牡丹江实业银行成立，中央银行发行东北九省流通券
1946 年	民国三十五年	丙戌	台湾银行改组、嫩江省银行、吉东银行、吉林省银行、合江银行成立
1947 年	民国三十六年	丁亥	关东银行、热河省银行、内蒙银行、青海实业银行成立
1948 年	民国三十七年	戊子	国民党政府中央银行发行金元券，中国人民银行成立并发行第一套人民币，内蒙古人民银行、中州农民银行、长城银行、新疆省银行成立
1949 年	民国三十八年	己丑	国民党政府中央银行发行银元券，南方人民银行成立，台湾银行发行新台币

参考文献

[1] 盛观熙，戴建兵. 中国历代钱币通鉴. 北京：人民邮电出版社，1999
[2] 中国人民银行金融研究所. 资本主义国家在旧中国发行和流通的货币. 北京：文物出版社，1992
[3] 熊建秋. 中国人民货币钞币图录. 成都：四川大学出版社，2002
[4] 赵隆业. 中国纸币的收藏与鉴别研究. 北京：北京出版社，1991
[5] 北京市钱币学会. 中国纸币标准图录. 北京：北京出版社，1994
[6] 张新知. 人民币纸币集藏指南. 北京：知识出版社，2000
[7] 中国人民银行《历代货币》编辑组. 中国历代货币. 北京：新华出版社，1990
[8] 朱鉴清. 外国银币丛谈. 上海：上海古籍出版社，1998
[9] 张新知. 人民币特种票券鉴藏大典. 杭州：浙江大学出版社，2005
[10] 丁张弓良，张永华. 中国军用票图录. 杭州：浙江大学出版社，2005
[11] 李晓萍. 中国铜元图典. 杭州：浙江大学出版社，2005
[12] 杨勇伟. 华中银行币. 上海：上海科技教育出版社，1994
[13] 吴志辉，肖茂盛. 广东货币三百年. 广州：广东人民出版社，1990
[14] 许光. 中国铜币图录. 哈尔滨：黑龙江人民出版社，2008
[15] 徐枫，赵隆业. 中国各省地方银行纸币图录. 北京：中国社会科学出版社，1992
[16] 徐枫，赵隆业. 中国商业银行纸币图录. 北京：中国社会科学出版社，1992
[17] 徐枫，赵隆业. 日伪政权银行货币图录. 北京：中国社会科学出版社，1991
[18] 戴建兵，陈晓荣. 中国纸币史话. 上海：百花文艺出版社，2006
[19] 马传德，许渊. 辛亥革命时期货币. 上海：上海教育出版社，2002
[20] 武菁，郭红娟. 抗日战争纪事本末. 合肥：安徽大学出版社，2008
[21] 马传德，汤伟康，许渊，傅为群. 老上海货币. 上海：上海人民美术出版社，1998
[22] 池振南. 钞票上的中国近代史. 香港：香港太平书局，2010

编后语：我的收藏之路

我的童年是在动乱的年代中度过的，我也和别的孩子一样盼着过年，因为只有新年才能有新衣服穿，还能向长辈拜年拿“利是”（即“压岁钱”），略懂事时才发觉年年的压岁钱都不一样，直至有一年的一天晚上，忽见大人们都十分紧张，只见父亲和许多大人们忙里忙外，秘密分发代表纠察队的红袖章，入夜后又纷纷说一些孩童们听不懂的话：“胡琏兵撤退了”、“朱毛军队很快就进城了”……

第二天一早，父亲告诉我：“汕头解放了！”什么叫解放？我一头雾水。当时我们家住在汕头市人称“小公园”边的镇邦街上，中午过后听大人说，朱毛军队（朱德总司令和毛泽东主席领导的军队）进城了，看见许多人在街边等候迎接大军进城。我也和许多人一样搬了一张小矮凳，坐在街边等候解放大军的进城，这一天正是1949年10月24日，我刚满7岁，在“小公园”见证了汕头解放历史性的一幕。

解放后，发觉大人们日常用的钱不一样了。记得往年母亲给我交学费都是提着“花篮”（潮汕地区妇女常用的一种用竹编织的盛具），内装一筒筒的“铜镭”（铜元）去交的，同时也发觉往年大人们给的“压岁钱”随着汕头的解放也变成了废纸。母亲还把一捆捆的中央银行券当壁纸贴在墙上……慢慢我悟懂了凡改朝换代必先换掉上一朝代所使钱钞的道理，每一朝代都有他的钱钞作为象征……

1960年，我有机会在海关从事进出境旅客检查工作。接触的多是港澳台同胞和外国朋友，他们来自不同的国家和地区，所携带的钞票各色各样、五花八门。我发现原来每个国家的钞票都各有特色，这引起了我对钱钞收藏的兴趣。

后来，我有机会出国了，不但有机会见识和使用各国不同的钱钞，返回时还会特意收留一套作纪念。越积越多，由此我就迷上了钱币收藏。

我在孩童时就喜欢中国历史，长大后更喜欢阅读和研究中国历史，喜欢上收藏钱币后感到外国货币多如牛毛，各国都有各自的历史，纵使穷尽一生的努力也很难收齐。作为一个了解中国历史的中国人，应将本国货币作为收藏对象。中国在五千年的历史长河中，有货币记录的历史也有三千余年，要将中华货币完整收集也是不可能的。许多集藏先贤的经验告诉我们，“目标”是收藏者的指南针，只有“目标”锁定以后你的收藏才不会迷失方向。经考虑再三后，我决定放弃收藏外国货币，改以收藏自鸦片战争以来在中国流通的货币为主，并以“佐证”近代历史作为我的收藏目标。为此，我倾注了大量的心血和金钱，虽然这段历史只有160余年，在历史的钟摆上只是一瞬间而已，但当我进入后才发觉这是一个无底深渊，中国自清末以来外患内乱不断，这一百多年来老百姓就没有真正享受过几天的太平日子，钱钞也伴随着统治者走马灯式的轮替而更换，混乱的历史，产生了许多特别的货币。厘清历史的是非已是十分不易，收集和理清这些货币的来龙去脉更是谈何容易……我深知已经进入了一个无底洞，可我却一直沉迷在这洞中不肯罢手。

一晃三十余年就过去了，在这三十余年中我的足迹遍及海内外各大中小城市，星期六、日的时间几乎都在古玩、钱币以及跳蚤市场中度过，去寻找心目中的猎物。你说苦不苦，当然苦，但每当在寻寻觅觅中突然发现并获得“猎物”时，那种心情的愉悦和满足就同猎人捕捉到猎物后的心情一样。经过不懈的努力，收集到中国自鸦片战争以来这一百多年中，各个历史时期——清王朝、中央政权、地方政权、军阀割据、抗日战争、解放战争以及包括新中国成立后所发行的较有系统的各种货币四千余款，两万多件。

经过近五年的努力，《中华百年货币》一书终于可以和读者见面了。虽然仍感到有很多不足的地方，但丑媳妇终归要见公婆。这本书的出版，除了给中国近代史留下点“佐证”外，就是想让子孙后代铭记历史，以史为鉴。

本书在编辑过程中得到了许多朋友的关心和帮助，如叶漫天先生。香港凤凰卫视、香港翡翠电视台以及《文汇报》、《大公报》、《星岛日报》等均先后对本人的钱币收藏历程作了专题采访、报道。借此机会予以致谢。

我的收藏之路能够有今天的成果，还要感谢我的太太曾丽秋女士，没有她在精神上和经济上的长期鼎力支持，我想，我是无法坚持下去的。

池振南

2010年5月

今日館 Focus

名家首展 貨幣史大觀園

紙錢幣收藏家 池振南

兒時過新年，最期待是拆利是，面對紅紅綠綠的紙幣，真是心花怒放。但說到對紙幣錢幣的癡迷，真不及池振南，他是內地首屈一指的紙錢幣收藏家，同時也是錢幣歷史講說者。

文：黃若茵 圖：司徒蔭冠

要知道池振南有多「巴閉」，得先從他的收藏量說起，他由上世紀八十年代起開始研究中國近代貨幣，迄今收藏了四千多個不同貨幣的品種，總數共二萬多件。這次「中華百年貨幣展」巡迴展覽，是他首次公開展出其寶貴收藏，展品多達一千零四十件，市值估計超過二千萬元。展品不但名貴，而且種類豐富，包括清朝貨幣、外國人侵華時在中國流通的貨幣，以及中華民國開國紀念幣等。但其實以他的收藏品來說，也只屬冰山一角而已。

■池振南收藏的紙錢幣，種類相當豐富，不少更是市面上罕見的精品。

從歷史角度出發

細問之下，才知道池振南最初並不是收藏貨幣，當初他與一般收藏家無異，專門收集市面上罕見的精品，或具升值潛力的收藏品，但很快他便感到厭倦，認爲這種收藏方式欠缺意義。後來，因爲自己喜歡研究歷史，便慢慢轉爲收集歷史悠久的貨幣，最初他便以收藏第一套人民幣爲目標。不過池振南並非一位「爲收藏而收藏」的人，他往往是從歷史角度出發。「我不敢說自己的收藏量是全球最多，但從歷史角度出發，去收集各種不同的貨幣，我肯定是第一人。」池振南口中說的從歷史角度出發，即主力搜集不同時代的貨幣，並從貨幣當中見證歷史。「令我最有興趣的，是由鴉片戰爭開始的近代歷史，那時開始，中國經歷了多個不同政局，貨幣亦隨着政局而出現多個品種，如軍票、蘇維埃共和國的紙幣等，而中國各省又有不同印鈔制度，如新疆政府曾濫印鈔票至六十億人民幣，便反映了當時物價通脹的情況有多嚴重。」是以今次展覽，以不同歷史時段劃分，池振南希望透過貨幣展覽，重現中國近代史，甚富教育意義。

收集過程甚艱難

搜集數量如此豐富的貨幣，難度極高，池振南坦言：「這是一個無底洞，要窮一生之力去追求！」現在池振南不論到中國哪一個城市工作，定必去天光墟及錢幣市場尋找舊錢幣。最艱辛的一次，他曾在凌晨四時多出發，氣溫只有零下十幾度，但如果能找到一、兩件舊貨幣已算幸運，因爲往往都是空手而回。身在香港的你，若有興趣收藏貨幣，池振南介紹到嚤囉街或上環貨幣市場，但大家要小心分辨真僞，他說最初也曾上當，買了不少假貨，後來多看書及搜集資料，現在假貨在他眼前，已無所遁形了。現在對池振南來說，最困難的，是尋找各地區的鈔票，因中國地大省份多，從前貨幣未統一時，各地的幣制有所不同，要集齊甚有難度。

■這是香港的舊紙幣，印有英女皇「嚤頭」。

■池振南稱這是漢奸的證據，背面寫明為日軍予以保護，汪精衛亦企圖以此擾亂抗日前綫的軍心。

■這是1932年中國蘇維埃共和國國家銀行印製，鈔票上有毛澤東弟弟毛澤民簽字。

■武昌起義期間印製的軍票，方便軍人攜帶，特別之處是以黃帝紀元作年代記錄，在中國貨幣史上極為罕有。

珍貴錢幣之最

兌換落差最大

這張一萬元來自中國人民銀行於1948發行的第一套人民幣，這套人民幣發行至1955年，共有十二種面額。當1955年推出第二套人民幣時，這張舊的一萬元，只可兌換新人民幣的一元，可見當時經濟情況不穩，舊貨幣貶值得很厲害。

史上落差最大貨幣

同樣是新疆省銀行創下這個歷史，見證貨幣濫發情況，最小面額只有一分，落差由一分至六十億。

中國史上最大面額

1939年，新疆進行幣制改革，開始推出紙幣。至1948年國民黨軍事失利，物價暴漲，貨幣面值愈印愈大，發行至六十億，創下面額最大的歷史。

中華百年貨幣展

日期：即日（1月20日）至2月9日（一）
地點：屯門市廣場一期一樓中央廣場
查詢：2450 7782

映畫室

2009 年 1 月 20 日《星岛日报》对在香港举行的“中华百年货币展”进行了报道

图书在版编目（CIP）数据

中华百年货币：透过货币看历史/池振南编著. —广州：暨南大学出版社，2011.2
ISBN 978-7-81135-714-1

Ⅰ.①中… Ⅱ.①池… Ⅲ.①货币史—中国—近代 ②货币史—中国—现代 Ⅳ.①F822.9

中国版本图书馆 CIP 数据核字（2010）第 248727 号

出版发行：暨南大学出版社

地　址：中国广州暨南大学
电　话：总编室（8620）85221601
　　　　营销部（8620）85225284　85228291　85228292（邮购）
传　真：（8620）85221583（办公室）　85223774（营销部）
邮　编：510630
网　址：http：//www. jnupress. com　http：//press. jnu. edu. cn

排　版：广州市天河星辰文化发展部照排中心
印　刷：河源市天才印务有限公司

开　本：889mm×1194mm　1/16
印　张：19.5
字　数：640 千
版　次：2011 年 2 月第 1 版
印　次：2011 年 2 月第 1 次
印　数：1—3000 册

定　价：198.00 元

（暨大版图书如有印装质量问题，请与出版社总编室联系调换）